Pork
Park Barrel

パーク・バレル・ポリティクス

委員会制度の政治経済学

大久保和宣

京都大学学術出版会

若い知性が拓く未来

　今西錦司が『生物の世界』を著して，すべての生物に社会があると宣言したのは，39歳のことでした。以来，ヒト以外の生物に社会などあるはずがないという欧米の古い世界観に見られた批判を乗り越えて，今西の生物観は，動物の行動や生態，特に霊長類の研究において，日本が世界をリードする礎になりました。

　若手研究者のポスト問題等，様々な課題を抱えつつも，大学院重点化によって多くの優秀な人材を学界に迎えたことで，学術研究は新しい活況を呈しています。これまで資料として注目されなかった非言語の事柄を扱うことで斬新な歴史的視点を拓く研究，あるいは語学的才能を駆使し多言語の資料を比較することで既存の社会観を覆そうとするものなど，これまでの研究には見られなかった溌剌とした視点や方法が，若い人々によってもたらされています。

　京都大学では，常にフロンティアに挑戦してきた百有余年の歴史の上に立ち，こうした若手研究者の優れた業績を世に出すための支援制度を設けています。プリミエ・コレクションの各巻は，いずれもこの制度のもとに刊行されるモノグラフです。「プリミエ」とは，初演を意味するフランス語「première」に由来した「初めて主役を演じる」を意味する英語ですが，本コレクションのタイトルには，初々しい若い知性のデビュー作という意味が込められています。

　地球規模の大きさ，あるいは生命史・人類史の長さを考慮して解決すべき問題に私たちが直面する今日，若き日の今西錦司が，それまでの自然科学と人文科学の強固な垣根を越えたように，本コレクションでデビューした研究が，我が国のみならず，国際的な学界において新しい学問の形を拓くことを願ってやみません。

第26代　京都大学総長　山極壽一

はじめに

　政治制度改革というと，1票の較差の是正，二院制の見直し，企業献金の規制などのように，選挙制度，代表制度，政治資金制度の改革を思いうかべる方が多いだろう。しかし，議会の法案審議制度の改革を挙げる方は少ないのではないだろうか。法案審議制度は，改革の対象として注目されることがほとんどない。それらは，議会や議院の自治によって決められるものだと考えられている。また，それらが議会や議院の決定に及ぼす影響が関心の的になることもない。

　委員会制度は，法案審議制度の代表的なものである。国や地域，あるいは国際機関のように，様々なレベルの議会で委員会制度が採用されている。委員会制度は，議会に下部組織を設けて，それらに特定の政策領域に関する代替案の推奨を委ねるという制度的アレンジメントである。最終的な意思決定の前に下部組織が情報を収集し分析して現状案に対する代替案を推奨するというアレンジメントは，議会に限らず，ある程度大きな組織にはよく見られるものである。

　これらの下部組織の活動の本来の目的は，分業と専門化によって，母体となる組織がより良い意思決定を行なうのを助けることである。しかし，このような制度的アレンジメントによる分権的な意思決定には弊害もある。特に，便益の分配について決めるときには，下部組織のメンバーが組織全体の利益ではなく彼らの利益を優先して代替案を推奨することが起こり得る。

　下部組織が推奨した代替案が母体となる組織の最終的な意思決定に及ぼす影響という点で，米国の連邦議会の委員会に比肩するものを見つけることは難しい。強力な委員会を抱える連邦議会では，委員会制度の採用にともなう弊害が現れやすいと考えられる。実際，連邦支出の分配が委員会のメンバーによって歪められているという批判が，マスコミの報道や市民団体の報告においてよく見られる。

　米国において，頻繁にマスコミや市民団体の批判に曝されているのがイヤーマークである。イヤーマークは，連邦議会が特定の事業への支出を歳出法

や授権法において指定することを家畜の耳標になぞらえたものである。イヤーマークが利益誘導に使われているという批判を受けて，その改革が近年の大統領選挙における大きな争点になっている。また，近年の連邦議会では，実際にイヤーマークに関する様々な改革が行なわれた。例えば，2007年度から，下院ではイヤーマークを提案した議員の氏名が公開されるようになった。あるいは，議員が特定の事業への支出を提案する場合には，提案する事業が自己と配偶者の利益に関係ないものであることを宣誓しなければならなくなった。さらに，共和党が支配する近年の下院では，イヤーマークのモラトリアム（一時停止）が行なわれている。

イヤーマークを獲得するには，その事業を管轄している委員会のメンバーであることが都合がよい。委員会は管轄する政策領域の法案を議会に推奨する役割を負っており，委員会のメンバーは早期かつ直接的に決定に関わることができるからである。したがって，マスコミの報道や市民団体の報告では委員会のメンバーによるイヤーマークの操作が叫弾されることが多い。

仮にイヤーマークの分配が歪められているとしても，それらへの支出は連邦支出全体のごくわずかを占めるにすぎず，代表民主制が機能するために必要なコストなのだと主張する者もいる。しかし，連邦支出の中で政治的な操作が疑われているのはイヤーマークだけではない。また，歪みの規模ではなく有無が問題だと考える人々もいる。マスコミや市民団体による非難やそれらに呼応したイヤーマーク改革は，委員会の推奨する法案が議会の最終的な意思決定に大きな影響を与えていると多くの人々が考えていることを示す証拠である。

たしかに，個々の事例については政治的な操作が疑われるものがあるのは事実である。しかし，一般に，委員会のメンバーがその地位にもとづいて超過的な便益を得る傾向があるとまで言えるのだろうか。また，そもそも委員会のメンバーは，みな超過的な便益の獲得を目指しているのだろうか。さらに，もし委員会メンバーシップと獲得される便益の関係が普遍的なものでなく，条件に依存するものであるのならば，その条件とはどのようなものなのだろうか。本書では，これらの問題について考察する。

本書においては，方法論的個人主義や合理的選択論を基礎にした経済学的

アプローチがとられている。わが国でも比較制度論の研究者がこのようなアプローチによる議会制度の研究を行なっているが，まだその数は少ない。その要因のひとつは，議員行動の環境の差異だと考えられる。

米国の連邦議会では選挙活動資金の大半を候補者自身が集め，候補者の擁立も予備選挙をつうじて民主的に決定されている。他方で，わが国の国会では，選挙活動資金の供給や候補者の公認において政党が大きな役割を果たしている。したがって，方法論的個人主義や合理的選択論は，わが国の国会議員の行動よりも，個人主義化した米国の連邦議会の議員の行動によくなじむものだと言えよう。

しかし，わが国の国会議員の行動も近年は所属する政党の規律から自由になってきているように思える。議員行動や議会組織を研究する上で，経済学的アプローチだけが有用なものではないし，他のアプローチよりも絶対的に優れているわけでもないが，それが適用できる機会が増えているのは確かである。また，近年において米国の連邦議会の議員の行動は所属する政党に規律されるようになってきた。そして，そのような変化を説明するために，個人の動機から政党の成立と機能を説明する理論が生まれた。政党の影響が大きいという政治的な環境は必ずしも方法論的個人主義と合理的選択論の適用を妨げるものではない。

本書の直接的な課題は，米国の連邦議会の委員会のメンバーシップが補助金やその他の連邦支出の分配に及ぼす影響について検証することである。しかし，それを超えて，委員会制度に似た制度的アレンジメントを施した企業，大学，病院のような，組織における意思決定や，他の国の議会や国際機関における意思決定の研究に一般化できるような知識とインプリケーションを得ることも意図している。制度と選好が絡み合って集合的意思決定の帰結にどのような影響を与えるかという問題に1つの答えを与えることが，本書の高次の目的である。

委員会の経済学
◎目　次

はじめに　　iii

第1部　問題，対象，方法，その他の準備

第1章　委員会と便益の分配　3
 1　何が問題なのか，なぜ問題なのか　3
 2　パーク・バレル・ポリティクス　19
 3　重回帰分析と共分散構造分析　22
 4　本書の構成　22

第2章　利権としての公園事業補助金　29
 1　なぜ公園事業補助金なのか　29
 2　国立公園局の歴史　30
 3　利権としての公園補助金　31
 4　公園事業の経済的インパクト　34
 5　国立公園局と連邦議会の小委員会　35
 6　まとめ　40

第3章　分配理論と便益仮説　43
 1　はじめに　43
 2　分配理論の起源と発展　44
 3　分配理論の弱点　55
 4　多様性と変化の要因——実証研究例から　56

第4章　変数とデータ　69
 1　変数の採用理由，定義，測定法　69
 2　被説明変数　69

3　説明変数　74
　　　4　データの出所　94
第5章　データの選択基準　101
　　　1　単年度データか，複数年度データか　101
　　　2　方法的問題と混合した結果　102
　　　3　なぜ委員会メンバーシップと獲得される便益の関係は短期的に変動するのか　108
　　　4　方法　113
　　　5　結果　116
　　　6　結論——実証研究におけるデータの選択基準　120

第2部　実証研究

第6章　配分過程の透明性および競争性の影響　125
　　　1　補助金の配分過程の透明性と競争性　125
　　　2　理論と実際のギャップ——制度の多様性　128
　　　3　歴史保存補助金とアウトドア・レクリエーション補助金の制度　129
　　　4　仮説と方法　138
　　　5　分布と相関　141
　　　6　結果　142
　　　7　代替的な説明の検討——制度か選好か　147
　　　8　結論——制度的制約が便益の分配に及ぼす影響　149

第7章　多数党の交代の影響　153
　　1　委員会と政党　153
　　2　どのようにして政党は委員会をコントロールできるようになったのか　154
　　3　議会の組織と行動への政党の影響に関する理論研究　160
　　4　便益の分配への政党の影響に関する実証研究　165
　　5　残された課題——政党の影響のメカニズムの特定　170
　　6　仮説の特定化　175
　　7　計量モデルとメカニズムの識別戦略　177
　　8　分布と相関　186
　　9　結果　188
　　10　考察——メカニズムの特定　195
　　11　結論——政党が便益の分配に及ぼす影響　198
第8章　再選戦略あるいは所属動機の影響　205
　　1　委員会と代表　205
　　2　「土地と水域の保全のための基金」　211
　　3　情報理論・分配理論・政党理論　216
　　4　委員指名過程を支配しているのは誰か　218
　　5　指名要求や委員会の構成に影響を及ぼす変数は何か　225
　　6　残された課題——委員指名過程と政策決定過程の同時的検証　229
　　7　仮説の特定化　230
　　8　方法　231

       9　分布と相関　247
       10　結果　250
       11　結論：委員会への所属動機が便益の分配に及ぼす影響　261

第3部　結論と展望

第9章　委員会研究の重要性と可能性　273
       1　問題の再訪とそれらへの解答　273
       2　インプリケーション　278
       3　知見やインプリケーションの一般化可能性　281
       4　委員会研究の重要性と可能性　284

参考文献　287
あとがき　299
索　引　305

コラム
A　連邦議会の委員会制度と法案審議過程　10
B　米国の連邦政府の予算過程（裁量的経費の承認を中心として）　37
C　授権と歳出　51
D　議題設定権と議会の意思決定　63
E　議場レベルで政党の影響を表わす変数　187
F　地域とイデオロギー，イデオロギーとシニオリティ　238
G　各州の人口1人あたり補助金受給額への委員会メンバーシップ変数以外

の変数の影響　252
H　間接効果の有意性検定　264

第 1 部

問題, 対象, 方法, その他の準備

第1章

委員会と便益の分配

1 何が問題なのか,なぜ問題なのか

(1) 委員会制度の効用と弊害

議会において委員会制度を採用している国や地域は多い。これは,特定の政策領域を管轄する委員会の専門性と,複数の委員会の並行的な活動による分業の利益を生かさなければ,現代の議会が抱える膨大で複雑な仕事を限られた期間内に処理することができないからである。例えば,米国の連邦議会の場合,戦後は1つの議会期において提出された法案が4500本よりも少なかったことはない。もっとも多いときには,2万本を超えることさえあった。このように膨大な数の法案は,それぞれ管轄する委員会や小委員会に付託され処理される。米国の連邦議会には,2010年度現在,両院あわせて222もの委員会および小委員会が存在する[1]。

委員会制度の採用は,膨大で複雑な法案の停滞という議会がかかった病に対する治療だと例えられる。しかし,この治療は副作用をともなう。ウッドロー・ウィルソンは[2],1885年に公刊された著書の中で,連邦議会の委員会の権力の強大さを「委員会による統治」(committee government) という造語で表現したが (Wilson, 1885),これは委員会制度に対する彼の悲観的な見方を表わす言葉だった。ウィルソンは,多数の人々に影響が及ぶ政策の決定が少数の人々によって支配されていることを問題だと考えたのである。

連邦議会の委員会制度の顕著な特徴は,政策決定過程における常任委員会(以下では単に委員会とする)の影響力が大きいことである。議院で発議された法案は,通常議院内の関連する委員会に付託され,必要であればさらにその下位にある小委員会に付託される。委員会に付託された膨大な法案のほと

んどは，実際にはまったく審議されずにその一生を終える。委員会が付託された法案を審議しなかったり報告を上げなかったりした場合に，罷免して法案を取り返す手続は存在するが，議院がこれを行使することはほとんどない。委員会がある法案を審議することを決定した場合は，関連官庁に意見書を提出させ，意見と情報を収集する。その後，公聴会を催して追加的な意見や情報を収集し，逐条審査（マークアップ）を行い，推奨する修正案と報告書を付して議場に戻す[3]。委員会が議場に法案を上げると，多くの場合，ほとんどそのままのかたちで議院を通過する。このような議院の態度は，しばしば「委員会に対する服従」と表現される。このように，米国の連邦議会の委員会は，特定の法案が議場で審議されるか否かを決定し，それが議場で審議される場合には議題を設定している。実質的な立法は委員会において行なわれていると言ってもよく，しばしば委員会は「小さな立法府」と呼ばれる（Goodwin, 1970）。

　法案審議における委員会の強大な影響力に対して悲観的な見方をしていたのは，ウィルソンだけではない。多くの者が，連邦支出や補助金の分配が関連する委員会のメンバーによって政治的に操作されているとたびたび批判してきた。河川・港湾事業（Ferejohn, 1974），高速道路建設（Lee, 1998；2000；2003），都市開発事業（Plott, 1968）などの公共事業はその最たるものである。また，防衛関連の公共調達費（Rundquist and Carsey, 2002），高等教育機関への学術研究補助金（Savage, 1999；Balla, Lawrence, Maltzman, and Sigelman, 2002）の分配についても，同様に政治的な操作が疑われている。

　連邦議会の議員たちは，国家的政策の決定者と地元利益の代表者という2つの顔をもっている（Davidson, Oleszek, and Lee, 2012）。この2つの顔のうち，しばしば優位になるのは後者である。職業政治家である彼らの再選は，選挙民からの支持に依存しているからである。したがって，本来国家的な見地からなされるべき補助金の分配の決定においても，議員の地元の利益が追求されやすい[4]。特に委員会のメンバーは，彼らが所属する委員会が管轄している連邦支出や補助金の分配に，早期にあるいは直接的に関わることができる制度的特権を与えられている。このような事情から，彼らが連邦支出や補助金の分配を政治的に操作していると疑われることが多いのである。

（2）問題①：委員会メンバーシップにもとづく超過的便益の有無

　しかし，委員会のメンバーによる連邦支出や補助金の分配の政治的な操作は，批判的な論者が指摘するように常態化したものなのだろうか。あるいは，委員会やそれらのメンバーの権力あるいは影響力は，喧伝されているように強大なものなのだろうか。たしかに，個々の事例については，明らかに委員会のメンバーによる補助金の分配の政治的操作があったと考えられるものもあるだろうが[5]，委員会のメンバーが補助金の分配において優遇される傾向があるとまで言えるのだろうか。本書の目的の1つは，特定の委員会のメンバーであること（委員会メンバーシップ）が超過的な便益の獲得にむすびついているかという問いに答えを与えることである。

　このような問いに答えを与えることがなぜ重要なのだろうか。委員会のメンバーによる利益誘導は分権化された意思決定がもつ弊害の一形態であると考えられる。同じような問題は，企業や大学など他の組織や集団についても多かれ少なかれある。連邦支出や補助金の分配ではなくとも，便益の分配というのはありふれた問題である。連邦議会の委員会制度のように，特定の領域の問題についての議題設定権を組織や集団の一部に委ねるという制度的アレンジメントは，必然的に便益の分配の操作を生じさせるものなのだろうか。委員会メンバーシップにもとづく超過的な便益が実際に存在するか否かを確かめることは重要である。存在しない問題について議論しても仕方がない。

　委員会メンバーシップにもとづく超過的便益の存否を確認することには，実践的な重要性のほかに，理論的な重要性もある。この問題は，経済学的アプローチが政治現象を説明するのに有用なものであるか否かの試金石なのである。1970年代に経済学から政治学に方法論的個人主義と合理的選択論が持ち込まれ，政治学においても，個人の行動原理に関する理論的仮定から演繹によって導出された仮説を，現実のデータを用いて検証するという，科学的アプローチが採られるようになった。それまで政治学では帰納的なアプローチが主流であったから，これは政治学の方法における革命的な出来事であった（Miller, 1997; Mitchell, 1999）。とりわけ，議会の組織がなぜ現在ある姿で存在しているのか，議会で採用されている特定の制度がどのような機能を

果たしているのかを，合理的な個人の行動によって説明しようとする議会組織の理論の発展は，米国の連邦議会研究に大きな変化をもたらした。

　連邦議会の委員会制度の存在理由と機能を説明することは，議会組織の理論のもっとも重要な課題である。1970年代に方法的革命が起こるまで，委員会やそれらで構成される委員会制度の研究においては，社会学的アプローチが採られていた。システム論や構造―機能主義（structural-functionalism）を応用し，委員会は議会という全体の部分とされ，有機的なシステムの中でどのような役割を期待され，どのようにしてその期待を満たしているかが研究されていた。しかし，1960年代中盤から1970年代初頭にかけて米国社会には大きな変化があり，それを反映して議会でも様々な変化が起こった。システム論や構造―機能主義は，このような変化にうまく対応することができなかった。そして，これらのアプローチに取って代わったのが，方法論的個人主義と合理的選択論を基礎にする経済学的アプローチだったのである。政党の影響力の減退と所属議員の行動を拘束する力の弱化，予備選挙制による民主的な候補者擁立が可能にした個人主義的な議員の増加，議会内における委員長の権限の縮小と小委員会の隆盛など，政党から解放された議員と分権化された議会の意思決定に経済学的アプローチはよく適合していた。

　デイビッド・メイヒューは，著書である「アメリカ連邦議会：選挙とのつながりで」において，議会の組織の有り様は，再選を唯一の目的とする現職議員たちが彼らの再選を容易にするために設計したものだと考えると，よく説明できると主張した（Mayhew, 1974）。メイヒューによれば，委員会制度は選挙民に供給する便益を議員たちに保証するために組織されたものである。この便益は特定化されており，誰がそれを獲得したかが分かるようになっている。特定化された便益の獲得によって，議員たちは選挙民に功績を主張することができる。そして，功績の主張によって，議員たちは選挙民の支持を得られ，再選の可能性が高まる。

　再選という現職議員の個人的な動機が，立法過程における投票行動を超えて，議会の組織の有り様にまで影響するというメイヒューの主張は，分配理論（distributive theory）と呼ばれる実証理論がその後に発展する契機となった。分配理論は，便益の分配をめぐる政治を中心に据えて，議会の組織の存

在理由と機能を説明する。そして，政治を主体間の支持の交換あるいは取引として概念化する。分配理論によれば，委員会制度は，高い関心をもっている政策領域の問題についての支持と低い関心しかもっていない政策領域の問題についての支持を交換するという，議員たちの間で取り交わされる約束を組織化したものである。

分配理論は複数の仮説を生むが，特定の委員会のメンバーに代表されている選挙民が超過的な便益を得られるという仮説は，便益仮説（benefit hypothesis）と呼ばれている。現実のデータを分析して便益仮説を支持する結果が得られれば，方法論的個人主義と合理的選択論を基礎とする経済学的アプローチが，政治現象を説明するのに有用なものであることが示される。

（3）問題②：委員会メンバーシップと獲得される便益の関係の多様性や変化の要因

このように，米国の連邦議会の委員会のメンバーシップが超過的な便益の獲得にむすびついているか否かについて考察することは，社会的にも学術的にも意義がある。しかし，委員会メンバーシップと獲得される便益の関係は，普遍的なものではないかもしれない。ある状況においては超過的な便益が得られ，別の状況においてはそれが得られないというように，委員会メンバーシップと獲得される便益の関係は多様であり変化するということも考えられる。実際，委員会メンバーシップと獲得される便益の関係を検証した実証研究においては，仮説を支持する結果と支持しない結果がほぼ同じくらい得られている[6]。

委員会メンバーシップと獲得される便益の関係を多様にしたり変化させたりする要因が特定できれば，分権化された意思決定の弊害を統御する手段を手に入れられる。分権化が統制のきかない単なる権力の分散化にならないように，その副作用を抑制しつつ効用を享受するための政策変数を手に入れることができるのである。

実践的のみならず理論的にも，この問題は重要である。なぜ委員会メンバーシップと獲得される便益の関係が観察される場合と観察されない場合があ

るのかについて，これまでに複数の説明が提示され，要因と考えられるものが検証されてきたが，未検証の要因はまだ残っている。また，すでに両者の関係に影響を及ぼすことが確認されている要因についても，関係を多様にしたり変化させたりするメカニズムが明らかになっていないものがある。もし多様性や変化の要因を同定できれば，あるいはさらに進んでそれらの要因が多様性や変化を生じさせるメカニズムを解明できれば，多様性や変化を説明し予測できるようにモデルを拡張することができる。逆にいえば，多様性や変化の要因の同定やメカニズムの解明ができなければ，現象を説明するための理論は欠陥を抱えたままになる。

本書においては，委員会メンバーシップと獲得される便益の関係を多様にしたり変化させたりする要因の候補として，制度に起因する配分過程の透明性と競争性（第6章），多数党のアイデンティティ（第7章），多様な選挙民の選好とそれを反映した議員の再選戦略（第8章）を挙げ，それぞれの章で検証する。委員会やそれらのメンバーの権力あるいは影響力は，可変的なものであり，特権的地位から無条件に生じる絶対不変のものではないこと，あるいはそもそも委員会メンバーシップと獲得される便益の関係は多様であり，必然的に超過的な便益とむすびついているわけではないことを示すのが，本書の2つめの目的である。

（4）委員会制度の機能の理解とわが国の議会制度改革のために

これらの2つの問題に取り組むことが，理論的に重要な理由は他にもある。抽象的には，委員会制度は，複数の個人で構成される集団の下位に小集団を設け，それらに特定の政策領域についての固定的な議題設定権を与えるという，制度的アレンジメントである。このような制度的アレンジメントが施されたときに，集団で決定される政策がどのような傾向をもつのかについて理解することは，理論的に重要である。米国の連邦議会の委員会制度は，そのような制度的アレンジメントの一形態だと言える。

実践的な観点からも，本書で取り組む2つの問題が重要だと考えられる理由が他にもある。第一に，連邦議会の組織運営と政策決定の中心にある委員

会制度がどのように機能しているかを理解することは，米国との間に防衛や通商に関する深い相互依存関係があるわが国にとって重要である。第二に，委員会制度は米国の連邦議会だけでなく，EU議会や国連などの国際機関においても採用されており，そこで決定される政策は当然わが国にも影響を与えるから，米国の連邦議会の委員会制度の機能について得られた知見を手がかりとして，同じような制度的アレンジメントが共通してもっている傾向について理解することは重要である。

　米国の連邦議会の委員会制度の機能について理解すること，あるいは小集団への固定的な議題設定権の付与という制度的アレンジメントとして概念化された委員会制度の機能について理解することは，わが国の議会制度改革にとっても重要である。わが国においても，政策決定プロセスを官僚主導型から議会主導型に転換するために，委員会の立法補佐機能を充実させ強化することが推奨され，委員会中心主義の実質化が図られるべきだという議論がある[7]。しかし，議会制度改革にあたっては，制度的代替案の実際の機能やその代替案の利点および欠点について，理解しておかなければならない。法案審議において委員会が大きな影響力をもつ米国の連邦議会の委員会制度は制度的代替案であり，同じような制度を採用したときに，議会で決定される政策に現れる傾向について知っておくことは有益であろう。

コラムA　連邦議会の委員会制度と法案審議過程

1．はじめに

　このコラムでは，主に議会調査局の報告書（CRS 1995, 2007c, 2011b, 2012b）にもとづいて米国の連邦議会の委員会制度と法案審議過程について解説する。

　2010年現在，下院には20の常任委員会があり，その下位にある小委員会の数は103に及ぶ。同様に，上院には16の常任委員会があり，その下位にある小委員会の数は74である。このほかに，下院には1つの，上院には4つの特別委員会がある。また，両院は4つの合同委員会をもっている。

　連邦議会は，これらの委員会と小委員会に，立法，監督，捜査に関する仕事を割り当てている。委員会および小委員会は，具体的には以下のような仕事を担っている。

・情報を収集し，代替案を評価し比較する（立法に関する仕事）
・政策問題を同定し，解決策を提案する（立法に関する仕事）
・議院のために，修正案について審議し報告書を作成する（立法に関する仕事）
・行政機関を監視し，実績を評価する（監督に関する仕事）
・不正を追及する（捜査に関する仕事）

　現行の連邦議会の委員会制度の枠組みは，1946年に制定された立法組織法（the Legislative Reorganization Act of 1946）を根拠としている。この枠組みにおいて，上院と下院は概ね対応する常任委員会をそれぞれ備えている。各委員会は，両院の議院規則の枠内で，組織・構造・手続きについて，それぞれ固有の規則を制定している。委員会の活動を律するこれらの規則（委員会規則）は似通ってはいるが，委員会によってそれぞれ異なっている。このため，同じ議院の中でさえ，組織・構造・手続については委

員会の間でかなりの多様性がある。両院の委員会は，それぞれ責任をもつ政策領域において，議院や他の委員会から比較的独立して活動している。

2．委員会の組織と構造

(1) 委員会の分類

　委員会は，継続性や権限を基準にして，3つあるいは4つのタイプに分類できる。それらは，常任委員会，特別委員会，合同委員会，そして両院協議会である。最後の両院協議会は，特定の法案について各院を通過したヴァージョンの間のギャップを埋めるための，一時的な合同委員会だと考えることもできる。本書の研究対象である公園事業補助金を管轄している小委員会は，常任委員会である歳出委員会あるいは授権委員会の下部に設置されている（歳出委員会と授権委員会の任務については後述する）。以下では常任委員会を念頭に置いて，委員会の組織について解説する。

　常任委員会は永続的な合議体であり，各々の管轄に属する法案の審議において強大な権限をもっている。常任委員会の多くは，授権委員会と呼ばれるものである[8]。授権委員会は，それぞれ管轄する政策領域に含まれる，既存のあるいは新しい政策プログラムについて，適切だと考えられる支出の上限枠を推奨する。これらは授権枠と呼ばれ，公園事業補助金のような裁量的経費[9]では，歳出委員会が承認できる額の目安となる。

　歳出委員会も[10]，常任委員会に分類される委員会である。歳出委員会は，国庫から資金を引き出す根拠となる予算権限を政策プログラムに与え，授権委員会の定めた授権枠を制約として，毎年度の歳出額を決定する。

　予算委員会は[11]，歳入と歳出の総額を見積もり，予算決議を介して授権委員会と歳出委員会に政府支出に関する指針を示す常任委員会である[12]。

　歳入を司る委員会は，下院では歳入委員会（the Ways and Means Committee），上院では財政委員会（the Finance Committee）という名称をもつ。これらの委員会は，主に課税に関する法案を管轄しているが，特定の法案に税や料金などの政府に収入をもたらす規定がある場合は，その部分

は歳入委員会に付託される。

(2) 小委員会

多くの常任委員会が，その下位に小委員会を設置し，より細かく分類された政策領域を管轄させている。例えば，下院の自然資源委員会には4つの小委員会がある。それらは，エネルギーと鉱物資源，島嶼・海洋・野生動物，水と電力，国立公園・国有林・国有地に関する政策プログラムをそれぞれ管轄している（図A-1）。委員会がその下位に設置できる小委員会の数については，上院の場合は制限がないが，下院の場合は議院規則による制限がある。原則として，下院では，設置できる小委員会の数は5つまでとされている。しかし，歳出委員会については例外とされ，2010年現在は下院の歳出委員会には13の小委員会が設置されている（図A-2）。また，小委員会の数に関する制限は，各連邦議会期の始めにおいて，議院の決議をもって放棄することができる。なお，小委員会のメンバーになることができるのは，小委員会が設置されている委員会のメンバーだけであ

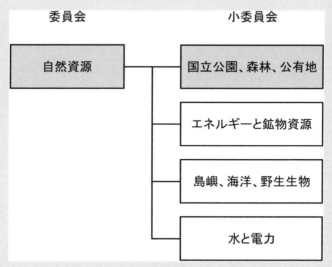

＊着色してあるのは，本書に関係する委員会や小委員会である。
図A-1　下院の自然資源委員会とその下に設置されている小委員会

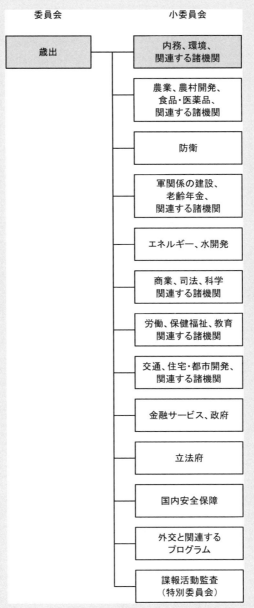

図 A-2　下院の歳出委員会とその下に設置されている小委員会

出所：著者作成

る。

　議院において発議された法案は，ルーティンとしてそれぞれ適当な委員会に付託される[13]。委員会における法案審議は，①公聴会，②逐条審査（マークアップ），③報告書の作成の順に進む。小委員会がこれらすべてを担い委員会は形式的な追認だけを行なうという委員会もあれば，すべての過程を小委員会と委員会のレベルで二重に行なう委員会もある。

　小委員会は委員会の定める指針にそって活動するが，小委員会に議院規則や政党規則が直接的に適用されることはほとんどない[14]。このため，小委員会の規模・独立性・自律性については，委員会の間でかなりの多様性がある。

（3）シニオリティ制度

　両院の議員は，委員会活動をつうじて専門性を高め，キャリアを形成する。連邦議会の両院では，連続して議院に務めた連邦議会期あるいは年数にもとづいてシニオリティ（先任権）が付与される。議院レベルのものとは別に，委員会レベルのシニオリティもある。委員会レベルのシニオリティは，特定の委員会において委員長や少数党筆頭を選出する際の拠り所となる。多数党に所属する委員の中で連続勤続年数がもっとも長い者が委員長の職に就き，少数党に所属する委員の中で連続勤続年数がもっとも長い者が筆頭を務めるのが慣例である。なお，下院の歳出小委員会を除くと，小委員会レベルではシニオリティ制度がないので，小委員長の選出はシニオリティに拘束されない。

（4）職員

　連邦議会は，議院と委員会にそれぞれ固有の職員を置いている。連邦議会の活動は，これらの職員が提供する専門的・行政的・事務的な補助によって支えられている。委員会が抱える職員の数は，総数で約2千人にも及ぶ。議院の規模が小さいために，上院議員は下院議員よりも多くの委員会のメンバーを兼務しなければならない。必然的に上院議員の専門職員への依存度は高くなる。

委員会レベルにおける職員の配分に関する権限は委員長が握っている。ただし，議院規則によって，少数党にも一定の職員を配分することが要求されている。小委員会については，委員会の職員を借り出すものもあれば，直接的に小委員会に職員を割り当てているものもある。そのような場合，小委員会の長には職員の雇用と監督に関する相当な権限が与えられている。

3．法案審議の手続と委員会

（1）付託

　各委員会は，管轄する法案について，ほとんど排他的と言ってもよい権限をもっている。法案の命運を左右し議場での審議における議題を設定するという点において，委員会は大きな影響力をもっていると考えられている。毎年度各院に提出される膨大な数の法案は，そのほとんどが付託された委員会で審議すらされずに一生を終える。法案の管轄があいまいな場合，どの委員会に法案が付託されるかによって，その法案の命運は左右される。法案への支持を表明している議長がいる委員会やメンバーの大半が法案に賛同的な委員会に付託されれば，委員会から法案が報告され議院を通過する可能性も高くなる。しかし，委員長やメンバーの大半が法案に批判的な委員会に付託されてしまうと，法案は報告されずに廃案となる可能性が高い[15]。

　委員会は付託された特定の法案について，議院から審議や報告を強制されることはない。下院では，制度上，「罷免の訴え」(discharge petition)によって，委員会から特定の法案を回収することが可能だが，この訴えが成功することは稀である。

　現行の制度では，法案を複数の委員会に付託することが可能である。例えば，法案の一部を委員会Aに付託し，別の部分を委員会Bに付託することができる。また，法案をまるごと複数の委員会に付託することもできる。法案の全部または一部が複数の委員会に付託された場合，「まず委員会Aで，次に委員会Bで」というように直列的に審議が行なわれる。

　1つの委員会だけに付託された法案は，複数の委員会に付託された法案

よりも，議院を通過し法律として成立しやすい。このような事実は，複数の委員会の決定を取りまとめることが非常に難しいことを表わしている。しかし，議院が複数の委員会に法案を付託する権限を保持していることは，それによって特定の委員会が法案に対する独占的・排他的な影響力をもつことを防ぐことができるということを意味する。

多くの委員会では，付託された法案は，委員会によってその下位にある小委員会に付託される。小委員会は直接的に議院に法案を報告することができない。法案を議院に報告できるのは委員会だけである。

(2) 公聴会

委員会は，特定の法案の審議に先立って，関連する政府機関から書面で情報と意見を提出させる。それに加えて，法案に関する情報と意見を収集し，問題を同定し，代替案の評価を行なうために，公聴会を催して証人に証言を求める。公聴会の証人には，連邦政府や州政府の行政官や利益団体の代表などが召喚される。通常，証人は任意にこの召喚に応じるが，委員会は召喚令状を発行して強制的に証人を公聴会に出席させることもできる。公聴会は，かつては非公開で行なわれていたが，現在では原則的に公開されている[16]。

(3) 最終折衝（マークアップ）

法案の最終折衝では，逐条審査が行なわれる。議院規則は委員会にメンバーの3分の1以上が逐条審査に出席することを要求しているが，委員会の中には独自にもっと多い定足数を課しているものもある。また，上院の委員会では欠席議員が代理投票を行なうことを認めているが，下院では欠席議員の代理投票は許されていない。

委員会における逐条審査には，各院の議場における修正過程が適用される[17]。逐条審査には，ビークル（vehicle）と呼ばれるたたき台になる法案を用いる。ビークルには，議院で発議された法案を用いることもあるし，委員長の指示にしたがって委員会スタッフが用意した別のヴァージョンの法案を用いることもある。

（4）報告

　委員会は逐条審査の結果をまとめ，議院に法案を提出する[18]。議院に提出される法案には，報告書が付される。委員会の報告書は，委員会における多数派の意見を反映したものだが，少数派の意見を含める場合もある。報告書には，この他に費用の見積り，法案の影響と適用に関する声明，現行法との比較などが記載される。委員会の報告書は，法律の適用にあたって行政府や司法府が立法趣旨について理解する際の助けとなる。

　全会一致合意（両院に共通する）や規則の一時停止（下院のみ）によって，委員会から法案が回収されることもある。ただし，この手続きは管轄する委員会の同意を得ずに利用されることはほとんどない。他方で，下院において罷免の動議によって法案を回収する場合には，委員会の同意を得ることはない。しかし，この手続によって法案が委員会から回収されることはきわめてまれである。

（5）議場における法案の審議

　委員会が提出した法案は，多数党のリーダーによって，議院のカレンダーに記載され，議場での審議スケジュールが組まれる。下院では，論争のある法案あるいは複雑な法案については，規則委員会（the Rules Committee）が審議ルールを推奨する[19]。審議ルールによって，法案の修正の提案や討論が部分的あるいは全面的に禁じられることもある。規則委員会を支配しているのは多数党のリーダーであり[20]，審議ルールは概ね多数党に有利なように設定される。論争のある法案あるいは複雑な法案については，討論や修正に時間制限が課された上で審議が行なわれる。このような法案については，議場での審議に進むために過半数の賛成を要する動議が求められることがある。

4．議場における委員会の影響力

　法案への委員会の影響力は，全院委員会（下院の場合のみ）や本会議にまで及ぶ。通常，委員会や小委員会の長や少数党筆頭は，彼らの政党のた

めにそれぞれ議場での審議を司る。そのような場合，彼らはフロア・マネージャーと呼ばれる。フロア・マネージャーは，討論の時間を管理し，同僚議員からの質問に答え，望ましくない修正案を退け，法案の賛同者による結託を形成する。また，下院の委員会のメンバーは，全院委員会や本会議において，他の議員に優先して修正案を発議することが認められている。

5．両院協議会における委員会の影響力

　各院を通過した法案の内容にギャップがあるときは，法案を管轄する委員長が両院の仲裁役となる。上院と下院が特定の法案のギャップを両院協議会で解消しようとするときは，その協議員の多くを務めることになるのは，法案を管轄する委員会や小委員会のメンバーである。協議員の選任に際して，委員会における多数党のリーダーでもある委員長と少数党の筆頭は，それぞれの党に所属する委員会のメンバーから協議員を議院に推薦する。また，委員長と少数党筆頭は，しばしば自らが協議員となり，議院から派遣された同僚議員たちを率いる。

6．管轄の特性による委員会の分類

　連邦議会の研究者は，委員会をそれらの管轄の特性やメンバーの目的によって分類して，その行動の多様性を説明しようとすることがある（表A1）。Fenno（1973）は，議員の目標，意思決定において拠るべき基準，政治的環境の異質性によって，委員会はそれぞれ行動が異なっていると主張した。彼の主張にもとづいて，委員会を選挙民志向・政策志向・権威志向の3つに分類することは広く行なわれている。再選を目標にしている議員が集うのが，選挙民志向の委員会である。政策志向の委員会には，良い政策の実現を目指す議員が集まる。議院内で影響力を得たい議員は，権威志向の委員会のメンバーになろうとする。Deering and Smith（1997）やKelly and Frisch（2006）でも似たような委員会の分類法が使われている。
　本書では，公園事業を管轄する複数の小委員会を研究対象とする。これ

らの小委員会は，選挙民志向に分類されると考えられる。しかし，特定の委員会について，議員の目標と意思決定の政治的環境は時を経て変化するため，その委員会がどのタイプに分類されるかは時代によって変わる。

表A-1　議員の目的による委員会の分類（権威志向・政策志向・選挙民志向）

議員の目的	分類される委員会
権威志向	歳出，歳入，予算，規則
政策志向	銀行，教育・労働，エネルギー・商業，外交，司法，政府活動
選挙民志向	内務，農業，防衛，海商・漁場，公共事業　科学・宇宙・テクノロジー，中小企業，老齢年金

出所：著者作成

2　パーク・バレル・ポリティクス

　本書では4つの実証研究が行なわれる。それらに共通する研究対象は，米国の内務省の下に設置された国立公園局が州政府や地方政府に支給している公園事業補助金である。公園事業補助金を研究対象として選択したのには理由がある。米国では，公園事業補助金は，しばしば利権を意味するポーク・バレル（Pork Barrel）をもじって，パーク・バレル（Park Barrel）と呼ばれる。公園事業補助金は，典型的な利権だと考えられているのである。公園事業補助金の分配には委員会メンバーシップの影響が現れやすいと推測され，本書の目的にとって格好の素材だと言える。

　公園事業は，もしその政策領域において補助金の分配に委員会メンバーシップの影響が観察されないのならば，他の政策領域においてもそれが観察されることが期待できないという意味において，限界的事例である。個々の公園事業の価値について客観的な基準を示すことが難しい一方で，選挙民による事業の認知可能性（政治的可視性）は非常に高いので，公園事業は典型的

な利権としての性質を備えている。

　また，公園事業は，河川・港湾整備事業あるいは高速道路建設事業のような公共事業や防衛関連の公共調達のように巨額なものではないので，すべての者がそれに関心をもつわけではない。したがって，高い関心をもつ者と関心のない者が同時に存在し，ログローリング（票の取引）の対象になりやすいと考えられる。

　さらに，公園事業に関しては，選挙民の間に経済的利益やイデオロギーに関する対立があり，それらが委員会のメンバーに代表されて内部に派閥が生じると考えられる。経済的利益やイデオロギーに関する対立は，米国政治の現代的特徴の1つであり，公園事業を管轄する委員会における意思決定は現代の米国政治の縮図とも言える。

　本書の実証研究では，分析に2004年度から2010年度までの偶数年度のデータを用いている。観察期間として2004年度から2010年度までを選んだのは，各州への下院議席の割り当てが2000年に行われた人口センサスにもとづいていることが共通しており（つまり，この期間中は各州の下院議員の人数が変わらない），さらに2006年度に連邦政府によって裁量的経費の抑制方針が示されたことから，それ以降は議員たちによる補助金の獲得競争がより激しくなり，委員会メンバーシップと獲得される便益の関係が現れやすいと推測されるからである。

　観察期間中の偶数年度のデータのみを利用するのは，予防的な措置である。米国では偶数年に議会選挙が行なわれる。もし選挙民がより最近の実績に重みづけして議員たちを評価するならば，そしてそれを議員たちが知っているのならば，補助金の分配への委員会メンバーシップの影響は，選挙のない年よりもある年に観察されやすいだろう。なぜなら，委員会のメンバーを補助金の獲得に向かわせるインセンティブは，選挙のない年よりもある年の方が強いからである。選挙のない奇数年のデータを含めると，補助金の分配への委員会メンバーシップの影響は観察されにくくなるかもしれない。予想される時点間のインセンティブの強さのムラをコントロールし，データ分析におけるノイズを抑えるために偶数年度のデータのみを用いるのである。

　本書で採用した観察期間中には，両院で多数党が同時に交代するという，

戦後の米国の連邦議会史において非常に珍しいイベントが起こった。連邦議会では，戦後のほとんどの時期において民主党が両院の多数党であり，共和党がどちらかの議院で多数党になるということすら珍しかった。さらに，連邦議会の両院の多数党が同時に代わるというイベントは，戦後の連邦議会史上ほとんどなかったことである。第7章においては，多数党の交代が委員会メンバーシップと獲得される便益の関係にどのような影響を及ぼすかについて分析するが，このような分析が可能であったのは，観察期間として2004年度から2010年度までを選んだからである。

　本書における観察単位は州である。代替的な観察単位として下院選挙区が考えられるが，州を選んだのは以下の理由による。本書の研究対象である公園事業補助金の場合，支出額が多いプログラムの補助金の直接の受給者は州政府だとされている（連邦政府が展開するほとんどの公園事業プログラムでは，州政府の下位にある地方政府は，州政府を介して補助金を受け取っている）。また，計量モデルの中でコントロールのために用いる説明変数の中には，例えば失業率や労働人口に占める旅行業従事者のシェアのように，州を単位としてのみ統計がとられている，あるいは統計が公開される際の単位が州だというものがある。下院選挙区は行政単位でないため，これらの統計は入手できないのである。したがって，本書においては，観察単位として下院選挙区ではなく州を用いている。

　なぜ数多ある委員会制度の中で，米国の連邦議会のそれを取り上げるのか。それは，米国の連邦議会は行政府や司法府に比べて政策に対する影響力が大きく，かつ両院に置かれた委員会が議会の決定に大きな影響力をもっているからである。米国の連邦議会における委員会中心主義は，実を伴った制度的アレンジメントなのである。なお，本書においては，委員会ではなく，その下位にある小委員会のメンバーシップに着目している。なぜなら，公園事業に関する政策の決定において実際に影響力をもっているのは，より狭い管轄を与えられた小委員会だからである[21]。これ以降，小委員会のメンバーシップについて言及する場合でも，誤解が生じるおそれがない限り，委員会メンバーシップという表現を用いる。

3 重回帰分析と共分散構造分析

　本書の4つの実証研究において採用されている方法の概要については，以下のとおりである。最初の3つの実証研究（第5章，第6章，第7章）では，方法として重回帰分析を用いる。具体的には，多数の説明変数を含む単一方程式システムのパラメータをOLSで推定する。委員会メンバーシップと獲得される便益の関係を検証した，計量的な手法による研究は数多くあるが，先鞭をつけたFerejohn（1974）以降，そのほとんどでこのような方法が採られている[22]。本書でも基本的にそれを踏襲する。

　第8章の実証研究においてのみ，方法として共分散構造分析を用いる。具体的には，複数方程式システムのパラメータを3段階最小2乗法で推定する。このような方法を採用したのは，推定するシステムが複雑で多数の内生変数を扱わなければならず，しかもそれらの内生変数の半分ほどが連続変数ではなく二肢の質的変数（値として0か1しかとらない委員会メンバーシップ変数）だからである。共分散構造分析は，複数の方程式で構成された複雑なシステムのパラメータ推定を行なうのに適している。また，複数の質的な内生変数を含むシステムを取り扱うこともできる。

4 本書の構成

　本書は，3部に分かれている。本書の構成を示したのが図1-1である。第1部は第1章から第5章までで構成され，後に続く実証研究の基礎になる様々な情報や概念的枠組みを供給している。第1章はこの序論であり，本書で取り組む問題を提起し，その重要性について指摘した。また，本書の実証研究の対象と方法について概略を示した。

　第2章では，公園事業補助金という研究対象が本書の目的を追求する上で格好の素材であることを示す。この章では，公園事業補助金の分配が政治的に操作されたと疑われる複数の事例を紹介する。さらに，歴史保存活動やア

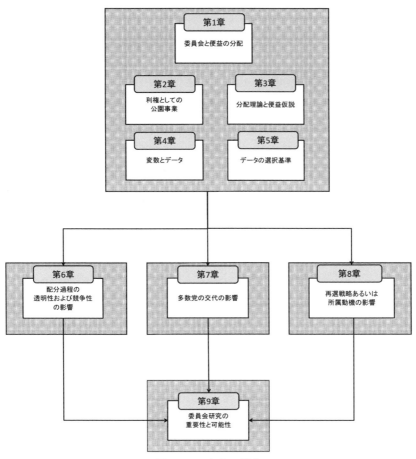

図1-1　本書の構成

出所：著者作成

ウトドア・レクリエーション活動がもたらす経済的インパクトについて報告し，公園事業補助金が議員たちにとって魅力的な利権であるという主張の根拠を示す。

　第3章は，文献レヴューにあてられる。この章では，本書の実証研究の分析モデルの概念的枠組みの中心である分配理論を紹介する。分配理論は，委員会制度の存在理由と機能について説明する実証理論（positive theory）である。この理論から，「委員会メンバーシップによって超過的な便益を得てい

る」という仮説が導き出される。分配理論の紹介とそれから導出される仮説の提示に続いて，実証研究のレヴューによって分配理論の限界あるいは弱点を明らかにする。分配理論は，その仮定の単純さゆえに，委員会メンバーシップと獲得される便益の関係の多様性や変化を説明できない。さらに，この章では実証研究のレヴューによって本書で行なわれる実証研究の課題が同定される。また，先行研究で得られた知見は，分析モデルを構築する際に拠るべき概念的枠組みの構成要素となる。なお，この章の実証研究のレヴューは簡易であり，より詳細なレヴューはそれぞれの実証研究の直前に行なわれる。

第4章では，本書の実証研究で用いる変数とデータについて解説する。本書で行なう4つの実証研究は，仮説検証に用いる計量モデルに含まれている変数がかなり重複している。紙幅の節約のため，この章でそれらの採用理由，定義，測定法をまとめて示し，それぞれの変数に対応するデータの出所を紹介する。

第5章では，単年度データではなく，それらをプールしたデータを分析に用いる理由について述べる。先行研究では単年度データか複数年度データかというのが恣意的に選択されている。この章では，委員会メンバーシップと獲得される便益の関係の分析には，複数年度のデータをプールしたものを用いるべきであると主張する。そして，その主張の理論的根拠の1つを示す。また，公園事業補助金の分配への関連する小委員会のメンバーシップの影響を単年度データと複数年度データを用いてそれぞれ分析し，それらの結果を比較する。この比較によって，データの選択に関する主張を正当化するエビデンスを示す。この章の議論を受けて，後の3つの実証研究では，複数年度データを用いて分析を行なう。

第2部は第6章から第8章で構成される。第6章では，制度に起因する配分過程の特性の差異が委員会メンバーシップと獲得される便益の関係に及ぼす影響について検証する。連邦政府の公園事業支援プログラムは，歴史保存とアウトドア・レクリエーションという2つの政策カテゴリーに分類できる。歴史保存補助金とアウトドア・レクリエーション補助金は，国立公園局が支給しているという点では共通しており，配分方法もよく似ているが，制度的差異によって配分過程の透明性と競争性に差がある。歴史保存補助金とアウ

トドア・レクリエーション補助金のそれぞれの分配への関連する小委員会のメンバーシップの影響を比較することで，配分過程の透明性と競争性の程度によって，委員会メンバーシップと獲得される便益の関係が多様であるか否かを検証する。

第7章では，多数党のアイデンティティが委員会メンバーシップと獲得される便益の関係に与える影響を検証する。民主党が議会の多数党であるときと共和党が議会の多数党であるときとで，委員会メンバーシップと獲得される便益の関係は変わるのだろうか。

第8章では，多様な選挙民の選好とそれを反映した議員の再選戦略が委員会メンバーシップと獲得される便益の関係に与える影響を検証する。この章では，分配理論の仮定を緩めて，公園事業を管轄する小委員会のメンバーの所属動機が一様ではない，つまり便益の獲得による功績の主張に限られないと仮定する。多様な再選戦略あるいは所属動機は，委員会メンバーシップと獲得される便益の関係を多様にしているのだろうか。

最後に，これらの実証研究の結果にもとづいて，第3部で結論を述べる。第3部は，最終章である第9章のみで構成される。本書で取り組む2つの問題を再訪し，4つの実証研究で得られた知見の要約を基礎にそれらに解答を与える。そして，得られた知見から引き出される理論的インプリケーションおよび政策的インプリケーションについて述べる。その後で，知見やインプリケーションの一般化可能性について検討する。結語として，委員会研究の重要性と可能性について述べ，本書を締めくくる。

なお，本書の各所にコラムが挟まれている。それらは，米国の連邦議会の制度に関する解説，議論を補助する理論的な解説，実証研究で用いる変数に関する追加的な解説，あるいは議論の本筋とは直接関係がない実証研究の結果の報告である。

註
[1] 提出された法案の数あるいは委員会や小委員会の数は，Vital Statistics on Congress 2013, www.brookings.edu/vitalstats による。
[2] 後にウィルソンは大統領を務め，行政府の長として議会と対峙することになった。

［3］議場というのは floor の訳語である。本書においてこれを「本会議」と訳さない理由は，下院では議場レベルに，法案について最終的な採否を決定する本会議（the House）のほかに，修正案を審議する全院委員会（Committtee of the Whole）という仕組みがあるからである。全院委員会は下院の全議員で構成される委員会であり，議場レベルのほとんどの修正案は全院委員会で審議された後に本会議で採否のみが決定される。本会議や「全院委員会としての本会議」（the House in Committee of the Whole）で修正案が審議されることもあるがまれにしかない。全院委員会は，本会議よりも開催要件や採決要件が緩い。下院における法案の修正手続については，CRS（2012a）を見よ。また，米国の連邦議会の立法過程や委員会制度について解説している良い手引書として，CRS（2007），Davidson, Oleszek and Lee（2012），Lowi, Ginsberg, Shepsle and Ansolabehere（2013），Oleszek（2013），Smith, Roberts and Vander Wielen（2013）を薦める。

［4］このような性向はローカリズムと呼ばれる（ポッター＝フォザリンガム＝ケラス，1988）。

［5］第2章では，歴史保存補助金の分配の政治的操作についてのエピソードを紹介している。

［6］便益仮説の実証分析を行なった先行研究の批判においては，以下の2点に留意しなければならない。1つめの留意点は，「有意な影響がない」ということは観察された結果が偶然に起こることが十分にあり得るということを表わしているのであって，「影響がある」ことを否定しているわけではないということである。2つめの留意点は，科学研究の性向として理論を肯定する結果を得たものよりも否定する結果を得たものが，より多く報告される傾向があるかもしれないということである。本書の議論の場合について言えば，委員会メンバーシップと獲得される便益の間に有意な関係がないという結果を得たものが報告されやすいという傾向があるかもしれない。

［7］例えば，織（1982）の議論を見よ。

［8］授権委員会は，Authorizing Committee あるいは Authorization Committee の訳である。授権委員会は，立法委員会（Legislative Committee）と呼ばれることもある。

［9］連邦支出は裁量的経費と直接支出（義務的経費）で構成される。連邦支出の分類についてはコラムCを見よ。

［10］歳出委員会は，Appropriations Committee の訳である。

［11］予算委員会は，Budget Committee の訳である。この委員会は，1974年の議会予算および執行留保統制法（the Congressional Budget and Impoundment Control Act of 1974）の制定に伴い，両院に設置された。それまで，連邦議会の予算編成において，歳入に関する意思決定と歳出に関する意思決定は分離されていた。1974年議会予算法のねらいは，予算編成に統合性をもたせることであった。1974年議会予算法の概要とそれに対する評価については，河音（2006），中村（1992），Thurber（1992）を見よ。

［12］予算過程における予算委員会の役割についてはコラムBを見よ。

［13］委員会への法案の付託は，管轄と先例にもとづいて行なわれる。なお，下院では議長が付託に関する権限をもっているが，実際にはパーラメンタリアンと呼ばれる議院スタッフが実務を取り仕切っている。

[14] 委員会の活動や決定は議院規則や各党の議員総会規則に拘束されているので，小委員会の活動も間接的にはこれらに拘束されると言える。
[15] Reid（1980）は，水路利用者料金法案の付託先をめぐる政治的駆け引きを記述している。
[16] 公聴会の公開によって，法案の審議過程の透明性が増したことが議会の決定に望ましい効果をもたらしたか否かについては論争がある。公聴会は専門チャンネルで中継されたり，全国ニュースで取り上げられたりするので，委員会のメンバーにとっては，彼らの選挙民への良いアピールの場となるからである。
[17] 実際は，論争のある法案は公式の過程を経るが，論争のない法案は非公式の，簡易な過程を経る。
[18] 委員会が議院に提出する法案には，もとの法案の条文を修正案で置き換えたものと，もとの法案の条文に修正案を併記したものがある。後者は下院ではクリーン・ビル（clean bill），上院ではオリジナル・ビル（original bill）と呼ばれる。
[19] 規則委員会が推奨した審議ルールは，議院の承認を得て議場における法案審議に適用される。
[20] 委員会における政党の議席割当は，議院における議席シェアを反映するのが多くの委員会における慣例である。しかし，下院の規則委員会では，多数党にかなり有利な議席割当になっている。この事実は，規則委員会が法案の命運を握る重要な委員会であることを表わしている。また，規則委員会のメンバーの人事権は，実質的に政党のリーダーが掌握している。
[21] 公園事業を管轄する両院の小委員会の名称と任務については，第2章の表2-2を見よ。
[22] 補助金の分配への委員会メンバーシップの影響について検証した実証研究には，複数の方程式からなる計量モデルを採用したものもある。例えば，高速道路建設補助金について分析したEvans（2000）では，2段階推定法が用いられている。彼女のモデルでは，まず第1段階で賛成票を投じる確率が選挙区や議員の特性を説明変数として計算され，この確率が第2段階で補助金を受け取ったか否かあるいは受け取った補助金の額を説明する変数として用いられている。しかし，彼女のモデルにおいては，委員会メンバーシップは外生変数だとされている。

第 2 章

利権としての公園事業補助金

1 なぜ公園事業補助金なのか

　本章では，本書で行なわれる4つの実証研究の準備として，分析対象となっている公園事業補助金に関する短い解説を行なう。本章の解説によって，公園事業補助金が委員会メンバーシップと獲得される便益の関係を検証するのに格好の素材だということが明らかになる。

　本章の構成は，以下のとおりである。まず，第2節において，公園事業補助金を支給している国立公園局の歴史を概観する。続く第3節では，公園事業の範囲を拡大することによって（特に州政府に補助金を供給することによって），予算獲得に苦しんできた国立公園局が議会内で政治的支持を得る足掛かりができたこと，しかし，それによって徐々に国立公園局が公園事業のコントロール権を失っていったことを明らかにする。また，この節では，公園事業補助金が典型的な利権であることを示すいくつかのエピソードを紹介する。第4節では，前節で提示された公園事業補助金が典型的な利権であるという主張の補助的な証拠として，歴史保存を促進するための税額控除やアウトドア・レクリエーション活動がもつ経済的インパクトに関する情報を提供する。これらは，直接的に公園事業補助金の経済的インパクトを表わすものではないが，歴史保存，自然保護，アウトドア・レクリエーションが州の経済にとって非常に重要な活動であることを示すものである。第5節では，議会内で公園事業を管轄している複数の小委員会を紹介する。そして，なぜそれらが毎年度の補助金の分配に影響力をもつと考えられるのかについて述べる。最後に，第6節において本章で提供した情報を要約する。

2 | 国立公園局の歴史

世界で最初の国立公園は，米国で1872年に創設されたイエローストーン国立公園である。イエローストーン国立公園の敷地は，モンタナ州とワイオミング州をまたぐ200万エーカー（約8000平方キロメートル）からなり，人々の便益と享楽に資する公共の公園として土地の譲渡・占有・売却を禁じられ，公有地を管理する内務省の管轄下に置かれた。

その後1916年までに内務省は14の国立公園と21の国定記念物を管理するようになっていたが，これらを統一的に指導し組織する機関はなかった。そのため，これらの国立公園と国定記念物は，資源採掘のような競合する経済的利益に対して脆弱だった。このような組織的な欠陥を解消するために，1916年に国立公園局組織法が制定され，内務省の下位に国立公園局が設けられた。そして，この国立公園局に，国立公園と国定記念物を統一的に管理する任務が与えられた[1]。

1933年には，行政改革法によって，政府内の様々な省庁や機関に分散していた国定記念物の管理権が国立公園局に委譲された。さらに，1935年に成立した歴史地区保存法は，その後の歴史保存プログラムの拡大の強力な基盤となった。これにより，国立公園局は，歴史保存のための調査を広く行なうことができるようになり，歴史に関する公共教育にも関わるようになった。

近年，国立公園局は30億ドル程度の予算で運営されているが，その半分弱は州政府，地方政府，NGO，個人などの活動を支援する補助金への支出にあてられている。これらの補助金は，大きくアウトドア・レクリエーションに関するものと歴史保存に関するものの2つに分けられる。

現在国立公園局が展開しているアウトドア・レクリエーションに関する補助プログラムの多くは，1965年に制定された「土地と水域の保全のための基金法」（the Land and Water Preservation Fund Act）によって設置された同名の基金から運営資金を引き出している[2]。歴史遺産や文化遺産の保存を目的としているプログラムも，この基金から運営資金を受けている。それらの歴史保存プログラムの多くが根拠とする法律は，1966年に成立した「国家

歴史保存法」(the National Historic Preservation Act) である。この法律によって，すべての歴史公園が「国家の史跡登録簿」に登録することを要求されるようになった。そして，この史跡登録簿への記載を促進したり，歴史保存のために州政府や地方政府が行なう様々な活動を支援したりするために，歴史保存補助金プログラムが創設されたのである。

その後も，野生景観河川法（1968年成立），山野路システム法（1968年成立），包括権限法（1970年成立），絶滅危惧種法（1973年成立），国立公園とレクリエーション法（1978年成立），考古学的資源保全法（1979年成立），国立公園オムニバス管理法（1998年成立）など，国立公園局の業務の幅を拡大し，量を増加させ，複雑化させる各種の法が制定された。現在の国立公園局の任務には，国立公園や国定記念物のほかにも，様々な自然保護地域や文化的・歴史的遺産を管理することが含まれている（表2-1）。国立公園局の管理対象となっている物件は，総体的に国立公園システムと呼ばれている。

表2-1 国立公園局の管理対象（国立公園システム）を構成する物件

国立公園
国定記念物
国立歴史公園
国立保護区
国定記念建造物
国立歴史街道
国立景観街道
国立遺産地域
国立レクリエーション地域
国立景観河川
国立湖岸
国立海岸
国立軍事公園
国立墓地

出所：著者作成

3 利権としての公園補助金

国立公園局は，歴史的に予算の獲得に非常に苦労してきた政府機関である。この機関の主要な支持層は，夏季に公園を訪れる者と環境保護主義者であったが，前者は多様で広汎な一般市民で構成され，組織化もされておらず，国立公園局が直面している政治的あるいは財務的な問題についてほとんど認識していなかった。また，環境保護主義者のうち原理主義者は，自然環境の保全については支持しても，その公共利用に関しては反対していた。このような状況の中で，国立公園局は，より組織化された支持者をもち伝統的な利権

を供与している他の省庁と，連邦政府の内部で資金の獲得競争をしなければならなかったのである。他方で，既述のように国立公園局の業務の範囲・量・複雑性は歴史的に拡大・増加・増大し続けたので，スタッフは業務量に比して常に過少であり，国立公園の維持は不十分であった（Ckarke & McCool, 1996）。

1980年代に入って，伝統的な利権である河川・港湾関連の公共事業や冷戦による軍需の勢いが衰えると，連邦議会の議員たちは公園事業が旨みのある利権であることを再発見した。連邦政府予算の厳しい削減を行なったレーガン政権でさえ，議員たちが彼らの好む事業のために多額の予算をつけるのを抑えることができなかった。国立公園局は利権の供給によって議会内部に政治的支持者を得ることができるようになり，それによって予算規模もいくらか増えたが，同時に議案に関するコントロール権を徐々に失っていった。国立公園局内の専門家ではなく，議会が議題を設定し詳細にわたって指示するようになっていったのである。ある行政官は，「かつては（公園事業に関する）利権というのは国家的重要性とレクリエーション的価値の装いをまとって提示されるものだった。しかし，いまや人々は恥を知らず，そうした外観を整えることさえしなくなった」と述べて，こうした状況を憂いた（Newsweek, 1990）。

国立公園局の予算は，主に州政府や地方政府への支援と連邦政府自身の活動への支出に分かれ，後者はさらにオペレーションと建設に分かれる。議会が議案に関するコントロール権を行使することで，徐々に州政府や地方政府への支援と連邦政府自体の活動のうち建設事業（各州にある国立公園内の施設建設）への支出が増加していった。そして，それによってオペレーションへの支出が圧迫されるようになっていった[3]。

1989年から1993年まで国立公園局長を務めたジェームズ・リンデノウ（James Rindenour）は，1994年に出版された回顧録の中で「国立公園システムが真の意味でシステムであったことはこれまでに一度もない」と述べた。彼の在任期間にわたって，議会から優先度が低い仕事がやってきて優先度が高い仕事に割くべき資源を奪った。国立公園システムに既に組み込まれていた国家的な財産を保護する最低限のニーズが満たせない一方で，議員たちに

よる地元への利益誘導によって新しいプロジェクトが続々と予算案に盛り込まれた。彼は，そのような状況を「われわれの国立公園の血の希釈」だと表現した（Rindenour, 1994）。

この「血の希釈」が起こった原因の1つは，国家歴史保存法の中に規定されている歴史保存補助金である。この補助金プログラムは，創設以来地元の経済再生をもくろむ政治家の関心を引きつけてきた。例えば，ペンシルバニア州スクラントンにあるスチームタウンは，米国の鉄道システムの発展に大きな貢献をした地であるとしてこの補助金を受けたが，Newsweek（1990）によれば，そこは単なる錆びた回転用レールの集積した操車場であり，鉄道史の専門家の見解ではせいぜい三流の文化的価値しかないという。スチームタウンが補助金を獲得できたのは，その近辺を選挙区としていたジョセフ・マックダード下院議員の力による。また，ラルフ・レグラ下院議員の地元であるオハイオ州カントンは，元大統領マッキンリーの姻戚の家の保存のために100万ドル以上の補助金を受けた。

このように歴史的・文化的価値から見て疑わしい事業に補助金が渡った例は，下院議員の地元だけでなく，上院議員の選挙区についてもある。ロバート・バード上院議員は，地元ウェスト・ヴァージニア州に連邦支出を厚く配分したことで，NGOの「政府の無駄遣いに反対する市民」（Citizens Against Government Waste）によって「利権の王様」と呼ばれた人物だが，キース・アルビー劇場は，彼のおかげで450万ドルの補助金を得ることができた。それは，ウェスト・ヴァージニア州にある建築物の中で，もっとも大きく，すばらしい装飾が施され，並はずれて魅力的なものだとされたが，現在では劇場ではなく4つのスクリーンをもつ複合映画館として使われている。また，合衆国憲法の一部を執筆したチャールズ・ピンクニーの名が冠されたサウスカロライナ州にある邸宅は，アーネスト・ホリング上院議員の働きかけで国の史跡に指定された。しかし，後になって実際にはピンクニーはその邸宅に住んだことがなかっただけでなく，その邸宅が彼の死のかなり後になって建築されたことが分かった（ibid）。これらのエピソードが示しているのは，公園事業は典型的な利権であり，補助金の分配への委員会メンバーシップの影響を見るのには格好の素材だということである。

4 　公園事業の経済的インパクト

　公園事業補助金がどれくらいの経済的インパクトをもっているのかについて直接的に測った資料はないが，歴史保存，自然保護，アウトドア・レクリエーションが州経済に及ぼす影響やそのスピルオーバー効果について分析した報告がいくつかあるので，ここで紹介しよう。それらは，歴史保存，自然保護，アウトドア・レクリエーションに関する事業が，議員たちにとって魅力的な利権であることを示す補助的な証拠となろう。

　アウトドア・ファウンデーション（the Outdoor Foundation）という団体が発行している「アウトドア・レクリエーションへの参加」という報告書によれば，2012年度には米国人の約半数が何らかのかたちでアウトドア・レクリエーションに参加し，その人数は1億4200万人と過去最高であった（Outdoor Foundation, 2013）。また，サウスウィック・アソシエイツ（the Southwick Associates）という団体が行なった分析によれば，歴史保存，自然保護，アウトドア・レクリエーションに関する活動は，2012年に連邦政府，州政府，地方政府に合計2,110億ドルの税収をもたらし，8770億ドルの付加価値と1280万人の雇用を生んだという（Southwick Assiciates, 2013）。サウスウィック・アソシエイツが発行した別の報告書（「米国におけるアウトドア・レクリエーション，自然資源保護，歴史保存に関する経済状態」，Southwick Associates, 2011）によれば，フィラデルフィアで行なわれた歴史的・文化的遺産の修復活動は，年平均11億ドルの消費支出をもたらし，それがペンシルバニア州の9560人の雇用と3億5300万ドルの所得を支えているという。そして，物件が所在するフィラデルフィア市に660万ドルの税収をもたらし，さらにペンシルバニア州にも2430万ドルの税収をもたらした。同様に，テキサス州では，1997年に歴史的・文化的遺産の修復活動が4200人の雇用を生み，歴史保存活動全般では州内で4万の雇用が創出されたという。このように，歴史保存やアウトドア・レクリエーションには，大きな経済効果や雇用創出効果があると報告されている。州が行なうこれらに関連する事業を支援するために連邦政府の補助金を獲得することは，地元の経済を再生し，そ

れによって選挙民の支持を得たいと考える議員たちにとって非常に重要である。そして，連邦政府の補助金を獲得するには，それを管轄する小委員会に議席をもつのが都合がよい。

5 　国立公園局と連邦議会の小委員会

　法案審議において委員会中心主義を採用している米国の連邦議会では，それぞれの政策領域を管轄する委員会は強大な権力を有していると考えられている。そして，委員会のメンバーはその権力を利用することで，連邦支出や補助金の分配において超過的な便益を得ているのではないかとしばしば疑われている。

　本書では，委員会ではなく，その下位に設置された小委員会に注目する。なぜなら，公園事業については，小委員会が立法に関する情報収集（公聴会）と法案内容の決定（逐条審査）において重要な役割を果たしており，実質的な決定権をもっているからである。

　国立公園局の業務を監督し予算を承認する小委員会は，上院と下院にそれぞれ2つずつある（表2-2）。管轄の特性によってそれらを分けると，授権小委員会と歳出小委員会に分けられる。授権小委員会は，授権法の制定・改廃・更新を任務とする小委員会である。授権法とは，政府機関やそれらが実施する政策プログラムに法的権限を付与し，その存在と支出の根拠を与えている法律である。また，連邦政府が支給する補助金の受給資格や配分方法を定めているのも授権法である。

　これに対して，歳出小委員会は，毎年度の歳出法の制定を任務としている小委員会である。公園事業に関する補助金の予算は，内務・環境関連の歳出法で承認される。公園事業補助金は裁量的経費であるので，関連する歳出法が成立しなければ原則的に支出できない。役割分担として，授権委員会が授権法で授権枠を設定し，歳出委員会がこの授権枠にもとづいて歳出法でそれぞれの政策プログラムにどれだけ予算をつけるかを決定するという仕組みになっている。

表2-2 議会内に設置されている公園事業を管轄する委員会と小委員会

議院	管轄	委員会の名称	小委員会の名称
上院	歳出	歳出委員会	内務，環境，関連する諸機関に関する小委員会
	授権	エネルギーと自然資源に関する委員会	国立公園に関する小委員会
下院	歳出	歳出委員会	内務，環境，関連する諸機関に関する小委員会
	授権	自然資源に関する委員会	国立公園，森林，公有地に関する小委員会

出所：著者作成

　歳出小委員会のメンバーは，歳出法案の中で各プログラムの補助金の支出総額を推奨する権限をもっている。さらに，委員会が歳出法案を議場に上げるときに付される報告書の中で，イヤーマーク[4]として補助を受けるべき事業を直接的に指定できる制度的な特権をもっている。これに対して，授権小委員会のメンバーは，補助金の支出規模や分配には，授権枠，受給資格，配分方法の設定をつうじて間接的に関与できるにすぎない。このため，制度上は，各年度における補助金の分配に，授権小委員会のメンバーシップよりも歳出小委員会のメンバーシップの影響が現れやすいのではないかと考えられる。

　しかし，国立公園局は，既存のプログラムを維持し新たなプログラムを設置するのに，授権小委員会のメンバーと良好な関係を築かなければならない。したがって，たとえ委員の側から明示的な働きかけがなくても，官庁が補助金の分配において授権小委員会のメンバーの選挙区を優遇するということはあり得る。また，授権小委員会のメンバーは，電話・手紙・電子メールなど非公式の手段で，官庁に圧力をかけることができる。実際には，毎年度の補助金の分配に関して授権小委員会のメンバーがまったく影響力をもっていないとは言えないし，その影響力の大きさも必ずしも歳出小委員会のメンバーより小さいとはいえないのである。このように，制度上のみならず実際上の影響力を考えると，実証研究において先験的に授権小委員会のメンバーシップを考慮から外してしまうことは賢明ではない。本書では，すべての実証研究において，制度上直接的に支出の規模や分配の決定に関与する歳出小委員会のメンバーシップの影響だけでなく，授権小委員会のメンバーシップの影

響についても考える。

コラムB　米国の連邦政府の予算過程（裁量的経費の承認を中心として）

1．大統領予算提出から予算決議まで

　このコラムでは，裁量的経費の承認を中心に，連邦政府の予算過程について解説する。この補論の解説は，議会調査局の複数の報告書に主に依拠する（CRS, 2010b；2011a；2012b）。

　現行の米国の連邦政府の予算過程は，1974年に制定された「議会予算および執行留保統制法」(the Congressional Budget and Impoundment Control Act) によって治められている。毎年2月の第1月曜日までに，大統領は予算要求を議会に提出しなければならない。予算要求の取りまとめの実務は，各官庁の助言を受けて，行政予算管理局（the Office of Management and Budget）が行なっている。

　連邦議会では，上院と下院の各委員会が，それぞれ管轄するプログラムの適正な支出と収入の見通しおよび概算を2月中に作成し，各院の予算委員会に提出する。予算委員会は，公聴会を催し，証人を召喚して意見や情報を収集する。また，行政管理予算局，議会予算局（the Congressional Budget Office），連邦準備制度（the Federal Reserve）などの機関からも必要な情報を収集する。

　大統領の予算要求と各委員会から報告される見通しおよび概算は，連邦議会の予算決議の基礎となる。予算決議には，財政余剰または財政赤字や政府債務の最大額の見積もり，予算権限および予算総額が含まれる。予算決議は，両院における予算関連の立法を拘束するものである。裁量的経費については，予算決議で上限キャップが課されることがある。

　予算決議採択までの過程は以下のとおりである。まず，それぞれの議院において，予算委員会が予算決議案を議院に提出する。そして，議場で予算決議に関する採決が行なわれる。通常両院の予算決議にはギャップがあ

るので，両院協議会でギャップが埋められる。そして，両院協議会が上院と下院に提出した報告書の採否について，各院で投票が行なわれる。予算決議が採択されると，それは以後の両院における予算関連の立法を拘束する[5]。

　予算決議はしばしば採択されないことがある。近年では，2003年，2005年，2009年に採択されなかった。この場合，緊急の措置として「みなし予算決議」(deeming resolution) を通過させ，両院で論争のない支出部分について，予算関連の立法を行なう。みなし予算決議さえ採択されなかった場合は，支出制限について両院の不同意が残ることになるが，それにもかかわらず5月15日以降は，慣例で歳出法案の先議権が認められている下院において，歳出法に関する投票が可能になる。

2．連邦支出の分類[6]

　予算関連の立法は予算決議にもとづいて行なわれるが，直接支出（義務的経費）と裁量的経費とで予算過程は異なっている。直接支出とは，授権法に定められた授権枠がそのまま支出額となるものである。エンタイトルメントと呼ばれる医療や社会保障に対する支出は，直接支出に含まれる。これに対して，裁量的経費とは，原則として授権法に定められた授権枠の範囲内で支出額が決まるものである。裁量的経費については，授権法による授権の他に，歳出法による支出権限の承認が必要になり，それを欠くと支出ができない。

3．直接支出の予算過程（予算決議の後）

　本書の研究対象は，公園事業補助金である。公園事業補助金は裁量的経費に分類される。したがって，本書における議論と関連の薄い直接支出の予算過程については，解説を必要最小限にとどめる。

　既述のように，直接支出は歳出法での支出承認が不要であり，原則として授権法に定められた授権枠がそのまま各プログラムの支出額となること

が予定されている。しかし，実際には，予算決議に規定された各政策領域への支出額の配分に拘束される（これについては，コラムCで詳述する）。したがって，プログラムの優先度を勘案しながら，同じ政策領域内で特定のプログラムの授権枠を修正しなければならない事態も生じる。予算決議にもとづいて授権法の改正を行なうことをリコンシリエーション（reconciliation）という。

4．裁量的経費の予算過程（予算決議の後）

われわれの議論に必要なのは，裁量的経費の予算過程に関する情報である。予算決議が採択された後の裁量的経費の予算過程は，歳出過程と呼ばれている。歳出過程の概要は，以下のとおりである。まず，慣習上，歳出法案の先議権は下院にあるから，歳出過程は下院から始まる[7]。下院で法案が成立した後に，上院で法案の修正が検討され，通常は両院の法案の内容にギャップが生じるので両院協議会でそれを解消する。その後は，他の法律と同様に，両院協議会が報告書を付した法案を両院に提出し，それが両院で採択され，さらに大統領の承認を得れば，歳出法として成立する。

正規の歳出法は，歳出小委員会の管轄ごとに存在する。現行の数は13本である。それぞれの歳出法の決定過程をコントロールしているのは，両院の歳出委員会とその下位に置かれた小委員会である。しかし，それらは無制約に歳出の承認と額の決定ができるわけではない。歳出小委員会が歳出額を決定する際の制約になるのは，歳出委員長が定める302(b)配分と授権委員会が授権法で定める授権枠である。前者は，各歳出法におけるすべてのプログラムの支出総額についての制約である。後者は，各政策プログラムに固有な制約である。

なお，302(b)配分とは別に，302(a)配分というのも存在し[8]，こちらは予算委員会で定められる。302(a)配分は，政府の機能を基準に，連邦政府の予算総額を配分したものである。しかし，連邦政府の機能と歳出小委員会の管轄は正確に対応していない。したがって，歳出委員長は，予算委員会が決定した302(a)配分を念頭に置いて，歳出小委員会の管轄ごとに302

(b)配分を決定する(表B-1)。

表B-1　302(a)配分と302(b)配分

	基準	配分権限の所在
302(a)配分	機能	予算委員会
302(b)配分	小委員会の管轄	歳出委員長

出所：著者作成

　歳出法の制定が財政年度の始期である10月1日よりも後になることはよくある。9月30日までに歳出法が成立しないことが見込まれる場合には，連邦政府のプログラムのシャットダウンを避けるために，「つなぎ歳出法」(continuing appropriations bills) が制定される[9]。本来このつなぎ歳出法は正規の歳出法が成立するまでの短期的な支出を賄うためのものである。しかし，それが財政年度全体の支出を賄う事態も近年は頻繁に生じている。また，未決の歳出法がまとめられて，オムニバス歳出法として成立することも近年よくある。

6　まとめ

　国立公園局の業務は，歴史的に拡大，増加，複雑化してきた。しかし，組織された支持団体がなく，議員への利権の供与の可能性も限られていたため，国立公園局は議会内に強固な支持基盤を築くことができず，長く予算の獲得に苦労してきた。1965年に制定された「土地と水域の保全基金法」や1966年に制定された「国家歴史保存法」は，このような状況を変えるきっかけになった。国立公園局は議員たちの支持と交換できる「通貨」(補助金) を得たのである。
　また，議員たちも伝統的な利権であった河川・港湾関連の公共事業や冷戦による軍需の勢いが衰えると，地元の経済再生の手段として公園事業に注目するようになっていた。いくつかの団体の調査によれば，公園事業には大きな経済効果や雇用創出効果がある。

国立公園局は，補助金や建設支出というかたちで便益を供給し，議会内に支持基盤を得ることができるようになったが，かわりに公園事業に関する支出のコントロール権を徐々に失っていった。特に，公園事業補助金のうち歴史保存補助金については，これまでに議員による分配の政治的な操作が疑われる事例が多く報告されている。

　公園事業を管轄する小委員会に議席を持てば，補助金を獲得するのに有利になる。上院と下院にそれぞれ公園事業に関連する歳出小委員会と授権小委員会がある。制度上は，補助金の分配に関してより大きな影響力をもっていると考えられるのは，直接的に毎年度の歳出法の決定に関与することができる歳出小委員会のメンバーである。しかし，実際には授権小委員会のメンバーも非公式の手段をつうじて国立公園局による補助金の分配の決定に影響を与えることができるし，その影響力が歳出小委員会のメンバーに劣るものだとは必ずしも言えない。

註

[1] 国立公園局組織法に署名したのは，当時大統領であったウッドロー・ウィルソンである。

[2] この基金は，かつてはアウトドア・レクリエーション局によって運用されていた。1965年に「土地と水域の保全基金法」が成立したことによって，レクリエーションに関する計画と支援の権限は，それに関わるスタッフや基金とともに，一時的に国立公園局から奪われアウトドア・レクリエーション局に移管された。アウトドア・レクリエーション局は，1978年の組織変更によって，「歴史保全とレクリエーション局」となり，その後1981年の組織変更の際に消滅した。アウトドア・レクリエーション局の消滅により，これらの権限・スタッフ・基金は国立公園局の下に回復された。

[3] 議会による連邦支出の分配は政治的なリターンが大きいものに向かいがちで，既存の国立公園の維持・運営のような可視性のより低い，したがって議員たちにとって功績を主張するのには使えないような活動は軽視される。連邦支出の分配におけるこのような傾向は，オペレーションに割かれる予算を圧迫し，既存の国立公園内の生態系に問題を引き起こしてきた。1987年にニューヨーク・タイムズは，ネイチャー誌が行なった西部の国立公園内の主要な哺乳類種の調査結果を引用して，種の絶滅は人々が感知し予期している程度を大きく超えていること，そしてそれが一部の国立公園にとどまらないことを報じた。実際，マウントレーニア，ロッキーマウンテン，イエローストーン，ヨセミテなど比較的規模の大きな公園では，創設後70〜90年の間に約25％の哺乳類種が絶滅し，それよりも小さな規模の公園では35〜40％ほどの哺乳類種が絶滅していた（Gleick, 1987）。

［4］イヤーマークとは，議会が特定の事業への支出を指定したり，特定の事業を税や料金から免除することを指示したりすることをいう。行政管理予算局（the Office of Management and Budget）の定義によれば，イヤーマークは，議会が法律や報告書に明文で指示した事業や計画に供給される資金で，「価値や競争にもとづく行政府の配分過程を経ることを免れ，場所や受給者を特定され，さもなければ資金配分過程の重要な側面を管理する行政府の能力を削ぐ」ものである（http://earmarks.omb.gov/earmarks-public/）。イヤーマークが支持者やロビイストに便益を与える手段として議員に利用されてきたという認識は，多くの米国国民に共有されており，しばしば連邦政府による浪費の象徴として批判されてきた。

［5］予算決議は，議会において対内的な拘束力をもつ決議であり法律ではない。したがって，予算決議に大統領の承認はいらない。法定のスケジュールどおりに進めば，予算決議は4月15日までに成立する。

［6］連邦支出の分類の詳細については，コラムCを見よ。

［7］米国憲法には，歳入に関する立法を行なう場合は下院先議とする旨の規定がある。歳出に関する立法については同様の規定はないが，慣習上は下院先議とされている。

［8］302(a)配分，302(b)配分という名称は，それぞれを規定している条文に由来する。

［9］「つなぎ決議」（continuing resolutions）とも呼ばれる。

第3章

分配理論と便益仮説

1　はじめに

　本章の目的は2つある。1つは，分配理論と呼ばれる，委員会制度の存在理由と機能を説明する実証理論に関する先行研究の知見を整理することによって，本書で行なう実証研究に共通する理論的枠組みを提示することである。もう1つは，便益仮説と呼ばれる分配理論から導き出される仮説を検証したこれまでの実証研究の知見を確認することによって，説明力や予測力という観点から，分配理論の弱点を指摘することである。

　理論的枠組みを提示するという目的は，分配理論の発展をその起源から時間軸に沿ってなぞりながら知見を紹介し総合するという方法で達せられる。説明力や予測力という点から見た分配理論の弱点を指摘するという目的は，トピック別にこれまでに行なわれた実証研究の知見を確認することで達せられる。

　本章の構成は，以下のとおりである。まず第2節において，分配理論に関する理論研究を俯瞰し，それらの知見を整理する。次に第3節において，実証理論としての分配理論の弱点を示す。簡潔に言うならば，この弱点とは理論的仮定の単純さゆえに委員会メンバーシップと獲得される便益の関係の多様性や変化を説明できないということである。より優れた説明力や予測力をもつ理論を構築するためには，委員会メンバーシップと獲得される便益の関係を多様にしたり変化させたりする要因が何であるかを同定し，そのメカニズムを解明しなければならない。第4節において，これまでに行なわれた実証研究の知見から，委員会メンバーシップと獲得される便益の関係を多様にしたり変化させたりする要因として，制度的制約，政党，代表に着目すべきであることを示す。

2 ｜ 分配理論の起源と発展

最初に，分配理論の発展をその起源から時間軸に沿ってなぞりながら，これまでに得られた理論的な知見を確認する。これらの知見は，本書で行なう実証研究に共通する理論的枠組みを提供する。まず，分配理論の前提となっている分配政策や分配政治という用語の概念的な定義について確認しておこう。

セオドア・ロウィは，1964年に公刊された書評論文の中で，後に政策過程論において非常に大きな影響力をもつことになる，ある提案を行なった。それは，政策をいくつかのカテゴリーに分類して理解しようという提案である（Lowi, 1964）。ロウィによれば，当時の政策過程研究における語彙は乏しく，個々のケース・スタディによって発見された事実を，一貫した論理的な抽象概念に落とし込むことができないでいた。必要とされていたのは，多様な発見を蓄積し，比較し，対照するための指針であった。ロウィは，このような指針となる，政策過程の一般的解釈のための分類表を提案した。ロウィの分類表は，以下のような議論を基礎にしていた。

①他者とむすびつくことで何を得たいのかという期待によって，人々の間に見出される関係の類型が決まる。
②政治において，人々の関係は政策によって決まる。
③したがって，政治的関係は政策によって決まる。政策の類型に応じて，異なった政治的関係の類型がある。

Lowi (1964) 以前には，政治と政策の関係についての常識的な理解は，「政治が政策を決める」というものだった。彼は，この関係を逆転させて，「政策が政治を決める」と主張したのである。

ロウィによれば，ほとんどの公共政策はそのニュアンスを失うことなく，分配政策，規制政策，再分配政策の3つのカテゴリーに分類できるという。そして，それぞれの政策領域において特有の権力の場が作り出され，そこで独特の政治構造，政治過程，エリート，集団間の関係が発達する。ロウィの

政策分類表は，農業の政治，教育の政治，あるいはより狭く特定の法案に関する政治というような，多数の・記述的な・内容によるカテゴリーを，少数の・説明的な・機能によるカテゴリーに置き換えることを可能にするものだった。

ロウィの分配政策における「分配」という用語は，経済学で一般的に使用されているものとは異なる意味で使われている。それは付加価値や所得に関するものではないし，平等や衡平の概念とも直接的には関係がない。分配政策という用語は，小さな単位に分割され分配される経済的補助に関する政策を表わしている。そして，分割され分配される経済的補助のそれぞれの単位は，他の単位や普遍的なルールからは隔離されている。本書において「分配」という用語を使うときは，このようなロウィの定義を踏襲している。

ロウィの分配政策は，実質的には政策というよりも高度に個別化された決定というべきものであり，その集積を政策と呼ぶことができるようなものである。例えば，選挙区Aの港湾事業と選挙区Bの港湾事業のように，政治への参加者はそれぞれ異なる利益を追求しているので，寛大な措置を受ける者と収奪される者が直接的に衝突する必要がない。また，短期的には資源の有限性を気にしなくてもよい[1]。さらに，誰が守られるべきで誰が守られるべきでないかを区別する真の基準というものが，分配政策にはない。

ロウィによれば，分配政策を決定する「場」は，小さな単位の，強く組織された私心が働く権力の場であり，すべての者が彼ら自身のためにそれを決める政治に参加する。この権力の場で結託を築く方法としては，ログローリングが有効であり，獲得を目指す利益が異なっていることから，基本的に紛争がなく権力構造は安定している。結託の内部においては相互不干渉が規範となる。分配政策に関する意思決定の場の1つとして，ロウィが例に挙げたのが，本書が着目する連邦議会の委員会である。

このようにロウィが委員会を分配政策が決定される権力の場であると見立てたのに対して，デイビッド・メイヒューは，現職議員が再選という目的を果たすための手段が委員会制度なのだと考えた（Mayhew, 1974）。焦点を個々の委員会からそれらで構成されるシステムに拡げたのである。

彼は，議会の組織を説明するのに，経済学的なアプローチを採用した。す

なわち,方法論的個人主義と合理的選択論を採用し,現職議員が再選を唯一の目的として行動する主体であるという仮定を出発点にして理論を構築したのである[2]。そして,現職議員の再選動機は,立法過程における彼らの行動に影響するだけでなく,議会の組織の有り様にまで影響すると主張した。このような発想は,きわめて斬新なものであった。そして,委員会制度の存在理由と機能も現職議員の再選動機によって説明できると主張した。

メイヒューによれば,委員会制度は,現職議員に「特定化された便益」(particularized benefit) を保証するためのものである。便益が特定化されていることで,どの議員がそれを獲得したのかが明確になり,選挙民に功績を主張できる。それによって選挙民の支持を得て再選を果たすことが容易になる。

再選を容易にするために特定化された便益が求められ,その特定化された便益を議員に保証するために委員会制度が求められる。そう考えると,委員会制度は再選を容易にするために議員が設計したものだとみなすことができる。このようなメイヒューの議論は,後に分配理論と呼ばれるようになる,委員会制度の存在理由と機能を説明する実証理論の発展の契機となった。

メイヒューは,委員会制度のほかにも,シニオリティ(年功制度)などの米国の連邦議会の制度全般について同様の議論を行ない,それらの存在理由と機能を説明し経験的なエビデンスを提示した。彼は,それまでは記述と解釈が中心であった政治制度の研究に,説明と予測という新しい課題を持ち込んだのである。また,当時の政治学においては,いわゆる行動主義(behavioralism)と呼ばれる,政治行動を帰納的に分析するアプローチが主流であったところに,メイヒューは演繹主義という異質な分析アプローチを適用した。彼によって,制度を個人の政治行動によって説明するというアプローチの基礎が築かれ,多くの者がそれを引き継いだ。

メイヒューの議論は,委員会制度だけでなく議会制度全般についてのものだったが,Rundquist and Ferejohn (1975) は,委員会制度に焦点を当てて,その存在理由と機能の説明をよりフォーマルなものに洗練した。このランドクイストとフェアジョンの分配理論が,本書における実証研究の基礎になっている。それは,以下の5つの仮定群を基礎にした理論である。

仮定①：議員の目的
　現職議員は，再選を唯一の目的とする意思決定主体である。
仮定②：選挙民の目的
　選挙民は，彼らが望む便益をより多く供給する候補者を支持する。
仮定③：選好の異質性
　選挙民がどのような便益を望むかは，選挙区によって異なっている
仮定④：独占的決定権
　議会内に設置されている委員会は，管轄する便益の分配についてそれぞれ決定的な影響力をもっている。
仮定⑤：自己選出
　議員たちは，それぞれ彼らが望む委員会に所属することができる。

このような5つの仮定から演繹によって導き出されるのは，以下のような3つの理論的予測（仮説）である。

予測①：リクルートメント仮説（Recruitment Hypothesis）
　議員は，彼らの選挙民が選好する便益の分配を管轄する委員会に所属することを望む。
予測②：過剰代表仮説（Over-representation Hypothesis）
　委員会は，それが管轄している便益について高い需要をもつ選挙区で選出された議員によって構成される。したがって，委員会のメンバーの選好分布は偏りをもち，議院全体のそれを代表するものにはならない。言いかえるならば，高い需要をもつ者が過剰に代表される。
予測③：便益仮説（Benefit Hypothesis）
　他の条件を一定として，特定の委員会のメンバーによって代表されている選挙民は，そうでない選挙民よりも，その委員会が管轄している便益を多く受け取っている。言いかえるならば，委員会メンバーシップは超過的な便益をもたらす。

ランドクイストとフェアジョンによって整理された分配理論を，さらにフォーマルなものにしたのが Weingast and Marshall（1988）である。彼らは，

不確実性や取引費用など産業組織論の概念や知見を委員会制度の存在理由と機能の説明に持ち込んだ。ワインガストとマーシャルの主張によれば，委員会制度はスポット契約のログローリングに付随する，コミットメントの脆弱性という問題を解決するために支持の交換を組織化したものである。

いま2人の議員がそれぞれ異なる政策領域の事業を議会に採用させたいとする。しかし，それらの事業の決定や実行の時点が異なる場合には，議員の間で取り交わされた支持の交換の約束は不確実性をともなう。なぜなら，ひとたび片方の事業が採用あるいは実施された後に，もう片方の事業を支持する約束が確実に履行されることを保証できないからである。すでに採用されたあるいは実施された事業の提案者は，他の議員との支持の交換が彼らにとってより望ましいものであるのならば，前にむすんだ支持の交換の約束を反故にしてしまうかもしれない。このように，決定や実行の時点が異なる場合，スポット契約の支持の交換には，相手の行動に関する不確実性がともなう。

しかし，このような不確実性は組織化によって解決できる。まず，2人の議員が望む事業を管轄する委員会をそれぞれ作って，これらの委員会にいま問題にしている事業だけでなく特定の政策領域に含まれるすべての事業についての独占的な決定権を与える。そして，それぞれの議員が彼らの望む事業についての決定権をもつ委員会のメンバーになる。そうすると，互いに相手の望む事業の採用や実施に関する決定を覆すことができなくなる。このように，ワインガストとマーシャルは，委員会制度がスポット契約のログローリングにともなうコミットメントの脆弱性という問題に対処するための制度的アレンジメントであると主張したのである。

ワインガストとマーシャルが議員という個人間のログローリングに着目したのに対して，Fiorina (1981b) は集団としての委員会が行なうログローリングに着目した。米国の連邦議会においては，委員会が提出した法案は議場でほとんど修正されずに議院を通過することが通例となっている。このような現象は，しばしば委員会に対する議院の服従と表現される。フィオリナによれば，議院の服従は委員会の間にある相互不干渉という互恵主義的な規範から生じている。そして，フィオリナは，このような規範が「誰もが彼らが望む何かを得る」という全救主義 (universalism) を補完するために，委員

会の集合が選択した制度であると主張した。Fiorina (1981b) の発想が斬新なのは，Rundquist and Ferejohn (1975) が，委員会は議会の意思決定を支配できるほどの強大な権力をもっているということを仮定していたのに対して，議院を服従させることができるような委員会の権力がなぜどのようにして生じるのかということを説明した点である。

以上のように，フィオリナが委員会の権力の源泉を委員会の行動（合理的な選択）に求めたのに対して，Shepsle and Weingast (1987) はそれを制度に求めた。連邦議会の委員会には，議題設定権が与えられている。委員会は付託された法案を審議したり議院に提出したりすることを強制されない。たとえ議場で過半数の賛成を得ると見込まれる法案でも，委員会が望ましくないと判断すれば審議せずに放っておくことができる。シェプスルとワインガストは，このような制度的アレンジメントを「事前の拒否権」と呼んだ[3]。しかし，この事前の拒否権は，委員会が望ましい結果を引き出すのに十分なものではない。米国の連邦議会の議院には，付託した法案を委員会が審議したり報告したりしない場合に，それを議場に取り戻す手続きがあるからである。

それでも，委員会は望ましい結果を得ることができる。なぜだろうか。米国の連邦議会は二院制を採用している。そして，上院と下院は法案審議において対等である（わが国の国会における衆議院の優越のようなものはない）。各院を通過した法案の内容には，大抵の場合ギャップがある。その法案が重要なものならば，そのギャップは両院協議会で調整し解消される。このとき，両院から派遣される協議員は，その法案に関連する委員会や小委員会から選出されることが多い。両院協議会において法案のギャップが埋められた後に，法案は報告書を付され各議院に戻される。この報告書の内容は修正することが禁じられており，議院はそれを採用するか拒否するかしか選べない。つまり，議院が委員会の事前の拒否権の発動を乗り越えて，自らが望む法案を通過させたとしても，その後に概ね委員会のメンバーで構成される両院協議会でそれが覆されて，委員会が報告した内容に近い法案が議院に戻ってくることになる。そのとき，議院はそれを採用するか拒否するかしか選べないのである。

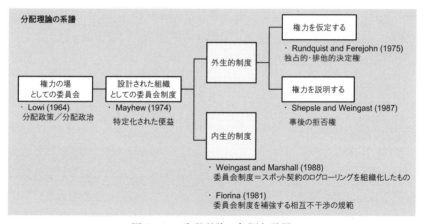

図3-1　分配理論の起源と発展
出所：著者作成

　シェプスルとワインガストは，このような制度的アレンジメントのことを「事後の拒否権」と呼んだ。委員会は，議院との間で行なわれる複数ステージのゲームの終盤に，この事後の拒否権を行使できる。議院は委員会がこの事後の拒否権をもっていることを考慮して意思決定を行なうので，事後の拒否権の行使の脅威によって，議院の意思決定は実質的に委員会にコントロールされていることになる。このような制度的アレンジメントによって，委員会は議院よりも優位に立ち，望んだ結果を実現できるのだとシェプスルとワインガストは主張した[4]。

　図3-1はここまでに紹介した分配理論の起源と発展をまとめたものである。これらの知見を要約すると，以下のようになる。委員会制度は，議会内の小集団に特定の政策領域についての議題設定権を与えるという制度的アレンジメントである。それは，委員会の間の合意によって成立する「相互不干渉の規範」や，制度的に与えられた「事後の拒否権」によって補完され，再選を容易にする特定化された便益を委員会のメンバーに保証するという機能を果たしている。本書で行なう実証研究の理論的枠組みは，このような知見の総合によって提供される。

コラムC　授権と歳出

1．はじめに

　連邦支出のうち裁量的経費に分類されるものは，支出までに授権と歳出という2段階を経る。このコラムでは，授権と歳出についてそれぞれ解説する。このコラムの解説は，主に議会調査局の報告書（CRS, 2010b；2011a）にもとづいている。

　連邦政府の支出の中で，毎年度制定される歳出法による承認を必要とするものを，裁量的経費という。裁量的経費の支出には，歳出法による承認だけでなく，授権法によって政策プログラムや実施機関の存在の根拠が与えられていることが必要である。

　授権と歳出という2段階の過程は，委員会制度における分業によって執行されている。授権委員会が授権法について責任を負い，歳出委員会が歳出法について責任を負っている。授権委員会と歳出委員会が互いの管轄を侵すことは，上院と下院の議院規則によって，原則的に禁じられている。

　しかし，連邦政府のすべての支出が，授権と歳出という2段階の過程を経ることを必要とされているわけではない。授権法のみで支出が認められる機関やプログラムも存在する。それらは，直接支出あるいは義務的経費と呼ばれている（表C1）。直接支出の一部には，授権法によって「永年的歳出」（permanent appropriation）が認められている。それらは，ほとんどエンタイトルメント・プログラムと呼ばれるもので構成されている。また，支出できるか否かは歳出法によって決まるが，支出される額が授権法で決められているものがある。それらは，「承認されたエンタイトルメント」と呼ばれる。メディケイドはその代表例である（表C1）。

表C-1　政府支出の分類（裁量的経費と直接支出）

		授権	支出の承認	支出額の決定
裁量的支出		授権法	歳出法	歳出法
直接支出	エンタイトルメント	授権法	授権法	授権法
	承認されたエンタイトルメント	授権法	歳出法	授権法

出所：著者作成

2．授権法

　授権法は，政府機関や政策プログラムを創設し更新し修正する法律である。授権法において，これらの機関やプログラムに，期限を定めてあるいは定めずに存在の根拠が与えられる。また，授権法は，政府機関や政策プログラムの義務と機能，組織構造，責任などを定める。さらに，授権法は授権枠を設定する。授権枠は，歳出額を決定する際の指針となる。

3．歳出法

　歳出法は，政府機関に特定の目的に関する予算権限を与える法律である。予算権限が付与されることで，政府機関は国庫から資金を引き出せるようになる。政府支出のうち，裁量的経費と一部のエンタイトルメント・プログラムについては，毎年度の歳出法による支出の承認が必要となる。

　コラムBで述べたように，原則的に政策領域ごとに13本の歳出法が毎年制定される。両院の歳出委員会の下位に設置された小委員会が，管轄する政策領域に関する歳出法について，それぞれ責任を負っている。このような正規の歳出法のほかに，連邦議会は年度内に生じた予期していなかったニーズに対応するため，1本以上の補足の歳出法を制定するのが常である。

　財政年度が始まるまでに正規の歳出法が成立しなかった場合は，「つなぎ歳出法」を制定しなければならない。つなぎ歳出法は原則的に当座しのぎのために制定されるが，それが年度内の政府支出のすべてをまかなう場

合もある。また,連邦議会は,政策領域ごとの歳出法を制定するかわりに,オムニバス歳出法を制定することがある。

4. 授権と歳出の過程の遵守

　授権と歳出の過程の分離は,両院の議院規則によって保証されている。例えば,授権されていない機関やプログラムに対する歳出の承認は禁じられている。授権法に定められた授権枠を超えて歳出が承認された場合,その超過部分は「授権のない歳出」と呼ばれる。また,両院の議院規則は,歳出法の中で政府機関や政策プログラムの授権をすることを禁じている。さらに,下院のみについてではあるが,議院規則で授権法の中で歳出の承認をすることを禁じている。

　しかし,授権と歳出の過程の分離に関するこれらの規則は,全会一致合意によって放棄されうる。また,下院では,歳出法案に特別審議ルールが付された場合にも,これらの規則は放棄される[5]。議院規則の放棄は,その年度の歳出法案の審議にだけ適用されるものであり,放棄の効果は翌年度以降の歳出法案の審議には及ばない。議院規則の放棄によって「授権のない歳出」が決定された場合には,政府機関はその全額を支出することができる。

5. 支出額と歳出額

　本書の4つの実証研究では,共通して公園事業に関連する小委員会のメンバーシップが各州の人口1人あたり補助金受給額に有意な影響を与えているか否かを検証している。毎年度の各州の補助金受給額の合計が,対応する年度の連邦政府の補助金支出額である。連邦政府の予算制度の下では,毎年度の支出額はその年度の歳出額とは異なる。今年度の支出額は,前年度以前に承認され今年度に支出されたものと,今年度に承認され今年度に支出されたものを両方とも含むからである。

　本書の実証分析では,偶数年度のデータのみを用いている。これは,米

国では偶数年に連邦議会選挙が行なわれるので、委員会のメンバーがその地位を利用して補助金を獲得しようとするインセンティブも強まり、委員会メンバーシップと獲得される便益の関係が検出しやすくなると考えたからであるが、別の理由もある。連邦議会期は2年で構成され、第1会期は奇数の財政年度、第2会期は偶数の財政年度に対応する。公園事業補助金の多くは2年から3年の分割払いで支払われるから、奇数の財政年度における補助金支出額は、前の連邦議会期に承認され当連邦議会期に支出された額を含む。したがって、奇数の財政年度の補助金の分配には、当連邦議会期の委員会メンバーシップのみならず、前の連邦議会期の委員会メンバーシップも影響を及ぼしていると考えられる。

偶数年度の補助金支出額にも、前の連邦議会期に承認され当連邦議会期に支出された額が含まれているが、その額は奇数年度に比べれば少ないと考えられる。検証したいのは、当連邦議会期における委員会メンバーシップの影響なので、前の連邦議会期の委員会メンバーシップの影響が小さな偶数年度の補助金支出額のみを分析対象にするのがより良い選択である。

なお、前の連邦議会期の委員会メンバーシップと当連邦議会期の委員会メンバーシップは非常に高い相関をもっている。OLSで推定を行なうことを前提とすると、多重共線性による推定への影響のおそれがあることから、当連邦議会期の委員会メンバーシップの補助金の分配への影響を測るときに、前の連邦議会期の委員会メンバーシップをコントロール変数として用いることはできない。本書では、OLSによる重回帰分析を方法として採用した第5章、第6章、第7章の実証研究では、前の連邦議会期の委員会メンバーシップをコントロール変数として用いず、方法として、多重共線性に対して比較的頑健な共分散構造分析を採用した、第8章の実証研究でのみ、それを説明変数として用いている。

表3-1　先行研究による便益仮説の検証結果

仮説を支持するもの	・河川・港湾 Ferejohn (1974); Rundquist and Ferejohn (1975); Hird (1991) ・高速道路 Lee (2000, 2003); Knight (2005); Lauderdale (2008) ・農業 Heitshusen (2001)
仮説を支持しないもの	・防衛 Rundquist and Ferejohn (1975); Rundquist and Griffith (1976) ・教育・労働 Heitshusen (2001) ・経済復興策 Gimpel, Lee and Thorpe (2013)

出所：著者作成

3 　分配理論の弱点

　前節では，分配理論の起源と発展を時間軸に沿ってなぞり，得られた理論的な知見を確認した。以下では，分配理論の弱点について考えてみよう。分配理論は，一見もっともらしいものに思える。米国の政治制度の下では議員と選挙民の間に癒着が生じやすく，連邦議会の委員会のメンバーによる地元への利益誘導が疑われる事例はあちこちで指摘されている（軽部，2009）。しかし，便益仮説と呼ばれている，分配理論から導き出された委員会メンバーシップと獲得される便益についての仮説を検証した先行研究を見てみると，それを支持する結果も支持しない結果も同じくらい得られていることが分かる（表3-1）[6]。

　分配理論は，多くの仮定を要求しない単純な理論である。このような単純さにより，広い一般化可能性という強みをもっている。しかし，この単純さは両刃の剣である。分配理論は現実の政治からあまりにも多くのものを捨象している。したがって，条件依存的な予測を生み出すことができず，説明力

や予測力がそれほど高くないという弱点がある。混合した実証研究の結果から言えるのは、委員会メンバーシップと獲得される便益の関係は、分配理論が予測するような普遍的なものではないということである。実際には、両者の関係は様々な要因に依存して多様であり得るし変化もすると考えられる。分配理論をより優れた説明力や予測力をもつ理論に昇華させるためには、委員会メンバーシップと獲得される便益の関係を多様にしたり変化させたりする要因が何であるかを同定し、多様性や変化が生じるメカニズムを解明しなければならない。

4 多様性と変化の要因──実証研究例から

委員会メンバーシップと獲得される便益の関係を多様にしたり変化させたりする要因として、どのようなものが考えられるだろうか。以下では、先行研究で得られた知見を紹介し、それらの知見から、制度的制約、政党、代表に着目すべきだと主張する。これらの3つのトピック別に知見を整理し、残されている課題、すなわち本書で取り組む課題を同定する。

(1) 制度的制約

先行研究によれば制度的制約は、委員会メンバーシップと獲得される便益の関係に影響を与える。Rundquist and Ferejohn (1975) は、政策間比較研究において、陸軍工兵隊が管轄する河川・港湾関連の公共事業の分配については関連する委員会のメンバーシップの有意な影響があるのに、国防省が決定する防衛関連の公共調達額については有意な影響がないことを発見した。制度上、河川・港湾関連の公共事業の配分については議会が深く関与する。他方で、防衛関連の公共調達の配分は官庁に大きな裁量があり、議会の影響力は比較的及びにくい。ランドクイストとフェアジョンは、このような制度的差異が委員会メンバーシップの連邦支出の分配への影響に差を生じさせているのだと考えた。

Berry and Gersen（2010）は，「官庁の政治的感応性」（議会や大統領からの影響の受けやすさ）という概念を提示した。そして，幹部に占める政治任用者の割合によって，政府機関の「政治化の程度」を計り，それによって，関連する委員会のメンバーシップの連邦支出の分配への影響が多様であることを説明した。彼らは，23の連邦政府の機関について比較研究を行ない，「政治化の程度」が委員会メンバーシップの連邦支出の分配への影響を規定していることを発見した。

　Arnold（1981）は，補助金の配分に関する決定権の所在と配分方法の差異に着目した。彼は，米国の連邦支出プログラムは，①連邦支出の分配の決定についてより大きな影響力をもっているのが議会であるか官庁であるかという軸と，②事業ごとに採否が決定されるものであるか，配分公式によって自動的に分配が決まるものであるかという軸の2つで4つのグループに分類できると考えた。そして，この4つのグループの間で，議会や委員会の連邦支出の分配への影響が異なると主張した。

　アーノルドが主張するように，連邦支出の分配について議会の影響力が大きいと考えられている河川・港湾関連の公共事業（Ferejohn, 1974 ; Rundquist and Ferejohn, 1975 ; Hird, 1991）や高速道路建設事業（Lee, 2000,2003 ; Knight, 2005 ; Lauderdale, 2008）については，ほとんどの実証研究において，委員会メンバーシップが補助金支出額や補助事業数の分配に有意な影響を与えていることが確認された。他方で，防衛関連の公共調達のように，連邦支出の分配について官僚の裁量が大きいプログラムについては，支出額や事業数の分配への委員会メンバーシップの影響を否定する結果が多く得られている（Rundquist and Ferejohn, 1975 ; Rundquist and Griffith, 1976）。

　アーノルドが考えたもう1つの軸，すなわち事業ごとに採否が決定されるものであるか，配分公式によって分配が自動的に決まるものであるかという軸による連邦支出の分類についても，彼の主張を支持する結果が多く得られている。一般に，配分公式を用いるものについては，補助金の分配への議会の影響は大きくないと考えられている。Reid（1980）は，医療に関する5つの補助金の分配について分析し，配分公式を用いているプログラムでは，分配が配分基準に厳しくコントロールされているのを発見した。同様に，Rich

(1981) は,コミュニティ開発に関する6つの補助金プログラムについて分析し,補助金の分配への委員会メンバーシップの影響は,事業ごとに採否が決定されるプログラムにおいて,より明確に現れることを発見した。Alvalez and Saving (1997) は,1989年から1990年の間に新設されたプログラムの支出額を,配分公式を用いているプログラムと事業ごとに採否が決定されるプログラムの2つのタイプごとにそれぞれ集計して,それらの集計額に対する下院の複数の歳出小委員会のメンバーシップの影響を分析した。そして,歳出小委員会のメンバーシップの有意な影響は,事業ごとに採否が決定されるプログラムの方に多く観察されるという結果を得た。

このように,先行研究においては,官庁の政治化の程度,制度上の決定権の所在,配分方法のタイプなどの制約が,委員会メンバーシップと獲得される便益の関係に影響を与えているという結果が多数得られている。しかし,これらの制度的要因だけでは委員会メンバーシップと獲得される便益の関係の多様性を説明するのに十分でない。例えば,Arnold (1981) の2つの軸による連邦支出の分類は,たしかに分類された4つの連邦支出グループの間の多様性を説明することには成功したかもしれないが,それぞれのグループ内における多様性については説明できない。

本書では,第6章において,制度に起因する配分過程の透明性と競争性という,これまでに無視されてきた要因の影響を検証する。配分過程の透明性と競争性が委員会メンバーシップと獲得される便益の関係を多様にしていることが確かめられれば,アーノルドの4つの連邦支出のグループのそれぞれの内部における影響の受けやすさの多様性を説明することができる。そして,委員会メンバーシップと獲得される便益の関係について,より理解を深めることができる。

(2) 政党

委員会メンバーシップと獲得される便益の関係を多様にしたり変化させたりする要因は制度的制約に限られない。政党もそのような要因だと考えられる。伝統的な分配理論には,政党が登場しない。それは,分配理論が歴史上

政党の影響力が著しく弱まった時期の連邦議会を想定して構築されているからである。しかし，近年の米国の政治の実態を観察すると，議会で決定される政策に政党の影響がまったくないと考えることは不自然だと思われる。連邦支出や補助金の分配にも，政党の影響があるのではないだろうか。

　実際，近年の分配政治の実証研究においては，明示的に政党の影響をモデルに組み込むことが広く行なわれている。Albouy（2013）は，共和党の議員の選挙区は防衛関連の支出をより多く受け取り，民主党の議員の選挙区は都市開発や教育に関連する支出をより多く受け取る傾向があることを明らかにした。Bickers and Stein（2000）は，民主党の議員の選挙区はエンタイトルメント（医療や社会保障のような直接支出）をより多く受け取り，共和党の議員の選挙区は直接貸付金，債務保証，保険などの偶発債務をより多く分配される傾向があることを明らかにした。このように，政党によって選好する連邦支出や補助金の種類が異なるという事実は，米国の民主党あるいは共和党に関するわれわれのイメージにも合致する。

　政党の影響として連邦支出や補助金の分配パターンに現れるのは，選好の異質性だけではない。多数党・少数党ステイタスも，連邦支出や補助金の分配に影響を与えると考えられる。先行研究では，多数党の議員に代表されている選挙区において連邦支出の分配額がより多いという傾向や，多数党の得票率がより高かった選挙区において連邦支出の分配額がより多いという傾向があることが確認されている。

　例えば，Levitt and Snyder（1995）は，彼らの観察期間において多数党であった民主党の得票率が高い選挙区において，補助金の受給額がより多い傾向があるのを発見した。Balla, Lawrence and Maltzman（2002）は，学術研究に関する補助金の分配について分析し，傾向として多数党の下院議員を選出した選挙区は少数党の下院議員を選出した選挙区よりも多額の補助金を得ていることを発見した。Lazarus and Steigerwalt（2009）は，上院でも下院でも，イヤーマークの獲得には多数党の議員に優位性があるという結果を得た。これらの経験的知見から言えるのは，少なくとも近年の連邦支出や補助金の分配について分析するときには，議員が所属する政党の多数党・少数党ステイタスの影響を考慮しなければならないということである。

議場レベルにおいてだけでなく，委員会レベルにおいても，便益の分配への政党の影響が確認されている。Lee（2003）は，下院の交通・インフラ委員会のメンバーの選挙区は，党派にかかわらず補助金の分配において超過的な便益を得ているが，事業の獲得数について両党の議員の選挙区を比べてみると，観察期間中に多数党であった共和党の委員の選挙区の方が傾向としてより多くの事業を獲得していることを発見した。同じ著者による Lee（2000）においても，委員会内部における政党の影響が確認された。民主党多数議会の下で1991年に制定された「陸上交通による一貫輸送の効率化法」（the Intermodal Surface Transportation Efficiency Act）にもとづく各州への補助金の分配額と，1998年に共和党多数議会の上院を通過した，同じ法律の再授権法案を基礎にして仮想的に配分された補助金の額とを比べた場合，1998年において議会の多数党であった共和党に所属する上院議員の数が多い州ほど，1991年法と比べたときの補助金の分配額の増加率がより高い傾向があった。

　ランドクイストとカーシーは，1963年から1995年までの期間の防衛関連公共調達額について分析し，各州への分配額に上院と下院の関連する委員会のメンバーシップの有意な影響があり，その影響は政党によって異なっていることを発見した。(Carsey and Rundquist, 1999 ; Rundquist and Carsey, 2002)。

　このように，先行研究では，議場レベルにおいても，委員会レベルにおいても，連邦支出や補助金の分配に政党の影響があるという結果が得られている。しかし，これらの研究には共通する方法的な問題がある。それは，分配パターンに現れる，党派による選好の異質性の影響と多数党・少数党ステイタスの影響を峻別できていないという問題である。

　戦後の連邦議会では，ほとんどの時期において両院で民主党が多数党の地位に就いていた。したがって，「民主党の議員であることの影響」と「多数党の議員であることの影響」は分離して捉えることが難しいのである。政党の影響のメカニズムを3つに分類し検証した Albouy（2013）を除けば，選好の異質性の影響の証拠が得られたとする研究も，多数党ステイタスの影響の証拠が得られたとする研究も，もう一方の要因の影響をコントロールしていないので，その主張の根拠は弱い。

連邦支出や補助金の分配に現れる政党の影響は，複数のメカニズムの働きの総合だと考えられる。これらのメカニズムの影響を分離して捉えられないと，便益の分配に政党の影響があることが分かっても，メカニズムが特定できず，説明力や予測力に優れた理論を構築することができない。本書の第7章においては，これまで混同されてきた複数のメカニズムの働きを分離して捉えることを試みる。

（3）代表

連邦議会の議員は，間接民主制における代表である。彼らの背後には選挙民がおり，議員はその委託を受けている。委託の拘束性がどの程度のものであるべきかについての感覚や意見は，議員によってそれぞれ異なるだろうが，彼らが選挙民の意向に反した行動をとり続けることは，職業政治家として再選をめざす限り賢明とは言えない。したがって，議員の行動は概ね選挙民の選好に拘束されていると考えるのが自然である。

選挙民の選好には多様性があるので，それを反映した議員の行動にも多様性があると考えられる。分配理論は，複数の政策領域について，選挙民の選好が異なることを仮定し，その選好に応じて議員がそれぞれ異なる委員会のメンバーになることを望むと予測する。しかし，1つの政策領域の中においても，有限な連邦政府の資源の使途について選好の多様性があるかもしれない。

Lowi（1964）は，分配政治においては，参加者がそれぞれ異なる利益を追求しているので，直接的に衝突する必要がないと述べた。つまり，分配政治においては奪う者と奪われる者が明確に分かれないのである。また，資源の有限性についても短期的には気にしなくてもよいと考えた。しかし，そのような想定は1960年代の米国においては正しくとも，現在の米国においては間違っている。近年の連邦政府は，厳しい資源制約に直面しており，多様な選挙民の物質的要求を同時に満たす余裕がない。したがって，特定の政策領域においても，選挙民によって多様な物質的要求があり，政府資源をめぐる争いが生じると考えられる。

また，特定の政策領域における紛争は，物質的要求の多様性のみから生じるとは限らない。近年はイデオロギー的な対立も激しくなっている。議員は選挙民の物質的要求を充たすことだけでなく，イデオロギー的要求を充たすことでも，彼らの支持を得ることができる。最近のティー・パーティー運動とそれに支持された共和党議員の関係はそれを表わす典型的なものである。

　実は，Mayhew（1974）は，「特定化された便益」の獲得による功績の主張のほかに，宣伝と立場の表明によっても，現職議員が選挙民の支持を得ることができると考えていた。宣伝とは，「自らの名前を有権者に好意的なイメージを持たせるようなかたちで，しかし争点の中身にほとんどあるいは全くかかわらないようなメッセージを通じてひろめるような取り組みすべて」（ibid, 邦訳書 p.31）を指す。他方，立場の表明は，「諸政治主体が関心を持ちそうな何らかの事柄について，判断を表わすメッセージを公的に発すること」（ibid, 邦訳書 p.40）を意味する。分配理論がよりフォーマルなものに発展していく中で，メイヒューが提示した3つの活動のうち功績の主張だけが残され，宣伝や立場の表明は捨象されてしまった[7]。

　この単純化は，議員の行動や議会の行動を予測する上では大きな問題であるかもしれない。例えば，選挙民志向の委員会には利益誘導によって選挙民に支持を訴える機会が豊富にあるから，それを糾弾する側にも同様に選挙民に支持を訴える機会が多くある。政府の浪費を嫌う人々に支持を訴えるには，利益誘導の糾弾は格好の手段である。したがって，選挙民志向の委員会のような，党派的な争いのない再選のための互助組織と考えられている委員会であっても，多様な動機をもつ者が集まっている（所属動機が便益の獲得とそれをつうじた功績の主張に限られない）と考えてもおかしくない。もしそうならば，分配理論の予測するように委員会メンバーシップが必然的に超過的な便益にむすびつくわけではない。

　これまでに行なわれた便益仮説を検証した実証研究のほとんどは，議員たちが委員会のメンバーになろうとする動機の多様性を無視している。選挙民の多様な選好を反映して，彼らを代表する議員の委員会への所属動機あるいは再選戦略が多様であり，その所属動機や再選戦略が委員会メンバーシップと獲得される便益の関係を規定しているならば，その関係は多様でありうる。

本書の第8章では，委員会メンバーシップが決定される委員指名過程と，連邦支出や補助金の分配が決定される政策決定過程を統合した，新しい分析アプローチを提示し，このような推論が正しいことを示す。

コラムD　議題設定権と議会の意思決定

　委員会制度は，議会に下部組織を設け，それらに特定の政策領域に関する議題設定権を与える制度的アレンジメントである。これにより，集合的意思決定において循環を回避して安定的な均衡が得られる。しかし，同時に集合的意思決定の帰結が議題設定権を付与された者に有利なものになる。このコラムでは，なぜそしてどのようにしてそうなるのかを解説する。

　いま議員A，B，Cの3人で構成される議会があり，彼らの理想点（もっとも選好する点）および現状点が2次元のユークリッド空間に図D-1のように配置されているとしよう。そして，理想点から離れるほど議員の効用水準は低くなるとする。さらに集合的意思決定は，単純多数決によって行なわれるものとする。

　最初に議題設定権が特定の者に固定されておらず，等しい確率で各議員に付与される場合について考えてみよう。例えば，議員Aに議題設定権が与えられた場合はどうなるだろうか（図D-2）。議員Aは議員Bか議員Cのどちらかと結託を組まなければならない。議員Aは，議員Bや議員Cにとって現状点と無差別な法案ABあるいは法案AC（厳密には無差別な点よりも微小に議員Bや議員Cの理想点に近づけた点）を提案する。この場合，議員Aは法案ABを提案して議員Bと結託を組むよりも法案ACを提案して議員Cと結託を組むことを選ぶ。なぜなら，法案ACの方が議員Aの理想点に近いからである。

　次の順番で議員Bに議題設定権が回ってきたとしよう（ターン2）。このとき，現状点は法案ACに移動している（図D-3）。議員Bは議員Aか議員Cのどちらかと結託を組まなければならない。議員Bは，議員Aや議員Cにとって現状点と無差別な法案BAあるいは法案BCを提案する。こ

第3章　分配理論と便益仮説　｜　63

の場合，議員Bは法案BAを提案して議員Aと結託を組むよりも法案BCを提案して議員Cと結託を組むことを選ぶ。なぜなら，法案BCの方が議員Bの理想点に近いからである。

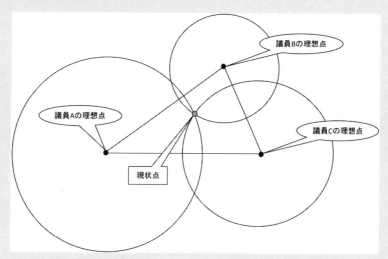

図D-1　3人議会における各議員の理想点と現状点の配置
出所：著者作成

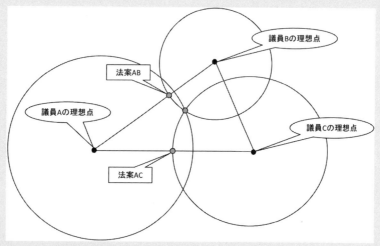

図D-2　ターン1（議員Aに議題設定権がある）
出所：著者作成

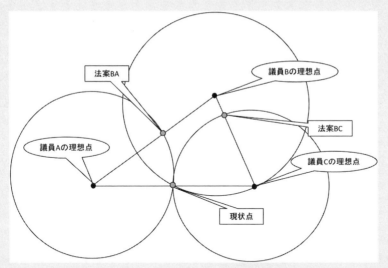

図D-3　ターン2（議員Bに議題設定権がある）
出所：著者作成

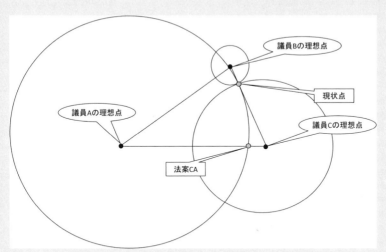

図D-4　ターン3（議員Cに議題設定権がある）
出所：著者作成

　さらに次の順番で議員Cに議題設定権が回ってきたとしよう（ターン3）。このとき，現状点は法案BCに移動している（図D-4）。議員Cは，

議員Bと組んだ結託を解散し，法案CAを議員Aに提案して彼／彼女と結託を組む。なぜなら法案CAの方が現状点（法案BC）よりも議員Cの理想点に近いからである。また，議員Aにとっても法案CAは現状点と同等かそれよりも良いのでそれを支持する。

この後に再び議員Aに議題設定権が回ってきたとする（ターン4）。現状点は法案CAに移動している（図D-5）。議員Aは，議員Cと組んだ結託を解散し，法案A'B'を議員Bに提案して彼／彼女と結託を組む。なぜなら議員Aにとって法案A'B'の方が現状点（法案CA）よりも彼／彼女の理想点に近いからである。また，議員Bにとって法案A'B'は現状点と無差別である（厳密には微小に議員Bの理想点に近づけた点が提案されるので彼／彼女にとってより良い）ので法案A'B'を支持する。

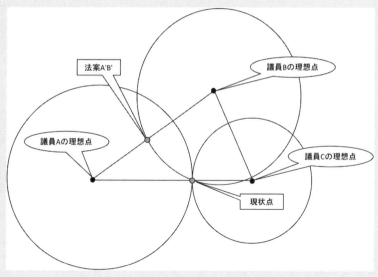

図D-5　ターン4（議員Aに議題設定権がある）
出所：著者作成

このように，議題設定権が確率的に付与される場合は，そのときの現状点と議題設定権を持つ者によって，集合的意思決定の結果は延々と変わり続け，時間割引を考えなければ，安定的な均衡をもたない。しかし，議題設定権を特定の者に固定するならば，安定した均衡が得られる。例えば，

最初に戻って，議員Cに固定的な議題設定権が付与されているとする（図D-6）。このとき，議員Cは法案C"B"を提案して議員Bと結託を組むことを選ぶ。なぜなら，その方が法案C"A"を提案して議員Aと結託を組むことよりも彼にとって良いからである。また，議員Bにとって法案C"B"は現状点と無差別である（厳密には微小に議員Bの理想点に近づけた点が提案されるので彼／彼女にとってより良い）ので法案C"B"を支持する。そして，議題設定権が議員Cの下に固定されているので，法案C"B"が3人の議員で構成される議会の最終的な意思決定になる。

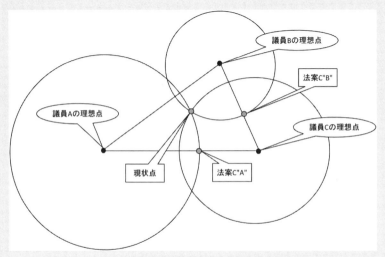

図D-6　固定的議題設定権が議員Cに付与されている場合
出所：著者作成

このとき，議題設定権をもっている議員Cとパートナーである議員Bの状態は現状点よりも良化しているが，勝利結託に含まれない議員Aの状態は現状点よりも悪化している。言いかえるならば，議員Aを犠牲にして，議員Cと議員Bがベター・オフしており，特に議題設定権をもっている議員Cに有利な決定になっている。固定的な議題設定権が付与された議員Cは，1人で構成される委員会とみなすことができる。Shepsle and Weingast（1987）による委員会の権力の説明は，以上のような「投票の空間理論」と複数ステージのゲームを組み合わせたものである。

註

[1] ロウィの議論は，1960年代における米国経済の高成長や，連邦政府による積極的な市民生活への介入を前提としている。

[2] より正確に言えば，メイヒューは，現職議員は複数の目標をもちうるが，再選以外の目標は再選を前提として追求できるものだから，再選が支配的な目標であると主張したのである。

[3] 委員会がこのような権利を行使することをゲート・キーピングという。ゲート・キーピングに関する理論研究として，Denzau and Mckay（1983）やKrehbiel（2006）がある。

[4] このような主張に対するKrehbielによる批判とShepsleとWeingastによる反論（Krehbiel, Shepsle and Weingast, 1987），およびKrehbiel（2004）による再批判も見よ。

[5] 第104回連邦議会において，共和党のニュート・ギングリッチ下院議長は，特別審議ルールを採用して授権と歳出の過程の分離を破った。彼は，歳出法における授権を多用して，公約の実現を図った（Aldrich and Rohde, 2000）。歳出法に盛り込まれる授権条項は，ライダー（rider）と呼ばれる。

[6] 第5章の第2節を見よ。

[7] メイヒュー自身がMayhew（2001）においてこのことを指摘している。

第4章

変数とデータ

1 変数の採用理由，定義，測定法

　本章の目的は，2つある。第一に，本書の実証研究で用いられる変数の採用理由，定義，測定法について解説することである。第二に，これらの変数に対応するデータの出所を示すことである。本書の4つの実証研究の計量モデルに含まれている変数は，ほぼ重複している。従って，紙幅の節約のため，これらの変数の定義と測定法について，独立の章を設け解説を行なう。それぞれの実証研究では変数についての説明を省略するので，適宜この章の解説を参照していただきたい。

　本章は以下のような構成になっている。まず第2節において被説明変数について解説する。次に，第3節において説明変数について解説する。説明変数については，（1）主要な関心の対象である委員会メンバーシップ変数，（2）コントロール変数として用いられる社会的・経済的・地理的変数，（3）同じくコントロール変数として用いられるその他の政治的変数に分けて解説する。最後に，第4節においてこれらの変数に対応するデータの出所を示す。

2 被説明変数

　第5章，第7章，第8章の3つの実証研究では，各州の公園事業補助金の人口1人あたり受給額を被説明変数として用いている。第6章の実証研究においてのみ，これを歴史保存補助金とアウトドア・レクリエーション補助金に分けたものを被説明変数として用いている。

　便益仮説における「便益」をどのように作業化（operationalize）するかに

ついては、多くの選択肢がある。申請された事業の採否、採用のアナウンスのタイミング、採用事業数が被説明変数に用いられている先行研究もあるが、もっとも多いのは州や下院選挙区に分配された連邦支出や補助金の額を被説明変数にしたものである。下院選挙区の人口規模は均等化されているので、それを観察単位とする場合には単に受給総額を被説明変数にとればよい。他方、人口規模の異なる州を観察単位とする場合は、受給総額を被説明変数にとり人口規模を説明変数として採用するか、人口1人あたり受給額を被説明変数にとるか（この場合でも説明変数に人口規模をとる例が多い）の選択肢がある。本書では後者を採用する。

受給総額ではなく1人あたりの補助金受給額を被説明変数として採用する理由は、人口に比例した補助金の配分の影響と1票の較差の影響を分離するためである。連邦政府の補助金の多くは、人口に比例して配分されている。本書の研究対象である公園事業補助金の場合は、準備金の割当[1]と申請された事業の採否という2段階の過程を経て分配が決定されるが、第1段階の準備金の割当においては州を単位としており、その人口規模が準備金を割り当てる際の要素として考慮されている。受給総額を州の人口規模で除して1人あたり受給額に変換すれば、この比例的割当の影響は抑制される。その上で各州の人口規模を説明変数にとれば、1票の較差が補助金の受給額に及ぼす影響を検証することができる[2]。なお、分析に用いるデータは基本的に複数の年度のデータをプールしたものであるので、分析に際しては2005年を100とするインプリシット・プライス・デフレータ（implicit price deflator）によって、名目額から実質額に変換している。

図4-1は2010年度の各州の公園事業補助金（歴史保存補助金とアウトドア・レクリエーション補助金の合計）の人口1人あたり受給額を示したものである。2010年度の場合、人口1人あたりで見てもっとも多額の補助金を受給していたのは、ミシシッピ州であり約2.37ドルであった。人口1人あたりの補助金の受給額がもっとも少なかったのは、イリノイ州であり約0.10ドルであった。この図から州の間で1人あたり補助金受給額にかなりのばらつきがあることが分かる。

同様に、図4-2と図4-3は、2010年度の公園事業補助金の受給額を2

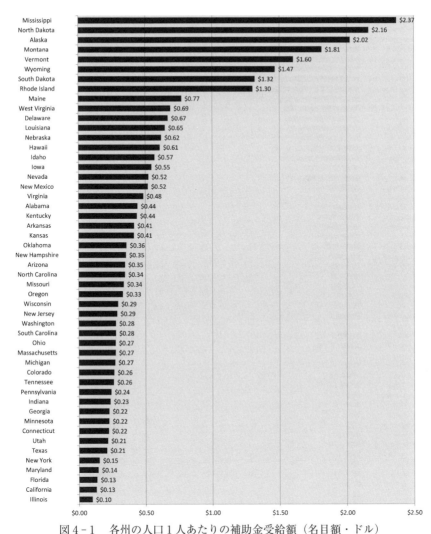

図4-1　各州の人口1人あたりの補助金受給額（名目額・ドル）
出所：著者作成（ただし，データはFederal Aid to States 2010年度版（センサス庁）による）

つの政策カテゴリー（歴史保存補助金とアウトドア・レクリエーション補助金）に分け，それぞれについて人口1人あたりの受給額を示したものである。歴史保存補助金については，2010年度の場合，人口1人あたりで見てもっとも多額の補助金を受給したのは，ミシシッピ州であり約1.83ドルであった。人口1人あたりの補助金の受給額がもっとも少なかったのは，フロリダ州で

第4章　変数とデータ　｜　71

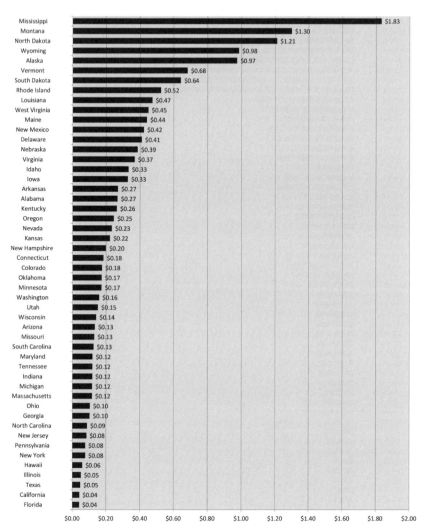

図4-2 各州の歴史保存補助金の人口1人あたり受給額(名目額・ドル)
出所:著者作成(データはFederal Aid to States for Fiscal Year 2010による)

あり約0.04ドルである。アウトドア・レクリエーション補助金については,2010年度に人口1人あたりで見てもっとも多額の補助金を受給したのは,アラスカ州で約0.73ドルであった。人口1人あたりのアウトドア・レクリエーション補助金の受給額がもっとも少なかったのは,メリーランド州とコネティカット州で0ドルであった。どちらの政策カテゴリーにおいても州の

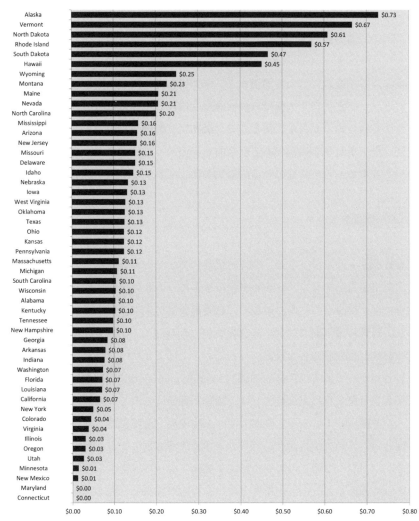

図 4-3　各州のアウトドア・レクリエーション補助金の人口 1 人あたり受給額（名目額・ドル）
出所：著者作成（データは Federal Aid to States for Fiscal Year 2010 による）

間で 1 人あたり補助金受給額にかなりのばらつきがあることが分かる。本書の主要な関心は，公園事業を管轄する小委員会のメンバーシップが，このような 1 人あたり補助金受給額のばらつきを説明する有意な変数であるか否かにある。

第 4 章　変数とデータ　│　73

3 　説明変数

　次に，説明変数について解説する。本書における主要な関心は，委員会メンバーシップが人口1人あたりの補助金受給額の州間のばらつきを説明する有意な変数であるか否かにあるので，最初にこの変数について解説する。その後，コントロール変数である社会的・経済的・地理的変数，同じくコントロール変数であるその他の政治的変数の順に解説する。

（1）委員会メンバーシップ

　委員会メンバーシップは，ダミー変数によって表わされる。公園事業に関連する小委員会のメンバーがいる州には1を，いない州には0を割り当てる。本書では，委員会レベルではなく，小委員会レベルのメンバーシップに着目する。現在の連邦議会において（特に下院において），管轄する問題に関する情報収集と意思決定を実質的に行っているのはより狭い管轄を与えられた小委員会だからである（Deering, 1982; Deering and Smith, 1997）。

　第5章と第6章の実証研究では，議院と管轄によってのみ委員会メンバーシップを区別している。したがって，上院歳出，上院授権，下院歳出，下院授権という4つの委員会メンバーシップ変数が計量モデルに含まれる。委員会メンバーシップをこのように議院や管轄によって区別する理由は，それらによって補助金の分配への影響の有無や程度が異なると考えられるからである。なお，第5章と第6章では，これらの変数はすべて外生変数として扱われる。

　これに対して，多数党の交代の影響を検証する第7章では，議院と管轄に加えて，所属政党によっても委員会メンバーシップを区別する。したがって，民主党上院歳出，共和党上院歳出，民主党上院授権，共和党上院授権，民主党下院歳出，共和党下院歳出，民主党下院授権，共和党下院授権の8つの委員会メンバーシップ変数が計量モデルに含まれる。これらの委員会メンバーシップ変数はすべて外生変数として扱われる。

第8章でも議院・管轄・所属政党によって区別された8つの委員会メンバーシップ変数を使用するが，第7章とは異なり，これらはすべて内生変数として扱われる。第8章の分析モデルでは，委員会メンバーシップを決定している要因が委員会メンバーシップと獲得される便益の関係を規定していると考える。この仮説が正しいか否かを検証するには，8つの委員会メンバーシップ変数と人口1人あたり補助金受給額の関係を分析するだけでなく，8つの委員会メンバーシップ変数がそれぞれどのような変数で説明されるかを同時に分析しなければならない。このような理由から，この章では計量モデルの中で委員会メンバーシップ変数を内生変数として扱う。

連邦議会の上院と下院には，公園事業を管轄している歳出小委員会と授権小委員会が，それぞれ1つずつある。歳出小委員会は，歳出法の審議を司り，政府機関や政策プログラムの予算を承認するのを任務としている。これらの政府機関や政策プログラムの存在と支出の基礎は，授権法によって与えられる。授権小委員会は，その授権法の審議を司り，歳出規模の決定において拠るべき授権枠を規定した法律の制定・改廃・更新（再授権）[3]を任務としている。

公園事業の場合，関連する歳出小委員会のメンバーは，歳出法の審議をつうじて毎年の公園事業補助金の支出に関する意思決定に直接的に関与する。他方，授権小委員会のメンバーは，原則的には授権法の制定や改正をつうじて，毎年の公園事業補助金の支出に関する意思決定に間接的に関与することしかできない。しかし，授権小委員会のメンバーによって補助金の分配が操作される可能性がまったくないわけではないし，その影響力が歳出小委員会のメンバーよりも小さいとは必ずしも言えない[4]。便益の分配への委員会メンバーシップの影響を分析した先行研究では，歳出小委員会あるいは歳出委員会のメンバーシップのみの影響を検証しているものもあるが，本書では授権小委員会のメンバーシップの影響も同時に検証する。

歳出小委員会のメンバーは，かつては小委員会が管轄する利権とむすびつきのある選挙区から選出されるのが慎重に避けられており，「国庫の守護者」というイメージを維持していた（Fenno, 1966, 1973）。しかし，Schick（1980）によれば，1970年代に行なわれた予算制度改革の後に，歳出委員会は「国

庫の守護者」から「支出の請求者」に変質したという[5]。また，Adler (2000) は，シックが指摘した時期よりも前の1960年代の初頭には歳出小委員会のメンバーの選好分布が母体である議院の選好分布を代表しないものになり，全体として小委員会が管轄している便益について高い需要をもつ選挙区からメンバーが選出される傾向があったことや，それ以来近年までこのような傾向に大きな変化がないことを発見した。

他方で，授権委員会，特に選挙民志向だとされる委員会については，1960年代以前から近年まで一貫して，委員会が管轄する便益に高い需要をもつ選挙区からメンバーが選出される傾向があることが指摘されている (Fenno, 1973; Cox and McCubbins 1993; 2007; Adler 2002)。以上の経験的知見から，歳出小委員会についても授権小委員会についても，そのメンバーシップを表わす変数の係数の符号は正であると予測する。つまり，管轄にかかわらず，これらの小委員会のメンバーのいる州は，小委員会のメンバーのいない州よりも人口1人あたりの補助金受給額が多い傾向があると予測する。

議院によって，委員会メンバーシップの補助金の分配への影響は異なる可能性がある。Fenno (1973) は，下院の歳出委員会が禁欲的である（「国庫の守護者」というイメージに近い行動規範をもっている）のに対して，上院の歳出委員会はより選挙民志向であることを発見した。彼の表現によれば，上院の委員会は外部利益の「浸透性」がより高い。

議院間の差異は，選好の差異だけでなく，制度の差異によっても生じうると考えられる。例えば，政治任用者の任命の助言と承認は上院の専権事項であるから，官庁にとってより重要なのは上院なのかもしれない。また，歳出法案は慣例上まず下院で審議されるが，経験的に下院で大統領の予算案から削られたものが上院の審議において復活する例が多い。このため，上院はしばしば予算の「控訴審」と表現される[6]。官庁から見れば，歳出法案の審議において上院は自分たちに有利な結果を得るのにより重要な議院であるのかもしれない。中でも歳出小委員会は歳出法案の審議において直接的かつ大きな影響力をもっているから，官僚が上院の歳出小委員会のメンバーの寛容な施しを期待して，あるいは過去になされた施しに報いるために，たとえ明示的な要求がなくても，小委員会のメンバーの地元に特別の便宜を図るという

ことはあり得る。これらの制度的要因から，補助金の分配には下院よりも上院の小委員会の影響が観察されやすいのではないかと予測される。

(2) 社会・経済・地理的変数

各州には社会的・経済的・地理的な差異がある。これらの差異は，歴史保存やアウトドア・レクリエーションの需要やニーズに差を生じさせるかもしれない。こうした需要やニーズの差異が公園事業補助金の分配に反映されるのであれば，それを適切にコントロールしなければ，便益の分配への委員会メンバーシップの影響を正確に測ることができない。

本書の実証研究においては，各州の失業率，州の労働人口に占める旅行業従事者シェア，州内にある国立公園の数，その州が属する地域のダミー変数をコントロール変数として用いている。また，これらの変数で把握しきれない州の間の異質性をコントロールするために，前期の1人あたり補助金受給額を説明変数として用いている。第8章の実証研究においては，前期の1人あたり補助金受給額は既得権益の水準の代理変数でもある。さらに，時点に関しては固有で州の間では共通の効果を仮定し，これをコントロールするために，説明変数として年度ダミーを用いている。これらの変数に加えて，第8章の実証研究では，内生変数として扱われる当期の委員会メンバーシップを説明する変数として，前期の委員会メンバーシップを導入する。

①失業率

歴史保存やアウトドア・レクリエーションに関する事業の本来の目的とは異なるが，公園事業は過去に景気刺激策として実施されたことがある。例えば，1983年の緊急雇用法の下で，歴史保存補助金やアウトドア・レクリエーション補助金は，雇用創出のために用いられた（GAO, 1986a; 1986b）。また，2009年度以降，アメリカ再生・再投資法（the America Recovery and Reinvestment Act）の下で，既存の公園事業プログラムのいくつかが明確に景気刺激策として位置づけられた[7]。

もし公園事業が景気刺激策として行なわれるのであれば，そして経済状況

のより深刻なところに厚く補助金が配分されるのならば，各州の失業率は補助金の分配に影響を与える要因だと考えられる。そのとき，失業率が高い州ほど人口1人あたりの補助金受給額は多い傾向があるだろう。したがって，この変数の係数の符号は正であると予測される。

②旅行業従事者シェア

旅行業は公園事業と強いつながりをもつ産業だと考えられる。旅行業従事者が多い州では，現職議員たちに公園事業補助金を獲得するより強いインセンティブがある。公園事業補助金の獲得によって，旅行業に従事する選挙民からの支持が見込めるからである。労働人口に占める旅行業従事者のシェアがより高い州ほど，人口1人あたりの補助金受給額が多い傾向があると考えられるから，この変数は人口1人あたりの補助金受給額を説明する式において正の係数をもつと予測される。

委員会メンバーシップを内生変数とする第8章の実証研究においては，旅行業従事者シェアは，人口1人あたり補助金受給額の説明変数としてだけではなく，委員会メンバーシップの説明変数としても重要な変数である。分配理論によれば，選挙区の経済的利害がそれに関連する委員会や小委員会に所属するよう議員を促す。旅行業従事者シェアがより高い州から公園事業を管轄する小委員会のメンバーが選ばれる傾向があるかもしれない。したがって，委員会メンバーシップの決定を記述する式において，旅行業従事者シェアを表わす変数は正の係数をもつと予測される。

③州内の国立公園の数

連邦政府が支給する公園事業補助金は，原則的に州政府や地方政府のイニシアティブによる新規事業への補助を目的とするものであるので[8]，既存の施設数との直接的な関係はないはずである。しかし，連邦支出や補助金の分配について分析した先行研究のいくつかでは，説明変数として選挙区内の国立公園の数を採用しており，いずれも有意な正の係数をもつという結果を得ている[9]。本書においても，州内の国立公園の数を説明変数として含めて分析を行なった。結果を先取りすれば，州内の国立公園の数は有意な説明変数

にはならなかった。また，国立公園の数を面積に変えても有意な結果は得られなかった。

　第8章の実証研究においては，委員会メンバーシップの決定を記述する式にも州内の国立公園の数を用いるが，公園事業補助金が新規事業の支援を目的とするものであることから，この変数が委員会メンバーシップの決定に及ぼす影響は不明である。しかし，脱落変数バイアスを防ぐという予防的な観点から，この変数を計量モデルに含めておく方がよいだろう。

④地域ダミー

　米国は，北東部，中西部，南部，西部と大きく4つの地域に分かれる。本書では，西部を参照地域として，北東部，中西部，南部の3つの地域ダミー変数を計量モデルに含めて分析を行なった。これは，地理的に近接した州の文化的・歴史的・自然的類似性およびそれらから生じる需要やニーズの共通性を考慮したためである。例えば，西部では自然が豊富でアウトドア・レクリエーションが盛んである。北東部は初期の入植地で関連する史跡が多い。中西部にはインディアン文化という無形の遺産の保存ニーズがある。南部には，黒人文化と市民戦争に関連する歴史的・文化的遺産が数多く残っている。

　公園事業補助金を歴史保存とアウトドア・レクリエーションという政策カテゴリーに分けないときは，これらのダミー変数が1人あたり補助金受給額に与える影響の方向は不明である。しかし，本書の関心はこれらの変数の影響にはなく，コントロール変数としての機能を果たせば十分である。したがって，補助金受給額を政策カテゴリーによって分類しない場合も地域ダミー変数を計量モデルに含めている。なお，委員会メンバーシップを内生化する第8章の実証研究では，地域ダミー変数は委員会メンバーシップの説明変数としても用いられる。これは，公園事業を管轄する小委員会のメンバーの構成に地域的な偏りがあるか否かを見るのに役立つ。

⑤年度ダミー

　2006年度の予算教書でブッシュ大統領は，財政規律回復策の一環として中長期的な裁量的経費の抑制方針を表明した[10]。2007年度には，2012年度

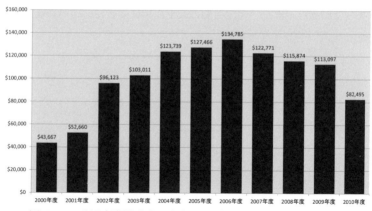

図4-4　公園事業補助金の支出総額（実質額・千ドル）の推移
＊金額は2005年を100とするインプリシット・プライス・デフレータで実質化している。
出所：著者作成（データはFederal Aid to States各年度版による）

までの5年間の歳出額を，予算教書で示された見通し額の範囲内に抑制するキャップ制を導入し，これを超過する場合には，上院の5分の3（60票）以上の賛成を得た上で，例外経費を除いて一律削減を行うことを定めた。この結果，裁量的経費の伸びはインフレ率以下に抑えられより緩やかになった。また，成果が乏しいあるいは優先度が低いと判断されたプログラムが大幅に削減・廃止されたことにより，歳出の基礎となる授権枠の総量の規模は明確な減少傾向を示している（CRS, 2013b）。

　本書の研究対象である公園事業補助金は裁量的経費である。公園事業補助金の支出総額は，実質額で見ると2006年度をピークとして一貫して減少し続けている（図4-4）。一般に補助金の支出総額に増減があれば，各州への分配額にもその影響が現れると考えられる。本書の実証研究では，2004年度を参照年度とし，2006年度，2008年度，2010年度の3つの年度ダミーを，人口1人あたり補助金受給額を説明する変数として回帰式に入れている。もし各州の補助金の受給額が同じ年度の連邦政府の補助金支出の総額と傾向的にリンクしているならば，2006年度のダミー変数は正の係数をもつことが，2008年度と2010年度のダミー変数は負の係数をもつことが予測される（2006年度は参照年度である2004年度よりも補助金支出総額が多く，2008年度と2010年度は少ないから）。

表4-1　年度別の歴史保存補助金とアウトドア・レクリエーション補助金の支出総額（実質額・千ドル）

	2004年度	2006年度	2008年度	2010年度
歴史保存補助金	41,585	42,771 (+1,186)	54,492 (+12,907)	50,984 (+9,399)
アウトドア・レクリエーション補助金	82,153	92,014 (+9,861)	61,382 (−20,771)	31,511 (−50,642)

＊括弧内は2004年度の支出額との差
出所：著者作成（データはFederal Aid to States各年度版による）

　第6章では，公園事業補助金を歴史保存とアウトドア・レクリエーションという政策カテゴリー別に分けて，それぞれの1人あたり補助金受給額への委員会メンバーシップの影響を検証する。2004年度の支出総額をベースとすると，歴史保存補助金の実質額で見た支出総額は，2006年度，2008年度，2010年度のいずれの時点においてもそれよりも多い（表4-1）。支出総額と各州の受給額が傾向的にリンクしているのならば，2006年度，2008年度，2010年度の年度ダミー変数の係数は，すべて正の値をとると予測される。他方，アウトドア・レクリエーション補助金の場合は，実質額で見た2006年度の支出総額は2004年度よりも多くなっているが，2008年度と2010年度の支出総額は実質額で見て2004年度よりも少なくなっている（表4-1）。補助金の支出総額と各州の受給額が傾向的にリンクしているのならば，年度ダミー変数の係数は2006年度については正の値を，2008年度と2010年度については負の値をとると予測される。

　委員会メンバーシップ変数を内生変数として扱う第8章の実証研究においては，これらの年度ダミー変数は1人あたり補助金受給額の説明変数としてだけでなく，委員会メンバーシップの説明変数としても用いられる。委員会の総議席数や政党に割り当てられる議席数は，連邦議会期ごとに異なる（表4-2）[11]。委員会メンバーシップの決定を記述する式において，年度ダミー変数は，年度間における政党別の委員会議席数の変動を表わしている。一般に政党に割り当てられた委員会の議席数が減ると，ある州から特定の委員会のメンバーが選出される確率は低くなり，逆に政党に割り当てられた委員会の議席数が増えると，ある州から特定の委員会のメンバーが選出される確

表4-2　年度ごとの各小委員会の政党別議席数

			2004年度	2006年度	2008年度	2010年度
上院	歳出小委員会	民主党	7	7	9	10
		共和党	8	8	8	6
		合計	15	15	17	16
	授権小委員会	民主党	6	5	8	8
		共和党	7	6	7	6
		合計	13	11	15	14
下院	歳出小委員会	民主党	5	5	8	8
		共和党	8	8	5	4
		合計	13	13	13	12
	授権小委員会	民主党	9	7	15	20
		共和党	11	9	13	13
		合計	20	16	28	33

出所：著者作成（データはAlmanac of American Politicsによる）

率は高くなると考えられる。したがって年度ダミー変数は，議院・管轄・所属政党で区別された8つの委員会メンバーシップの決定を記述する式において，各党に割り当てられていた議席数が2004年度よりも増えているならば正の係数を，減っているならば負の係数をとると予測される。

⑥前期の人口1人あたり補助金受給額

人口1人あたり補助金受給額が連邦議会期（congress）あるいはそれを構成する2つの会期（session）をつうじて比較的安定的であるならば，前期の人口1人あたり補助金受給額は他の変数で捉えきれない州の異質性を表現するものとして適当である。

注意してもらいたいのは，第5章，第6章，第7章の実証研究と第8章の実証研究とでは，「前期」の定義が異なるということである。前の3者では，「前期」は前年度を意味する。これらの3つの章では，「当期」は偶数年度（各連邦議会期の第2会期）を表わしているから，「前期」は同じ連邦議会期の第1会期を指す。これに対して，第8章では「前期」は前に選挙があった年を表わしている。第8章の「前期」は，2年度前，すなわち前の連邦議会

期の第2会期である。

　「前期」の定義がこのように違うのは，第8章では委員会メンバーシップが内生変数だとされていることによる。本書では既得権益の大きな州ほど管轄する小委員会のメンバーを抱えている確率が高いと考える。そして，既得権益の大きさは，「前期」の人口1人あたり補助金受給額で測ることができると仮定する。委員指名はそれぞれの連邦議会期の第1会期に行なわれるので，その前年つまり前の連邦議会期の第2会期を「前期」とし，前期の人口1人あたり補助金受給額を既得権益の代理変数として用いる。

　分配理論の論理に鑑みれば，前の選挙年の人口1人あたり補助金受給額が多い州ほど（既得権益がより大きな州ほど），当期においてその州が公園事業に関連する小委員会のメンバーを抱えている確率は高いと考えられる。したがって，委員会メンバーシップの決定過程を記述する式において，この変数の係数は正になると予測される[12]。なお，前期が1年度前である場合も，2年度前である場合も，1人あたり補助金受給額は当期のそれと同じく，2005年を100とするインプリシット・プライス・デフレータで実質額に変換した上で分析に用いる。

⑦前期の委員会メンバーシップ

　委員会メンバーシップを内生変数として扱う第8章においては，当期の委員会メンバーシップを説明するのに，前期の委員会メンバーシップを用いる。現職議員は再選すれば，通常は前の連邦議会期にメンバーであった委員会や小委員会に再任される。彼らが委員会や小委員会の議席を失うのは，本人が他の委員会や小委員会への異動を希望しそれが受け入れられたとき，所属する政党から他の委員会や小委員会に異動するように勧告があったとき（より人気のある高位の委員会への異動の場合が多い），または政党に割り当てられた委員会議席が縮小されたとき（シニオリティの短い議員がメンバーシップを失うことが多い）である。そのような事情がなければ，前の連邦議会期にメンバーを務めていた委員会への再任が自動的に認められる。このような慣習は，しばしば委員会の議席に対する「所有権」と表現される[13]。また，委員会のメンバーが抜けた空席を同じ州あるいは地域で選出された議員で優先的に埋

めるという慣習もある（Bullock, 1971）。これらの事情から，前の連邦議会期にその委員会にメンバーを送り込んでいた州は，当期においてもその委員会のメンバーシップを保持している確率が高い。したがって，当期の委員会メンバーシップを説明する式において，前期の委員会メンバーシップは正の係数をもつことが予測される。

　前期の委員会メンバーシップは，第8章の実証研究に限って，1人あたり補助金受給額を説明する変数としても用いられる。その理由は以下の事情による。多くの公園事業プログラムでは，補助金は歳出が認められてから2年から3年の間に分割で支払われるので，当期の人口1人あたり補助金受給額に，前期の委員会メンバーシップの影響があると考えることは自然である。そうすると，前期の委員会メンバーシップを説明変数として計量モデルに含めたくなる。しかし，それには技術的な制約がある。前期の委員会メンバーシップ変数は当期の委員会メンバーシップ変数と非常に相関が高いので，多重共線性が係数の推定に影響を及ぼすおそれがある。したがって，推定方法としてOLSを採用している第5章，第6章，第7章の実証研究では，説明変数として使用できない。

　本書の関心は，当期の委員会メンバーシップが当期の1人あたり補助金受給額に与える影響であるから，これらの3つの章の実証研究では前期の委員会メンバーシップ変数は説明変数として用いずに，当期の委員会メンバーシップ変数だけを用いる。他方，方法として多重共線性に対してより頑健な共分散構造分析を採用している第8章の実証研究では，当期の委員会メンバーシップとともに，前期の委員会メンバーシップも，当期の1人あたり補助金受給額を説明するのに用いられる。なお，議院・管轄・所属政党によって区別された委員会メンバーシップ変数が1つの時点につき8つあるので，第8章の実証研究において当期の1人あたり補助金受給額を説明する回帰式には，前期のものと今期のものを合わせて合計16個の委員会メンバーシップ変数が含まれる。

(3) 政治的変数

　補助金の分配に影響を与えると考えられる委員会メンバーシップ以外の政治的変数として，1票の重みを表す各州の人口規模，委員会リーダーの有無，上院の小委員会のメンバーの選挙サイクル，議院シニオリティ，イデオロギー指標がある。

　①人口規模
　本書の実証研究では，1票の重みの差異から生じる各州の政治的影響力の不均質性を表わす代理変数として人口規模を用いている。米国の連邦議会は上院と下院の二院からなるが，代表の選出制度はそれぞれ異なっている。上院については，各州が等しく2議席をもっている。下院については，10年ごとの人口センサスにもとづいて人口比で各州に議席が割り当てられる[14]。上院議員については各州の人口が異なるので，議員1人が代表している選挙民の数は当然異なる。人口の少ない州の方が1票の重みは大きい[15]。
　このような代表選出における不平等は，「過剰代表」(over-representation)や「歪んだ割当て」(mal-apportionment)と呼ばれ，投票権の平等という民主主義的価値からは望ましくないものだとされている。代表選出の歪みがどのような政策的帰結を生むのかというのは興味深い研究課題である。これまで多くの研究者によって，代表選出の歪みが連邦支出や補助金の分配に及ぼす影響が検証されており，概ねそれが有意な影響を及ぼしていることが確認されている[16]。例えば，Boyle and Matheson (2009) は人口と連邦支出の負の関係を，Lee (1998, 2000) は人口の逆数と連邦支出の正の関係を，Atlas, Gilligan, Hendershott, and Zupan (1995) は人口1人あたり議員数と人口1人あたり連邦支出の正の関係をそれぞれ確認した[17]。すなわち，人口がより少ない州ほど（上院議員選挙において1票がより重い州ほど），1人あたり補助金受給額がより多い傾向がある。このような経験的知見から，人口規模の係数の予測される符号は負である。

②委員会リーダー

本書の実証研究において委員会リーダーとは，両院における委員会レベルと小委員会レベルの長（Chair）と少数党筆頭（Ranking Member of Minority）を指す[18]。これらの委員会リーダーがいる州には 1 を，いない州には 0 を割り当てる。

委員会リーダーは同輩委員の中でも特殊な存在であり，制度上優越的な地位にある。例えば，歳出小委員会の長は小委員会における歳出法の審議の際にたたき台として用いられる法案（ビークルと称される）に盛り込まれるイヤーマークを裁量的に決定することができる。一般に，委員会や小委員会の意思決定に対するリーダーの影響力は，他の委員よりも大きいと考えられる[19]。

委員会リーダーの有無を表わすダミー変数は，委員会内における影響力の不均質性を表現する。委員会リーダーのいる州は，委員会リーダーがいない州よりも人口 1 人あたりで見てより多くの補助金を受給する傾向があると考えられる。したがって，この変数の係数は正になると予測される。

③上院の小委員会のメンバーの選挙サイクル

下院議員は任期が 2 年間であるから，2 年ごとに全議員が選挙に臨むことになる。他方で，上院議員の任期は 6 年間であり，入れ替わりに約 3 分の 1 の議員だけが 2 年ごとの議会選挙に臨む。しばしば，上院では選挙サイクルにあたる議員に傾斜的に連邦支出や補助金が配分されていると言われる。しかし，Shepsle, Van Houweling, Abrams, and Hanson (2009) は，上院と下院それぞれの歳出法案（両院協議会[20]にかける前の法案，つまり同じ法案の上院ヴァージョンと下院ヴァージョン）について分析し，上院の歳出法案では選挙に臨む議員のいる州に厚く連邦支出が配分されているが，下院でこれを先読みして歪みをあらかじめ正すような内容の法案が可決されるので，結果として連邦支出の分配の循環的な変動は抑制されていることを発見した。

本書の実証研究では，各州にその年に選挙に臨む上院の小委員会のメンバーがいるか否かを表わすダミー変数を導入した。選挙サイクルにあたる上院の小委員会のメンバーがいる州には 1 を，いない州には 0 を割り当てる。こ

の変数は，小委員会内におけるインセンティブの強さの不均質性を表現する。当年に選挙に臨む上院の小委員会のメンバーには，そうでないメンバーよりも補助金獲得のインセンティブが強く働くと考えられる。したがって，この変数の係数の予測される符号は正である。

④各州に割り当てられた議院の議席のうち特定の政党が占める数またはシェア

各州に割り当てられた上院の2議席を同じ党の議員が占めているとき，それが便益の分配にどう影響するのかを検証するために，第7章では民主党が2議席を占めている場合と1議席を占めている場合を表現する2つのダミー変数が用いられている。また，第8章では上院の2議席のうち民主党が占めているシェアを表す変数が使用されている。

下院については，第7章では各州に割り当てられた下院議席数のうち民主党議員が占めるシェアが説明変数として用いられ，第8章では各州に割り当てられた議席のうち民主党が占める数と共和党が占める数の2つの変数が用いられている。先行研究において，一般に民主党議員の方が共和党議員よりも連邦支出のカテゴリー（補助金，公共調達費，偶発債務など）の中で補助金の獲得を好むことを示す結果が得られているので[21]，各州に割り当てられた議院議席のうち民主党が占める数やシェアは，その州の人口1人あたり補助金受給額に正の影響を及ぼすと予測される。

これらの変数は人口1人あたり補助金受給額だけでなく，委員会メンバーシップの決定にも影響を及ぼすと考えられる。いまそれぞれの議院において各党からランダムに議員が選ばれ委員会の議席が埋められていくと考える。民主党に割り当てられた特定の委員会の議席の数を所与とすると，上院でも下院でも民主党議員が多い州ほどその議席を獲得する確率が高まる。同様に，上院でも下院でも共和党議員が多い州ほど共和党に割り当てられた特定の委員会の議席を獲得する確率が高まる。したがって，各州に割り当てられた議院の議席のうち特定の政党が占める数やシェアは，政党で区別された委員会メンバーシップの決定に正の影響を与えていると予測される。図4-5はこのような関係を表わしたものである。

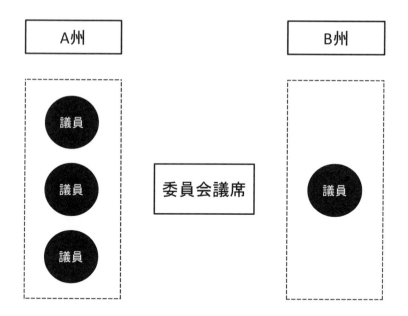

もしランダムに委員が決められるのであれば、3人の議員がいるA州から特定の委員会のメンバーが選ばれる確率は、1人の議員しかいないB州から選ばれる確率よりも高い。

図4-5　政党に割り当てられた委員会議席と州を代表する上院または下院議員の数の関係

出所：著者作成

⑤議院シニオリティ

　議院シニオリティも前期の委員会メンバーシップと同じく，第8章の実証研究でのみ用いられる説明変数である。議院シニオリティとは，議院における連続勤続年数のことを指す。ある議員が落選して次の選挙で再当選した場合には，原則的に前に蓄積されたシニオリティは復活せず，カウントはゼロから始まる。議院を移った場合も同様である[22]。

　議院レベルのシニオリティのほかに，委員会レベルのシニオリティもあるが，本書では前者のみを問題とする。委員会レベルのシニオリティは主に委員長の選出に関係する変数だからである。議院内での影響力や特定の委員会への指名要求の通り易さを表現するには，議院レベルのシニオリティの方が適切である。

　本書では，ある議員が初当選してから経過した年で議院シニオリティを測

もっとも長いシニオリティ　　　　もっとも長いシニオリティ

図4-6(a)　シニオリティ変数

出所：著者作成

もっとも長いシニオリティ　　共和党下院議員シニオリティの値は
　　　　　　　　　　　　　　この場合ゼロになる

図4-6(b)　シニオリティ変数

出所：著者作成

定する。また，シニオリティ変数は，議院と所属政党を区別して設けられる。つまり，計量モデルには，民主党上院議員，共和党上院議員，民主党下院議員，共和党下院議員の4つのシニオリティ変数が含まれる。

既述のように，本書の観察単位は州である。通常，1つの州には2名の上院議員と複数の下院議員がいるので[23]，州レベルの議院シニオリティは，例えば，民主党に所属する下院議員の中でもっとも連続勤続年数の長い者の議院シニオリティで測る。図4-6(a)はそれを表わしたものである。ただし，その州に民主党あるいは共和党に所属する上院議員または下院議員がいない場合には，所属政党別の議院シニオリティ変数の値を0とする（図4-6(b)）[24]。一般に，よりシニオリティの長い議員ほど，議院の規則や手続に精

通し，経験も豊富で，党内や院内に知り合いも多いことから政治的影響力が大きいと考えられる。したがって，これらのシニオリティ変数の係数の予測される符号は正である[25]。

議院シニオリティは，人口1人あたり補助金受給額の決定だけでなく，委員会メンバーシップの決定においても重要な要因である[26]。委員指名候補者名簿は，それぞれの党の「委員会に関する委員会」によって作成され議員総会で承認されるという手続きを経る[27]。

民主党でも共和党でも，原則として議院シニオリティの長い議員ほど指名要求（異動要求）が受け入れられやすい傾向があるが[28]，委員指名の基準として議院シニオリティにどれくらい固執するかは，議院や政党の間で差異がある。

例えば，下院の場合には，委員指名において議院シニオリティがより重要になるのは共和党よりも民主党である。下院共和党では委員指名における党執行部の裁量権が大きく，議院シニオリティを基準とする年功優先の指名が民主党ほど徹底されていない。したがって，下院共和党の若手議員には，歳出委員会のような高位の，人気のある委員会のメンバーになることができる機会が，下院民主党の若手議員よりも多くある[29]。逆に上院の場合は，民主党よりも共和党の方が議院シニオリティに固執する傾向がある。また，下院全体と上院全体の比較では，上院の方が下院よりも委員指名において議院シニオリティに固執する傾向がある[30]。

以上の事情から，一般に議院シニオリティは特定の委員会あるいは小委員会のメンバーの決定において正の影響を与えていると考えられるが，その影響は下院よりも上院についてより観察されやすいのではないかと考えられる。また，議院シニオリティの委員会メンバーシップへの影響は，上院においては民主党所属議員よりも共和党所属議員について観察されやすく，下院においては共和党所属議員よりも民主党所属議員について観察されやすいと予測される。

⑥イデオロギー指標

イデオロギー指標も，第8章の実証研究でのみ用いられる説明変数である。

もっともリベラル
（もっとも小さなスコア）

もっとも保守的
（もっとも大きなスコア）

図4-7（a）　イデオロギー変数

もっともリベラル
（もっとも小さなスコア）

共和党下院議員イデオロギーの値は
この場合ゼロになる

図4-7（b）　イデオロギー変数

出所：著者作成

　ある州で選出された議員のイデオロギー嗜好を表現するのに，本書ではプールとローゼンタールが開発したDW-NOMINATEという指標を用いている[31]。代替的なものとしては，各種の利益団体スコア[32]が考えられるが，連邦議会期の間で値の比較が可能である点において，DW-NOMINATEはそれらよりも優れている。本書では，4つあるいは2つの連邦議会期のデータをプールしたサンプルを用いている。したがって，時点間の比較が可能なDW-NOMINATEをイデオロギー指標として用いる。

　本書の観察単位は州であり，通常1つの州には2名の上院議員と複数の下院議員がいる。州レベルのイデオロギー嗜好を測るのに，本書では各州で選

出された上院議員あるいは下院議員の中でもっともリベラルな民主党議員のイデオロギー指標の値ともっとも保守的な共和党議員のイデオロギー指標の値を用いる。図4-7(a)はそれを表わしたものである。イデオロギー変数は，その州で選出された議員のイデオロギー嗜好の両極を表わしている。イデオロギー変数は議院と政党によって区別されるので，1つの州につき4つのイデオロギー変数（上院民主，上院共和，下院民主，下院共和）があることになる。なお，その州に民主党あるいは共和党に所属する上院議員や下院議員がいない場合は，政党と議院によって区別されたイデオロギー変数の値は0とする（図4-7(b)）[33]。

DW-NOMINATEの値は，より小さいほどその議員がリベラルなイデオロギー嗜好をもつことを表わし，より大きいほどその議員が保守的なイデオロギー嗜好をもつことを表す。近年の連邦議会の場合，民主党に所属する議員については，DW-NOMINATEの値は通常負である。また，共和党に所属する議員については，DW-NOMINATEの値は通常正である。つまり，ゼロを境に左と右に民主党議員と共和党議員がきれいに分かれる。

イデオロギーと便益の分配の関係は，不明瞭である。リベラルなイデオロギー嗜好の者ほど連邦政府の支出や州政府への支援を支持するだろうという直観的仮説はもっともらしいが，これは支出規模に関する仮説であり，分配に関するものではない。イデオロギーと便益の分配の間に論理必然的な関係はない。しかし，イデオロギーと便益の分配の間に体系的な関係があるという結果を得た先行研究がある。カンとシドマンは，DW-NOMINATEスコアをイデオロギー指標として用い，よりリベラルな議員を選出した選挙区で，直接支出の受給額，直接支出の授与数，偶発債務の授与数がより多い傾向があることを発見した（Cann, 2008 ; Cann and Sidman, 2011）。また，補助的なエビデンスとして，より保守的なイデオロギー嗜好の議員を選出した選挙区では，獲得した補助金がより多い者ほど選挙における得票率が低くなるというSellers (1997) が得た知見が挙げられる。彼は，この結果を言行の一致しない議員が投票において罰せられるのだと解釈した。

以上の経験的知見から議員のイデオロギー嗜好を同じ議院内かつ同じ政党内で比べた場合，よりリベラルなイデオロギー嗜好をもつ議員がいる州ほど

人口1人あたり補助金受給額が多いと予測される。本書が採用するイデオロギー指標である DW-NOMINATE は，よりリベラルなイデオロギー嗜好の議員ほど小さな値になるので，イデオロギー変数は各州の人口1人あたり補助金受給額に対して負の影響をもつと考えられる。

先行研究によれば，イデオロギーは，補助金の分配の決定だけでなく，委員会メンバーシップの決定においても重要である。Kanthak（2004）は，イデオロギー指標として DW-NOMINATE スコアを用い，プロビット分析によって下院の3つの重要な委員会（規則委員会，歳入委員会，歳出委員会）のメンバーに指名される確率が，その議員の DW-NOMINATE スコアが政党内の中位値により近いほど高くなり，議院内の中位値からより遠いほど高くなることを発見した。Young and Heitshusen（2003）は，多数党が委員会のメンバーのイデオロギー的な構成を操作する必要は，その委員会の管轄の重要性だけでなく，経時的に変化する問題の重要性やその時々の政党の強さ（議院における占有議席数と投票における結束性で表わされる）にも依存すると主張し，実証研究においてそれを支持する結果を得た。また，政党が重要な委員会の空き議席を埋めるときに，よりイデオロギー嗜好の偏った，すなわち民主党はよりリベラルな議員を，共和党はより保守的な議員をあてる傾向があることを発見した。

このような経験的知見にもとづいて，委員会メンバーシップを内生化する第8章の実証研究においても，委員会メンバーシップの決定過程を記述する式に，説明変数としてイデオロギー指標を含める。ただし，本書が小委員会レベルに着目しているのに対して，上に挙げた先行研究では委員会レベルに着目していることに注意しなければならない。メンバー構成のイデオロギー的な偏りは，委員会レベルに固有のものである可能性もある。しかし，一般に狭い管轄をもつ小委員会の方がメンバー構成のイデオロギー的な偏りは大きいと考えられる。

本書では重回帰分析や共分散構造分析を方法として用いているが，これらの方法では実際の議院と委員会のイデオロギー指標の平均値の比較に着目する。これに対して，先行研究の多くではモンテカルロ・シュミレーションを用いて，議院からランダムに抽出した仮想的な委員会の集合と実際の委員会

のイデオロギー指標の中位値の比較を行なっている。このような点にも注意しなければならない。

表4-3は，被説明変数と説明変数に関する本章の解説をまとめたものである。縦書きの変数が各章の計量モデルにおける被説明変数であり，丸がついているものがその計量モデルにおいて用いられている説明変数である。黒丸と白丸は，それぞれ外生変数あるいは内生変数であることを表している。

表4-3に示されているように，第8章の実証研究においては当期の1人あたり補助金受給額と，委員会メンバーシップ変数だけでなくイデオロギー変数やシニオリティ変数も内生変数として扱われる。議院と政党によって区別された4つのイデオロギー変数は3つの地域ダミー変数で説明される。これは，地域とイデオロギーの間に体系的な関係があることが知られているからである（CQ, 1980；Shaffer, 1982；松尾，1988；浅井，1998）。また，本書の実証研究に用いたデータを調べたところ，州単位のイデオロギー変数とシニオリティ変数の間に高い相関があった。先行研究では，シニオリティが蓄積するほど議員は保守的になる（Clem, 1977）という知見や，議員たちが再選のために投票行動（外部に表現されるイデオロギー嗜好）を適応的に調整している（Kousser, Lewis and Masket, 2007）という知見が得られている。本書では後者に依拠して，第8章の実証研究において，議院と政党によって区別された4つのシニオリティ変数がそれぞれに対応するイデオロギー変数によって説明される式が計量モデルに含まれている。

4 | データの出所

各変数に対応するデータの出所は表4-4のとおりである。補助金や人口のデータは，米国の連邦政府のセンサス庁の統計から，失業率のデータは労働省の統計から得ている。旅行業従事者シェアは，民間のデータベースから入手した。各州にある国立公園の数のデータの出所は，国立公園局のデータベースである。議院シニオリティ，委員会メンバーシップ，委員会リーダーの有無，上院の委員の選挙サイクルについては，データを The Almanac of

表 4-3　被説明変数と説明変数

	第5章 1人あたり補助金受給額	第6章 1人あたり補助金受給額（政策カテゴリー別）	第7章 1人あたり補助金受給額	第8章 1人あたり補助金受給額	第8章 委員会メンバーシップ
委員会メンバーシップ（4種類もしくは8種類）	● 議院別 管轄別	● 議院別 管轄別	● 議院別 管轄別 政党別	○ 議院別 管轄別 政党別	×
人口	●	●	●	●	×
失業率	●	●	●	●	×
旅行業従事者シェア	●	●	●	●	●
国立公園の数	●	●	●	●	●
地域ダミー（3種類）	●	●	●	●	●
年度ダミー（3種類）	●	●	●	●	●
前期の1人あたり補助金受給額	●	●	●	●	
前期の委員会メンバーシップ（8種類）	×	×	×	●	●
委員会リーダー	●	●	●	●	×
上院の委員会メンバーの選挙サイクル	●	●	●	●	×
上院政党別議席数あるいはシェア	×	×	上院2議席ダミー 上院1議席ダミー	上院民主党議席シェア	上院民主党議席シェア
下院政党別議席数あるいはシェア	×	×	下院民主党シェア	下院民主党議席数 下院共和党議席数	下院民主党議席数 下院共和党議席数
議院シニオリティ（4種類）	×	×	×	○	○
イデオロギー指標（4種類）	×	×	×	○	○

●：外生変数
○：内生変数
出所：著者作成

表 4-4　データ出所

変数	データ出所	発行元
公園事業補助金	Federal Aid to States	The Census Bureau (The U.S. Department of Commerce)
人口規模	Intercensal Estimates of the Resident Population for the United States, Regions, States, and Puerto Rico	The Census Bureau (The U.S. Department of Commerce)
失業率	Employment status of the civilian noninstitutional population by sex, race, Hispanic origin, and detailed age, annual averages	The Bureau of Labor Statistics (The U.S. Department of Labor)
旅行業従事者シェア	Impact of Travel on State Economies: Current and Historical Estimates. (http://jp.knoema.com/ITSE2012May/impact-of-travel-on-state-economies-current-and-historical-estimates)	Knoema beta
国立公園の数	Find A Park (http://www.nps.gov/findapark/index.htm)	The National Park Service (The U.S. Department of the Interior)
小委員会のメンバーシップ	The Almanac of American Politics	The National Journal Group
委員会リーダー	The Almanac of American Politics	The National Journal Group
上院小委員選挙サイクル	The Almanac of American Politics	The National Journal Group
シニオリティ	The Almanac of American Politics	The National Journal Group
イデオロギー	DW-NOMINATE Scores With Bootstrapped Standard Errors http://voteview.com/dwnomin.htm	Carroll, Lewis, Lo, McCarty, Poole and Rothentahl

出所：著者作成

American Politics から得た。議員のイデオロギー指標である DW-NOMINATE については，データを voteview.com で入手した。

註
[1] 第6章に準備金の割当についての解説がある。
[2] 厳密には，この場合の説明変数としての人口規模は，1票の較差とともに規模の経済の影響を含んでいる。ただし，規模の経済の影響は公園が地理的に相当離れて存在しており独立性を有しているためにそれほど大きくはないと考えられる。いずれにしても，われわれの主要な関心は補助金の分配への委員会メンバーシップの影響であって，1票の較差の影響ではない。この変数は，コントロールの機能を果たせば十分である。
[3] 連邦政府の多くの政策プログラムが時限法として制定される。一定期間を経過するとその存続について議会の承認を得なければならない。
[4] 第2章の解説を見よ。
[5] Thurber（1992）は，歳出委員会の変質の理由を，1960年代半ばから1970年代半ばにかけて，当時の多数党であった民主党に大量のリベラル派新人議員が流入したことと，彼らの中から歳出委員会のメンバーに選出される者が増えたことに求めている。
[6] Lowrey, Bookheimer, and Malakowski（1985）は，ホワイトハウス，下院，上院を支配する政党の組み合わせによって，連邦政府の総予算額が大統領要求に始まり，下院歳出委員会，下院，上院歳出委員会を経て，上院の議場を通過するまでに，どのように変化する傾向があるかを分析している。
[7] Catalog of Federal Domestic Assistance（https://www.cfda.gov/）によれば，国立公園事業局が管轄する補助金プログラムで，アメリカ再生・再投資法に定められた基金からの支出を受けているもの（明示的に景気刺激策として行なわれているもの）は，① Save America's Treasures, ② Conservation Activities by Youth Service Organizations, ③ Preservation of Historic Structures on the Campuses of Historically Black Colleges and Universities, ④ Abandoned Mine Hazard Mitigation, ⑤ National Trails System Projects, ⑥ Redwood National Park Cooperative Management with the State of California, ⑦ Boston African-American National Historic Site Cooperative Agreement with the Museum of African American History, ⑧ New Bedford Whaling National Historic Park Cooperative Management, ⑨ Mississippi National River and Recreation Area State and Local Assistance, ⑩ Environmental Education and Conservation-North Cascades Bioregion の10のプログラムである。
[8] ただし，National Park Service Centennial Challenge というプログラムだけは，既存の国立公園の維持を目的としている。https://www.cfda.gov/?s = program&mode = form&tab = step1&id = 06b73ad92a0dac7d777db3365f2e9505
[9] 各州にある国立公園の数は，第103国会期（1993年度～1994年度）のイヤーマーク補助金の額を被説明変数にとった Frisch（1999）の分析や，2009年度のアメリカ再生・再投資法にもとづく連邦支出の額を被説明変数にとった Gimpel, Lee and Thorpe（2013）の分析において，有意な説明変数となってい

る。

[10] 裁量的経費とは，連邦支出のうち毎年の支出について歳出法による承認が必要なものを指す。2010年度について言えば，裁量的経費は連邦政府の全支出額（3兆5000億ドル）のうち，約40％（1兆3000億ドル）を占めていた。裁量的経費は，議会による毎年の承認が不要な義務的経費と対置される。義務的経費を構成するのは，医療や社会保障などへの支出であり，2010年度には連邦政府の全支出額のうち約53％（約2億ドル）を占めていた。連邦支出のうち裁量的経費と義務的経費以外の部分は，国債の利子払いにあてられる。

[11] 原則として，委員会の政党別議席数には，議院における議席比が反映されることが求められる。このため，連邦議会期ごとに委員会の総議席数や政党別議席数は変動する（CRS, 2010c ; 2013a）。

[12] ランドクイストとカーシーは，防衛関連の公共調達額の地理的分布について分析し，前年の人口1人あたり受給額が多い州ほど，その州で選出された議員が上院と下院の防衛関連の委員会のメンバーを務めている確率が高い傾向があることを見出した（Carsey and Rundquist, 1999 ; Rundquist and Carsey, 2002）。

[13] Jenkins（1998）は，委員会議席に対する「所有権」の発展過程を記述している。Katz and Sala（1996）は，1890年代に導入されたオーストラリア式投票がこの「所有権」を必要とし定着させたと主張している。オーストラリア式投票では，候補者のリストが印刷された投票用紙が用いられる。この投票方式が導入されるまで，有権者は候補者個人ではなく，政党ラベルにもとづいて投票していた。オーストラリア式投票の導入は，議員たちが個人的な功績を主張するインセンティブを高めたと言える。Gertzog（1976）は，特定の委員会にメンバーが定着するのは，蓄積された委員会レベルのシニオリティが，それを犠牲にしてまでより高位の委員会へ移ることを躊躇させるからだと説明している。

[14] このような代表選出の方法の違いから，上院議員はしばしば州の代表と呼ばれ，下院議員は人民の代表と呼ばれる。

[15] 下院議員についても議席割当てが更新されるのは10年ごとであるので，その中間の年においては議席が人口比を反映したものになっていない。また，端数処理によって1議席を得られる州と得られない州がある。さらに，人口の少ない州にも最低1議席は与えられるというルールがある。これらの事情によって，下院でも1票の較差は生じる。

[16] なぜ人口規模の小さな州は連邦支出や補助金の分配に関して優位なのだろうか。Ansolabehere, Snyder, and Ting（2003）は，それについて理論的な分析を行なった。彼らは，ランダムに議題設定者が選出されるBaron and Ferejohn（1989）のモデルを応用し，提案権の平等な下院で法案が発議され，上院にクローズド・ルール（法案の修正が許されず，受け入れるか拒否するかしか選択できない審議ルール）が適用されるときは，人口規模の小さな州が分配に関して優位になることはないが，提案権の不平等な（1票の較差がある）上院で法案が発議され，かつ上院が特別多数決ルールを採用しているときには人口規模の小さな州が分配上優位であることを見出した。

米国の連邦議会の上院では，制度上延々と演説を続けることが可能で，これによって少数派は議事を妨害することができる。このような長演説による議事

妨害は，フィリバスターと呼ばれる。フィリバスターを強制的に終わらせるには，討論終結の請願が提出され，上院議席数の5分の3以上の特別多数決によって，これが承認されなければならない。潜在的なフィリバスターの脅威があるために，連邦議会の上院は実質的に特別多数決で意思決定を行なっていると考えられる。Ansolabehere, Snyder, and Ting（2003）のモデルは，このような米国の連邦議会の制度的特徴を反映したものである。なお，下院では発言が1回につき5分間に制限されているので，フィリバスターは事実上不可能である。フィリバスターについての詳細は，Koger（2010）や Wawro and Shickler（2007）を見よ。

[17] 1票の較差の影響を測る，より洗練された手法として，Elis, Malhotra and Meredith（2009）は操作変数法を用いた回帰分析を行なっている。彼らは各州が下院の議席をもう1つ得られるか得られないか（人口がある閾値を超えるか超えないか）という幸運・不運をダミー変数として導入して1票の較差の影響を測っている。

[18] 少数党筆頭は，議場，委員会，小委員会の各レベルにおり，多数党の議長，委員長，小委員長に対応する役職である。

[19] 下院の歳出小委員会の長は，俗に「枢機卿」（cardinals）と呼ばれるほど，大きな影響力をもっている（Munson, 1993）。

[20] 歳出法案は下院先議が慣習化されている。通常，2つの議院の歳出法案のギャップは，両院協議会で調整される。

[21] Bickers and Stein（2000），Lazarus and Reilly（2010），Cann（2008），Cann and Sidman（2011）を見よ。

[22] 政党を移籍した場合のシニオリティの扱いには決まったルールがなく，個々の事例で異なるが，一般に民主党も共和党も議員に自党への移籍のインセンティブを与えるため，他党で蓄積されたシニオリティをまったく無に帰すことはしない。

[23] 下院議席の割り当てが1議席であるため，1人の下院議員しかいない州がいくつかある。

[24] 分析に用いるデータは対数化されている。ゼロを含むため，対数化はすべてのデータに1を加えてから行なっている。

[25] Shepsle and Nalebuff（1990）は，世代重複モデルを用いて，シニオリティ・システムが老齢年金のようなものだと論じた（このモデルに対する Krehbiel（1990）のコメントも見よ）。彼らのモデルでは，シニオリティの長い者ほど，より多くの便益の分配を受けられる。McKelvey and Riezman（1992）は，選挙過程における有権者の選択と立法過程における議員の選択を，動学ゲームとしてモデル化した。このモデルでは，シニオリティは分配ゲームの提案者になることができる確率の差として表現されている。彼らのモデルでは，有権者はいつでもシニオリティを蓄積した現職議員を当選させ，議員は毎議会期の初めにおいてシニオリティ・システムを導入することを選択するという定常均衡が成立する。そして，シニオリティのより長い（彼らのモデルではシニオリティが0か1かであるので，正確にはシニオリティが「ある」）議員の期待利得は，そうでない議員の期待利得よりも大きくなる。しかし，McKelvey and Riezman（1993）は，これを拡張したモデルで，シニオリティの長い議員の期待利得はそうでない議員と変わらないという意外な結果を得た。

これは，シニオリティのより長い議員は彼らを買収するコストがより高いので，提案者として選ばれた者がどの議員を結託に組み入れるかを考えるときに避けられてしまうからである。

　　実証研究において，Crain and Tollison（1977，1981）や Kiel and McKenzie（1983）は，シニオリティと連邦支出の分配額の間に有意な正の関係があるのを見出したが，Green and Munley（1981），Feldman and Jondrow（1982），McKenzie and Yandle（1982）では，連邦支出の分配へのシニオリティの有意な影響は確認できなかった。

[26] ちなみに委員会レベルのシニオリティは，委員長の指名において重要な決定要因となる（CRS, 2007 ; Hinckley, 1969）。

[27] 各党の議員総会で承認された候補者名簿は，さらに議院に提出され承認を得なければならない。

[28] 第 8 章の文献レヴューを見よ。

[29] 委員指名の基準として議院シニオリティにどれくらい固執するかは，その時々の政党リーダーの個性にも左右される。1990 年代半ばの共和党多数の下院において，議長のニュート・ギングリッチは専制的な指揮をとり，委員指名において議院シニオリティは公然と無視された。そして，彼が推し進める政策を支持する若手議員が，重要な委員会のメンバーに指名された。

[30] 委員会や小委員会のメンバーの指名過程と政党が果たしている役割については，CRS（2000，2006，2007a，2007b）を見よ。

[31] NOMINATE は，Nominal Three-step Estimation の頭字語であり，DW は Dynamic, Weighted の略である。この指標は，議会での点呼投票（roll-call voting）の記録をもとに計算される。詳細については，Poole and Rothentahl（1985，1997，2007）を見よ。

[32] 米国では，「民主的行動を支持する米国民」(the Americans for Democratic Action)，「米国保守連合」(the American Conservative Union)，「米国の労働者連合と産業組織会議」(the American Federation of Labor and Congress of Industrial Organization)，「自然保護を支持する投票者の同盟」(the League of Conservation Voters) などの利益団体が，投票において有権者が参考にできるスコアやランキングを公開している。

[33] 分析に用いるデータは対数化されている。ゼロを含むため，対数化はすべてのデータに 1 を加えてから行なっている。

第5章

データの選択基準

1 │ 単年度データか，複数年度データか

　本章では，単年度データとそれらをプールした複数年度データを用いて，便益仮説（委員会メンバーシップによって超過的な便益を獲得しているという仮説）をそれぞれ検証し，それらの結果を比較する。その目的は，便益仮説の検証に用いるデータは，一般に単年度データよりも複数年度データの方が望ましいという主張を支持する経験的なエビデンスを得ることである。それによって，後に続く実証研究で使用されるデータの正当性を示す。

　便益仮説の検証を行なった先行研究で用いられたデータのタイプは様々である。単年度データを用いたものもあれば，複数年度データを用いたものもある。このデータのタイプの選択は恣意的であり，特定の基準に照らし合わせて選択されているわけではない。

　先行研究では，便益仮説を支持する結果も否定する結果も同じくらい得られている。この混合した結果の原因は複数考えられる。本章で着目するのは方法的な問題である。先行研究のいくつかにおいては，検証したい仮説に対して，適切なデータのタイプが選択されていなかったのではないだろうか。

　本章では以下のように主張する。実証研究において使用するデータのタイプには，それを選択する基準がある。制度的要因のような中長期的に安定している要因に着目している場合は複数年度データを利用し，議院や委員会の内部における選好分布の変化のような短期的に変動する要因に着目している場合は単年度データを利用すべきである。

　本章では以下の手順で議論を進める。まず，第2節において，便益仮説を検証した実証研究をレヴューし，混合した結果，すなわちほぼ同じくらいの仮説を支持する結果としない結果が得られていることを確認する。次に，第

3節において，委員会メンバーシップと獲得される便益の関係が短期的に変動すると考えられる理論的な根拠を示す。第4節では，方法について解説する。まず検証する仮説を提示し特定化する。次に，検証に用いる計量モデルについて解説する。さらに，分析前の準備として，データの分布の正規性と説明変数間の相関について確認する。第5節では，単年度データと複数年度データを用いて，重回帰分析を行ない，その結果を報告する。そして，これらの分析結果を比較し，本章で主張するデータのタイプの選択基準が正当であるという経験的なエビデンスを示す。最後に，第6節において，得られた知見を要約し，そのインプリケーションについて述べる。

2 方法的問題と混合した結果

米国の連邦議会の法案審議過程は委員会中心主義であるから，連邦支出や補助金のような便益の分配を決定する過程において，委員会のメンバーは特別な地位にあり分配を政治的に操作できると考えられている。たしかに，委員会やその下位にある小委員会のメンバーは，便益の分配に関する審議に早期に参加できる特権を有している。特に歳出法の審議を担当する歳出小委員会のメンバーの便益の分配への関わり方は直接的である。選挙民の支持を得たいと考える議員が，その地位を利用して，連邦支出や補助金の分配を彼らの選挙民に有利になるように操作するということは十分に考えられる。第2章で歴史保存補助金の例について見たように，そのような操作を疑わせる事例を見つけることは難しいことではない。

しかし，これまでに行われた実証研究では，委員会や小委員会のメンバーを抱える選挙区が連邦支出や補助金の分配において優遇されていることを示す結果が一貫して得られているわけではない。むしろ，そのような予測を否定するような結果を得たものが相当ある。例えば，Rundquist and Ferejohn (1975) は，防衛関連の公共調達額の分配を分析し，関連する委員会のメンバーがいる選挙区といない選挙区とで，分配された額に有意な差がないことを発見した。また，Rundquist and Griffith (1976) は，選挙区の間の多様性

ではなく，1つの選挙区における時間的な変化に着目し，ある選挙区で選出された議員があらたに防衛関連の委員会のメンバーになった前後において，あるいはそれまで防衛関連の委員会のメンバーを務めていた議員が委員を辞した前後において，国防省がその選挙区に配分した公共調達の額に有意な差がないという結果を得た。

防衛関連の公共調達以外にも様々な連邦支出を対象とした研究が行なわれており，便益仮説に対して否定的な結果を得たものが相当ある。例えば，Carlton, Russell and Winters（1980）は，「学芸のための国立基金」について分析し，委員会メンバーシップは配分に関する官僚の決定を歪める効果をもっているが，時間の経過とともにその影響力は弱まっていくという結果を得た。彼らは，このような結果を，新しい政策プログラムの導入時には支持基盤が弱いので，官庁が関連する委員会のメンバーに超過的便益を供給して協力を得ようとするインセンティブが強いが，時間が経つにつれ，多くの選挙区がその政策プログラムの恩恵を受けるようになり，それによって支持基盤も広がるので，委員に厚く補助金を配分するようなインセンティブは弱まり，彼らが超過的な便益を獲得できなくなるのだと解釈した。

便益仮説の実証研究の中には，特定の政策領域だけではなく，複数の異なる政策領域における委員会の影響力について比較したものも多く存在する。Gryski（1991）は，政府支出を強力に支持する者が議会の外部にいるような政策領域では，支出の分配に関連する委員会のメンバーシップが影響するという結果を得た。しかし，期待に反して，典型的にそうであるはずの農業委員会については，委員会メンバーシップの有意な影響を見出せなかった。Alvarez and Saving（1997）も，複数の委員会について比較研究を行ない，いくつかの政策領域については，関連する委員会のメンバーシップが補助金の分配に有意な影響を与えていることを発見した。例えば，中小企業庁が支給する補助金については，管轄する委員会のメンバーがいる下院選挙区において受給額が有意に多い傾向があった。しかし，伝統的に利権追求型だとみなされているいくつかの委員会，例えば農業や公共事業を管轄する委員会のメンバーのいる州は，それによって超過的な便益を得ているわけではないことも同時に明らかになった。Heitshusen（2001）は，農業，教育，労働関連

の補助金の分配の比較研究を行なった。農業に関しては委員会のメンバーシップと下院選挙区における補助金受給額との間に有意な正の関係が見られたが，教育と労働に関する補助金の分配については関連する委員会のメンバーシップの有意な影響は確認できなかった。教育と労働に関する補助金の分配は，概ね受給側のニーズを反映して決まっていたのである。

連邦支出や補助金の分配において，委員会メンバーシップよりもニーズが重要な決定要因であるという結果を得た研究は他にもある。Gimpel, Lee and Thorpe (2013) は，リーマン・ショック直後の2009年に制定されたアメリカ再生・再投資法による経済復興策の分析を行なった。いくつかの政策領域においては，委員会メンバーシップが下院選挙区の連邦支出の分配額に有意な影響を与えていることが確認されたものの，委員会メンバーシップよりも，例えば選挙区内に敷設されている道路の距離のような既存のニーズの方が，連邦支出の地理的分布をより良く説明できることが分かった。

便益という理論的概念の作業化において，支出額ではなく，事業数や雇用創出数を採用した場合においても，委員会メンバーシップの影響が否定される結果が多く得られている。例えば，Goss (1972) は，下院の防衛関連の委員会のメンバーシップが，選挙区内に所在する基地や軍需産業の民間工場における雇用に及ぼす影響について分析した。その結果，委員会メンバーシップは，基地内の雇用には有意な正の影響を与えていたが，民間工場における雇用とは有意な関係がないことが分かった。また，Arnold (1979) は，陸軍および海軍の基地開設について分析し，授権委員会のメンバーシップには有意な影響を受けているが，歳出小委員会のメンバーシップとは体系的な関係がないことを発見した。

便益仮説の実証研究では，州や下院選挙区を観察単位に選んだものが多くを占めるが，事業の採否やそのアナウンスのタイミングを観察単位にした研究もある。Gist and Hill (1984) は，ロジット・モデルおよびトービット・モデルを用いて，都市開発事業への支援申請が採用される確率について分析し，採否の決定において委員会メンバーシップの有意な影響がないことを発見した。同じく事業を観察単位にした Hamman and Cohen (1997) は，都市大量輸送交通機関運営局による事業支援について，下院の関連する小委員会

のメンバーシップの影響を分析した。授権小委員会のメンバーシップは，支援を申請した事業の採用のアナウンスのタイミングに影響を与えていた。選挙よりも前に，かつそれに近いタイミングで，結果がアナウンスされていたのである。しかし，歳出小委員会のメンバーシップには同様の影響はなかった。

　ここまで否定的な結果ばかりを紹介してきたが，これとは対照的に，委員会メンバーシップが便益の分配に有意な影響を及ぼしているという結果を得た研究も数多く存在する。特に，制度上，官庁よりも議会の影響力が大きいと考えられている河川・港湾関連の公共事業（Ferejohn, 1974；Rundquist and Ferejohn, 1975；Hird, 1991）や高速道路建設事業（Lee, 2000, 2003；Knight, 2005；Lauderdale, 2008）の分配については，それらを対象としたほとんどの研究において，委員会メンバーシップが支出額や許可事業数に影響を及ぼしていることが確認されている。

　このように委員会メンバーシップと連邦支出や補助金の分配の関係については，混合した結果が得られている。混合した結果が得られる理由については，様々に説得力のある説明がされている。Fenno（1973）は，議員には複数の目標（再選，良い政策，議院内における影響力）があると考え，特定の委員会には特定の目標をもった議員が集まる傾向があり，また委員会はそれぞれ政治的環境も意思決定に関する規範も異なっているので，それらの帰結である行動パターンもそれぞれ異なるのだと論じた。フェノーの議論を援用すると，議員の目標によって，委員会を選挙民志向，政策志向，権力志向の3つのタイプに分類できる。そして，そのタイプによって委員会メンバーシップと便益の分配の関係が多様になると説明できる。一般に，連邦支出や補助金の分配への委員会メンバーシップの影響は，選挙民志向の委員会では観察されやすいと考えられるが，政策志向や権力志向の委員会では観察されるかは不明である。しかし，このような直観的かつ先験的な分類による説明には問題もある。例えば，教育・労働委員会は，政策志向でもあり，選挙民志向でもある。つまり，うまく上記の3分類にあてはまらない委員会が存在するのである[1]。

　委員会メンバーシップと便益の分配の関係の多様性を，制度的制約によっ

て説明しようとする者もいる。Rundquist and Ferejohn（1975）は，河川・港湾関連の公共事業と防衛関連の公共調達の分配を比較した。前者には委員会メンバーシップの有意な影響があったが，後者にはそのような影響はなかった。彼らは，この結果を，議会と官庁の相対的な影響力を規定している制度の差異が分配への影響に差を生じさせるのだと解釈した。そして，現実の世界では，複雑な制度的制約の集合が，分配理論の予測が素直に実現するのを阻んでいると主張した。制度的制約について，より踏み込んだ分析を行なったのが，Berry and Gersen（2010）である。彼らは，官庁の幹部に占める政治任用者のシェアによって測られた政治化の程度によって，官庁の政治的感応性（影響の受けやすさ）が異なると主張し，それを支持する結果を得た。

　先行研究で得られた混合した結果は，このような選好や制度の多様性，言いかえるならばデータの発生構造の多様性からのみ生じているのだろうか。混合した結果は，実証研究における分析方法の選択からも生じうる。例えば，既述のように，便益の作業化の仕方は，支出額，事業数，審査結果のアナウンスのタイミングなど，文献によって異なっている。また，下院選挙区を観察単位とするときに，下院の委員会や小委員会のメンバーシップの影響だけを考慮し，上院の委員会や小委員会のメンバーシップの影響をまったく考慮していないものも多くある。

　混合した証拠を生み出す要因になっている方法的な問題は他にもある。本章において着目するのは，分析に利用されているデータのタイプの選択である。ある文献は単年度のデータを分析に用い，別の文献では複数年度のデータを分析に用いている。そして，このデータのタイプの選択はきわめて恣意的である。

　先行研究のうち特に初期に行なわれたものの中には，データの入手可能性によって，単年度あるいは1つの連邦議会期のクロスセクションデータを用いることを強いられたものが多い（例えば，Ferejohn, 1974；Rundquist and Ferejohn, 1975）。また，中長期のデータが手に入れられるようになった，より最近の研究においても，制度改革が行なわれた直後の影響に関心があるもの（例えば，Lazarus and Steigerwalt, 2009）や，連邦議会期の間の比較を目的としているもの（例えば，Adler, 2002）は，分析に単年度のデータを用いて

いる。

　このような実証研究におけるデータのタイプの選択の恣意性に対して，本章では以下の2つの主張を行なう。1つは，実証研究において利用するデータのタイプを選択する基準が存在するということである。もう1つは，一般に委員会メンバーシップと獲得される便益の関係を検証するには，プールされた複数年度のデータを利用する方が良いということである。パネルデータを用いた分析には，クロスセクションデータを用いた分析と比べたときに，様々な優位性があるということはよく知られている。パネルデータ分析においては，個体（本書においては州である）の異質性をコントロールできる[2]。また，より情報が豊富で，変動があり，多重共線性のおそれが少ない。さらに，より大きな自由度と統計的効率性が得られる。パネルデータを用いた分析では，クロスセクションデータを用いた場合に発見できないような効果を見出すことができる（Baltagi, 1995）。

　個体（州）の個性に着目しない場合でも，複数年度のデータには，委員会メンバーシップと獲得される便益の関係を検証するという課題に特有な優位性がある。後述するように，委員会が議院を服従させてメンバーにとって望ましい結果を引き出せるか否かは，時点固有の要因に左右される。とりわけ重要なのが，各時点における議院や委員会の選好分布（より厳密に言うのならば，それぞれの中位投票者の選好）と現状（status quo）の相対的な関係である。議院と委員会における選好分布は，連邦議会期ごとに変わる。また，1つの連邦議会期の間に辞職や逝去によって議員が欠けたり入れ替わったりすれば，会期ごとにもそれらの選好分布は変わり得る。さらに，歴史的に引き継がれた現状は，会期ごとに異なるのが普通である。委員会メンバーシップと獲得される便益の関係も，時点によって異なる選好分布と現状に応じて変化すると考えられる。複数年度のデータによる分析は，時点固有の効果を抑制できるという点で，委員会メンバーシップと獲得される便益の関係を検証するのにより適している。次節では，このような主張の根拠について，より詳細に解説する。

3 なぜ委員会メンバーシップと獲得される便益の関係は短期的に変動するのか

　委員会メンバーシップと獲得される便益の関係は，短期的に変動し得る。以下では，この短期的変動を引き起こす要因の1つである選好と現状の配置について考察する。

　委員会の権力の源泉は何であるかという問題を，経済学的アプローチではじめて分析したのは，シェプスルとワインガストである。彼らが「委員会の権力の制度的基礎」という論文において，フォーマルな分析を行なうまで，委員会の権力は図5-1に示されているように様々な規範や専門性から生じると考えられていた。シェプスルとワインガストは，事前の拒否権（ex ante veto）と事後の拒否権（ex post veto）という概念を提示し，空間理論とゲーム理論を組み合わせて，なぜ議院が委員会に服従するのか，すなわちなぜ議院が委員会に付託された法案を審議せずに放置することを認めたり，委員会が法案を報告したときには議場でそれをほとんど修正せずに通過させたりするのかを説明した（Shepsle and Weingast, 1987）。

　米国の連邦議会では，法案は通常成立までに以下のような過程を経る。まず，発議された法案が委員会に付託され，そこで審議される。委員会は法案を審議した後に，推奨する修正案を付してそれを議場に戻す。議院は議場において委員会から報告された修正案を採用するか否かを審議し，必要ならば委員会が推奨したものとは別の修正を施して採決する。ほとんどの場合，上院と下院で可決された法案の内容にはギャップが生まれる。両院を通過した法案にギャップがある場合，それが重要な法案であるのならば，各院の代表で構成される両院協議会でそのギャップを解消する。両院協議会は，各院に調整された法案を報告する。その後，各院においてこの法案を採用するか否かを検討し，賛成が多数ならば可決し，そうでないならば否決する[3]。

　このような過程は，委員会と議院の間で行なわれる4つのステージのあるゲームとみなすことができる。最初に委員会，次に議院，その次に両院協議会，最後に議院が選択を行なうステージがある。委員会は，この複数ステー

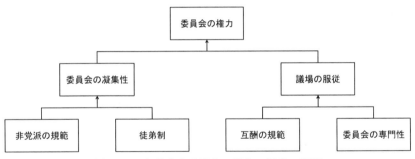

図5-1　伝統的な委員会の権力の源泉の説明
出所：著者作成

ジのゲームにおいて，結果を操作できる機会が2度ある。まず，最初のステージで委員会は付託された法案を議場に上げないことができる。いわゆるゲート・キーピングである。これは「事前の拒否権」の行使である。しかし，この事前の拒否権の行使は，委員会が議場を服従させるのに十分ではない。なぜなら，米国の連邦議会には，委員会が付託された法案を審議しない場合に，議院が法案を取り上げることができる手続きがあるからである。また，委員会がそれに有利な法案を議場に上げた場合にも，その法案を拒否して議院が好む法案を採用することができる。

　それでも委員会は望んだ結果を実現できる。なぜならば，議場で決定された法案を覆す機会がその後にあるからである。実務においては，両院協議会に各院から派遣される協議員の多くは，通常その法案に関連する委員会や小委員会から選出される。したがって，各院の委員会あるいは小委員会は，3つめのステージにおいて，もう1つの議院の協議員の選好を制約としながら，議場で可決された法案を覆して，再び自分たちの好む代替案を両院協議会の決定とすることができる。両院協議会の報告は修正できないことになっており，各院はそれを採用するか拒否するかしか選べない。つまり，2つめのステージで委員会が提出した法案を拒否して，議院が選好する代替案を採用しても，後のステージで委員会の選好する法案に近いものが両院協議会から各院に報告される。最後のステージで議院は，それを拒否して現状に戻るか，現状よりはましだが議院が本当に選好するものではない代替案をしぶしぶ受け入れなければならない。シェプスルとワインガストは，このようにして委

員会のメンバーが支配している両院協議会が議院の決定を覆すことができる制度的アレンジメントを「事後の拒否権」と呼んだ。法案の審議制度が規定するこのような構造と手順が委員会の権力の源泉であるというのが，彼らの主張である。

これに対して，現実には議院が両院協議会の利用を回避する制度的な代替案がいくつもあり，彼らの主張の論拠は薄弱であると批判したのがクレーブルである（Shepsle, Weingast and Krehbiel, 1987；増山，1995 も見よ）。例えば，両院の法案のギャップを埋めるのに，両院協議会を利用せずに，一方の議院で修正を施した法案を直接もう一方の議院に報告するという選択もできる。この場合，合意に至るまで卓球のように両院の間を法案が往復することになる。1986 年のオムニバス調整法や 1987 年のオムニバス歳出法は，この方法によって法案のギャップを解消した。また，もう一方の議院の法案を飲み込んでしまう方が，両院協議会を利用するのよりもましだという場合もある。さらに，シェプスルとワインガストが述べたように，両院協議会のメンバーが法案に関連する委員会や小委員会のメンバーから選出されることが多いのは事実だが，下院の場合には，議長が協議員を選ぶ際に議院の立場を概ね支持するメンバーがその過半数を占めるようにしなければならないという規定があり，委員たちが両院協議会に参加し，彼らが選好する法案を報告できるように制度上確実に保証されているわけではない。

クレーブルの批判がこのように制度的・実践的な観点からのものであったのに対して，Smith (1988) は，理論的な観点からシェプスルとワインガストの主張を批判した。彼は，1 次元政策空間モデルを用いて[4]，議院の中位投票者の理想点（ideal point），委員会の中位投票者の理想点，現状点（status quo）がどのように配置されているかによって，議院の最終的な選択を委員会が好むものにできるか否かが異なると主張した。図 5-2 において X_0 は現状点，X_c が委員会の中位投票者の理想点，X_f が議院の中位投票者の理想点を表わしている。この理想点から離れるほど委員会や議院の中位投票者の効用水準は低くなるものとする。

もし，図 5-2 の (a) のように議院の中位投票者の理想点と委員会の中位投票者の理想点が現状点を挟むような配置になっているのであれば，両院協議

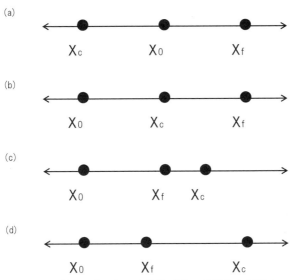

図 5-2 議場と委員会の中位投票者の理想点と現状点の配置
出所：Smith（1988），p.154，FIGURE 1

会で委員会の中位投票者の理想点 X_c が選ばれたとしても，議院の中位投票者は両院協議会の報告を否決して，彼にとってより望ましい現状点 X_0 を選ぶことができる。この場合，委員会は議院を服従させることができない。

これに対して，図 5-2 の (b) と (c) のような配置では，委員会に有利な結果が得られる。(b) では，議院の中位投票者は現状点 X_0 を選ぶよりも両院協議会によって報告された法案 X_c を選んだ方がよい。また，(c) のような配置でも，X_0 と X_f の距離よりも X_f と X_c の距離の方が短い（議院の中位投票者にとって現状点を選ぶよりも両院協議会が報告した法案を選ぶ方が効用の損失が少ない）ので X_c を選ぶ。

しかし，$|X_c - X_f|$ が $|X_f - X_0|$ よりも大きくなる (d) のような配置では，議院の中位投票者の理想点 X_f が実現する。この場合，両院協議会で委員会の中位投票者が自分の理想点 X_c を選択すると，議院の中位投票者に X_c か現状点 X_0 かという選択を迫ることになる。このとき議院の中位投票者は X_0 を選択する。なぜなら，その方が X_c を選択するよりも高い効用水準を

得られるからである。このような議院の中位投票者の行動を先読みすると，委員会の中位投票者としては，彼の理想点である X_c よりも，X_f を提案してそれを議院の中位投票者に選ばせた方がよい。議院の中位投票者の理想点 X_f の方が，現状点 X_0 よりも委員会の中位投票者の理想点 X_c に近く，より効用の損失を抑えられるからである。

このように仮に委員会が両院協議会の意思決定を支配しているとしても，議院と委員会のそれぞれの中位投票者の理想点と現状点の配置によって，議院が3つの点のどれを最終的に選択するかは異なるから，委員会は常に議院を服従させられるわけではない。委員会の権力は，議院の中位投票者の理想点，委員会の中位投票者の理想点，現状点の3つの点の配置に依存する，「関係的で状況的なもの」(*ibid*, p. 155) なのである。

現実の世界においては，議院と委員会のメンバーは連邦議会期あるいは会期ごとにいくらか入れ替わる。したがって，議院と委員会のそれぞれの中位投票者の理想点の配置もそれによって変化する。また，現状点も時点によって異なるのが普通である。委員会メンバーシップと獲得される便益の関係は，このような中位投票者の理想点と現状点の配置の変化によって攪乱されると考えられる。

他方で，法案の審議過程を規定する制度は，中長期的に安定している。通常，委員会メンバーシップと獲得される便益の関係を検証するときには，制度的アレンジメントによって生まれる関係を知りたいはずである。したがって，時点固有の効果を抑制できる複数年度のデータをプールしたものを分析に用いた方がよい。

以下では，複数の時点のデータをプールしたものによる分析と，単年度のデータによる分析を行ない，それらの結果を比較する。プールされたデータは4年度分のデータを含む。サンプルサイズが単年度データの4倍になる一方，説明変数には3つの年度ダミーが加わるだけなので自由度の損失はほとんどない。したがって，検出力は単年度データよりも増す。これに加えて，複数の時点のデータをプールすると時点固有の効果，すなわち本節で説明したような議院と委員会の中位投票者の理想点と現状点の配置の変化の影響を抑制できる。したがって，関連する複数の小委員会のメンバーシップが獲得

される便益に及ぼす影響を，より多くの小委員会について検出できるはずである。

4 方法

　本節では，以下で行なう実証研究の方法について解説する。検証される仮説は，特定の委員会のメンバーに代表されている選挙民は，そうでない選挙民に比べて，その委員会が管轄する便益の分配において超過的な便益を得ているというものである。まず，この仮説を特定化する。次に，特定化された仮説を検証するための計量モデルについて解説する。この計量モデルに含まれる変数の定義と測定法に関しての詳細は，第4章を参照していただきたい。本章の実証研究では，方法として重回帰分析を採用する。分析の前に，準備としてデータの分布の正規性と説明変数間の相関を確認する。分布の非正規性や多重共線性は，係数の推定や有意性の検定に影響を及ぼすからである。

　（1）仮説の特定化

　まず，便益仮説，すなわち特定の委員会のメンバーによって代表されている選挙民は，そうでない選挙民と比べて，その委員会が管轄している便益の分配において超過的な便益を得ているという仮説を，検証可能なかたちに特定化する。本書の研究対象は，公園事業補助金の分配である。そして，委員会レベルではなく，小委員会レベルのメンバーシップの影響に着目している。また，観察単位として選んだのは州である。以上から，特定化された仮説は以下のようになる。

　特定化された仮説：他の条件を一定とすると，公園事業を管轄する連邦議会の小委員会のメンバーがいる州は，メンバーがいない州よりも，人口1人あたりの公園事業補助金の受給額が多い。

(2) 計量モデル

　特定化された仮説を検証するのに用いる計量モデルは，各州の人口1人あたり補助金受給額を，公園事業を管轄している複数の小委員会のメンバーシップと，コントロールのために用いるその他の変数で説明する単一方程式システムである。以下では，単年度データと複数年度データの両方を用いて分析を行なうが，パラメータの推定は単年度データについても複数年度データについても OLS で行なう。なお，複数年度データ分析においては，州に固有な効果を考慮しない。つまり，固定効果モデルや変量効果モデルを利用しない。その理由は，本書で用いるデータは時点数が4つと少ないこともあり，個別の主体効果や時点効果を採用すべきか否かという検定の結果は否定的で，これらのモデルの利用が単純な pooled OLS よりも推奨されるものではなかったからである[5]。具体的には，検証に用いる計量モデルは，以下のようなものである。

$$G_{it} = \alpha + \beta_1 X_{it} + \beta_2 Y_{it} + \beta_3 Z_{it} + u$$

　被説明変数である G_{it} は，各州の人口1人あたりの公園事業補助金の受給額である。説明変数群 X_{it} は，連邦議会の公園事業を管轄する複数の小委員会のメンバーシップを表わす変数で構成されたベクトルである。X_{it} の係数ベクトルである β_1 に含まれる要素の全部または一部が有意にゼロとは異なりかつ正になるか否かが関心の対象である。説明変数群 Y_{it} と Z_{it} は，他の条件を一定とするために，すなわちコントロールのために用いられるものである。説明変数群 Y_{it} には，各州の社会的・経済的・地理的な特徴を表わす複数の変数，1期前の1人あたり補助金受給額が含まれる，複数年度データによる分析の場合は，これらに加えて年度ダミー変数が含まれる。この年度ダミーによって表わされる時点に固有な効果は，すべての州に共通であると仮定される。説明変数群 Z_{it} は委員会メンバーシップ以外の政治的変数を含むベクトルであり，これらもコントロールのために用いられる。この変数ベクトルには，1票の重みを表わす人口規模，委員会リーダーの有無，上院の小委員会のメンバーの選挙サイクルが含まれる。切片 α はすべての州とす

表5-1　各変数の基本統計量（ダミー変数を除く）

	平均値	中央値	標準偏差	最小	最大
人口1人あたり補助金（当期）	0.63	0.45	0.56	0.07	3.42
人口1人あたり補助金（前期）	0.68	0.45	0.61	0.04	3.39
失業率	5.96	5.30	2.20	2.90	14.40
旅行業従事者シェア	6.81	6.08	3.79	3.40	29.90
国立公園の数	1.04	1.00	1.54	0.00	8.00
人口規模	6220.28	4482.50	6676.48	509.00	37349.00

観察数=192
出所　著者作成
＊人口は千人を単位とする。

べての時点に共通であり，非確率変数である。誤差 u もすべての州とすべての時点に共通であるが，こちらは確率変数である。誤差 u は正規分布し，分散は個体や時点において変わらず，他の説明変数と相関していないことを仮定する。

(3) 分布と相関

①分布
　分析前に，被説明変数や説明変数の分布について確認しておこう。表5-1の最上段には被説明変数である当期の各州の人口1人あたり公園事業補助金の受給額の分布が示されている。時点の違いを考えずに，2004年度・2006年度・2008年度・2010年度の4時点のデータを1つにプールし，中央値と平均値を比べてみると，中央値より平均値が大きく，分布が右に歪んでいることが分かる。他の連続変数（前期の人口1人あたり公園事業補助金の受給額，失業率，旅行業従事者シェア，国立公園の数，人口）についても，同様の傾向が見られる（表5-1）。これらの変数については対数変換した値を分析に用いる。対数変換を施すことで分布の歪みは抑制される。

②相関
　説明変数について相関行列をチェックしたところ，対数変換した後のデータについて，推定への多重共線性の影響が懸念されるような高い相関を示す

ものはなかった[6]。したがって，すべての説明変数を回帰式に含んだ推定を行なった。推定を行なった後に VIF（Variance Inflation Factor）を計算して確認したが，多重共線性が問題となることを示す目安となる 10 を超えるものはなかった。

5 　結果

本節では，単年度データ分析の結果，複数年度データ分析の結果の順に報告し，最後にこれらを比較する。それぞれの分析結果は，表 5-2 のとおりである。

なお，分散不均一性については，サンプルを人口規模によって二分し，Goldfeld-Quandt 検定を行なった。有意水準 5％ を採用した場合，どの年度のデータについても分散不均一性の存在を示すような結果は得られなかった。また，それらをプールした複数年度データにおいても，分割された 2 つのサブサンプルの間で誤差の分散に有意な差はなかった。

（1）単年度データ分析の結果

表 5-2 の 2 列目から 5 列目が単年度データ分析の結果である。まず，関心の対象である委員会メンバーシップについて結果を報告する。有意水準 5％ を採用すると，上院の歳出小委員会と下院の授権小委員会のメンバーシップは，いずれの年度においても有意な説明変数ではなかった。上院の授権小委員会と下院の歳出小委員会のメンバーシップについては，それぞれ 2010 年度と 2006 年度に有意水準 5％ で有意になり，その係数の符号は予測どおり正であった。つまり，これらの小委員会のメンバーシップは，特定の年度においてのみ超過的な便益を生じさせていた。

有意水準 5％ を採用した場合，すべての年度において有意であった説明変数は，人口規模だけであった。この変数の係数は予測どおり負であり，このことは人口が少ない，すなわち上院議員選挙において 1 票が重い州ほど，人

表 5-2　単年度データ分析と複数年度データ分析の結果

	プーリング (pooled OLS)	2004 年度 (Cross-section)	2006 年度 (Cross-section)	2008 年度 (Cross-section)	2010 年度 (Cross-section)
切片	2.63 *** (0.54)	2.99 . (1.74)	2.16 . (1.15)	2.09 . (1.09)	1.89 . (1.03)
上院歳出小委員会	0.21 * (0.09)	0.39 (0.26)	0.04 (0.14)	0.31 (0.18)	0.24 (0.15)
上院授権小委員会	0.15 . (0.09)	− 0.03 (0.23)	0.17 (0.18)	0.16 (0.19)	0.35 * (0.15)
下院歳出小委員会	0.14 . (0.08)	0.43 (0.26)	0.33 * (0.16)	− 0.14 (0.22)	0.24 (0.17)
下院授権小委員会	0.02 (0.07)	− 0.09 (0.21)	0.07 (0.17)	− 0.07 (0.18)	− 0.16 (0.14)
1 期前補助金受給額	0.23 *** (0.07)	0.09 (0.21)	0.23 (0.19)	0.30 * (0.13)	0.28 * (0.13)
人口	− 0.45 *** (0.06)	− 0.65 *** (0.17)	− 0.46 *** (0.13)	− 0.28 * (0.13)	− 0.38 ** (0.12)
失業率	0.13 (0.18)	0.63 (0.69)	0.58 (0.35)	− 0.24 (0.35)	− 0.03 (0.33)
旅行業従事者	0.07 (0.11)	0.12 (0.30)	0.17 (0.42)	− 0.01 (0.24)	0.22 (0.21)
国立公園の数	− 0.01 (0.03)	0.07 (0.08)	0.01 (0.05)	− 0.11 (0.07)	− 0.03 (0.06)
北東部	− 0.03 (0.11)	0.39 (0.33)	− 0.05 (0.19)	− 0.28 (0.26)	− 0.17 (0.22)
中西部	0.13 (0.12)	0.65 * (0.31)	0.26 (0.20)	− 0.33 (0.27)	0.00 (0.24)
南部	0.10 (0.09)	0.43 . (0.23)	− 0.24 (0.14)	− 0.05 (0.19)	− 0.01 (0.17)
2006 年度	0.08 (0.10)				
2008 年度	− 0.17 . (0.09)				
2010 年度	− 0.49 *** (0.13)				
委員会リーダー	0.04 (0.07)	0.00 (0.23)	− 0.16 (0.18)	0.21 (0.22)	− 0.02 (0.18)
上院選挙サイクル	0.00 (0.10)	− 0.02 (0.24)	0.20 (0.21)	0.05 (0.22)	− 0.35 . (0.19)
修正済み決定係数	0.63	0.56	0.67	0.64	0.72
F 値 (p 値)	23.56 (0.00)	5.26 (0.00)	7.78 (0.00)	6.85 (0.00)	9.57 (0.00)

Signif.codes: '***' 0.001 '**' 0.01 '*' 0.05 '.' 0.1
(　)内は標準誤差
N = 192
出所：著者作成

口1人あたりの公園事業補助金受給額が多い傾向があることを表わしている。

前期の人口1人あたり補助金受給額については，2004年度と2006年度については有意な変数ではなかったが，2008年度と2010年度については有意な変数となり，係数の符号は正であった。すなわち，2008年度と2010年度については，傾向として前期に1人あたり補助金受給額が多かった州で当期も受給額が多いという傾向があった。前期と当期はそれぞれ同じ連邦議会期における第1会期と第2会期を表わしている。前期の1人あたりの補助金受給額が有意な説明変数ではない2004年度と2006年度は，共和党が議会の多数党であった時期に対応する。他方，前期の1人あたりの補助金受給額が有意な説明変数であった2008年度と2010年度は，民主党が議会の多数党であった時期に対応する。共和党が多数党であるときは，同じ連邦議会期の第1会期と第2会期とで補助金の分配パターンに規則性がなく，民主党が多数党であるときは規則性があるということなのかもしれない。

他の説明変数で有意な結果を得たのは，2004年度における2つの地域ダミーである。中西部が有意水準5％で，南部が有意水準10％で，それぞれ有意な説明変数であった。なお，これらの変数の係数の符号は正であった。このことは，参照地域である西部の州に比べて，中西部や南部の州で人口1人あたりの補助金受給額が多いという傾向を表わしている。

（2）複数年度データ分析の結果

次に，複数年度データ分析の結果について報告する。表5-2の1列目がその結果である。有意水準5％を採用すると，関連する4つの小委員会のメンバーシップの中で，上院の歳出小委員会のメンバーシップのみが有意な正の係数をもっていた。また，有意水準10％を採用すると，上院の授権小委員会と下院の歳出小委員会のメンバーシップも有意な説明変数であった。それぞれの係数の符号は，予測されたとおり正であった。この結果は，これらの小委員会のメンバーがいる州の人口1人あたりの補助金受給額は，小委員会のメンバーがいない州のそれよりも傾向的に多かったことを示している。

4つの小委員会のメンバーシップの係数の値と有意性を比べてみよう。以

表5-3　係数の有意性と議院間および管轄間での影響の大きさの差の有無

		管轄		
		歳出	授権	
議院	上院	○	○	管轄間で有意な差はない
	下院	○	×	管轄間で有意な差がある

　　　　　　　　議院間で有意な差はない　議院間で有意な差がある
○…有意である，×…有意でない
出所：著者作成

　下では有意水準10％を採用する。同じ議院の異なる管轄の小委員会を比べてみよう（表5-3の横方向の比較）。上院については，歳出小委員会のメンバーシップも授権小委員会のメンバーシップも有意な説明変数であった。前者の係数の値（0.21）の方が後者のそれ（0.15）よりも大きいが，互いに標準誤差1つ分の中に収まっているので有意な差はないと言える。下院については，歳出小委員会のメンバーシップは有意な説明変数であったが，授権小委員会のメンバーシップは有意な説明変数ではなかった。また，前者の係数の値（0.14）と後者の係数の値（0.02）とでは標準誤差1つ分以上の差があった。

　議院が異なるが，同じ管轄をもつ委員会について比較してみよう（表5-3の縦方向の比較）。有意水準10％を採用すると，歳出小委員会のメンバーシップは上院においても下院においても有意な説明変数であった。上院の歳出小委員会の係数の値（0.21）が下院の歳出小委員会の係数の値（0.14）よりも大きいが，互いに標準誤差1つ分の中に収まっており有意な差はないと言えよう。両院の授権小委員会については，上院の授権小委員会のメンバーシップは有意な説明変数であったが，下院の授権小委員会のメンバーシップは有意な説明変数ではなかった。また，前者の係数の値（0.15）と後者の係数の値（0.02）の間で互いに標準誤差1つ分を超える明らかな差があった。

（3）分析結果の比較

　単年度データ分析と複数年度データ分析の結果の間の顕著な差は，単年度データ分析では，たとえ有意水準を10％に緩めたとしても，いずれの年度においても上院の歳出小委員会のメンバーシップは有意な説明変数ではなかったのに，複数年度データ分析においては有意な説明変数であったという点である。しかも，それは関連する4つの小委員会のメンバーシップ変数のうち，複数年度データ分析において有意水準5％で有意であった唯一の説明変数である。上院の歳出小委員会のメンバーシップの補助金の分配への影響は，時点固有の効果を抑制できる複数年度データを利用することによって，はっきりと認識できるようになったのである。

　しかし，複数年度データを利用することで，関連する小委員会のメンバーシップの補助金の分配への影響が一様に見出しやすくなったわけではない。上院の授権小委員会と下院の歳出小委員会のメンバーシップについては，複数年度データ分析でも単年度データ分析でも有意な変数であるが，複数年度データ分析においては単年度データ分析よりも有意性の程度は低い。単年度データ分析においては，有意水準5％で有意であったこれらの変数は，複数年度データ分析においては，有意水準を10％まで緩めないと有意な説明変数にはならない。つまり，複数年度データ分析を用いるよりも，単年度データ分析を用いた方が捉えやすい関係が存在するのである。このことは，時点固有の効果が委員会メンバーシップと獲得される便益の関係を攪乱していることを表わしている。

6　結論──実証研究におけるデータの選択基準

　分配理論の仮定は非常に単純であり，それらから演繹される，委員会メンバーシップと獲得される便益の関係は普遍的なものである。言いかえるならば分配理論の理論的枠組みにおいては，委員会メンバーシップは常に超過的便益とむすびついている。

しかし，現実には，委員会メンバーシップと獲得される便益の関係は，様々な要因に影響を受け，多様であり得る。本章の分析結果から，委員会メンバーシップと獲得される便益の関係が議院や管轄によって多様であることが分かった。また，この関係は不変ではなく，時点によって変化する。議院や委員会の中位投票者の理想点や歴史的に引き継がれた現状点の配置は短期的に変化し，それが議院と委員会のパワーバランスを変化させるからである。

　通常，委員会メンバーシップと獲得される便益の関係について知ろうとするときには，選好や現状の配置の変化の効果よりも，制度的アレンジメントの効果に関心があるはずだ。そのような場合は，時点固有の効果に左右されにくい複数年度データを用いて分析するのが適当である。他方で，単年度データによる分析は，委員会メンバーシップと獲得される便益の関係を攪乱している要因を同定するための良い出発点となろう[7]。利用すべきデータのタイプは，分析の目的に応じて決まるのである。以上から後に続く3つの実証研究においては，複数年度データを利用する。

註

[1] 得られた分析結果に応じて委員会を分類してしまえば，委員会のタイプによって委員会の行動の多様性，あるいは委員会メンバーシップと便益の分配の関係の多様性が説明できたことになってしまう。

[2] 本章では，プールド OLS による分析を行なう。したがって，州ごとの異質性は問題にしない。時点数が多いデータを用いれば固定効果（切片の異質性）の他に，主体ごとの係数の異質性をモデルに導入して推定することができる。

[3] その後に大統領がその法案に署名して法律として成立する。

[4] Shepsle and Weingast (1987) は，説明に2次元政策空間モデルを用いていたから，Smith (1988) の1次元政策空間モデルによるシェプスルとワインガストの主張への批判は，直接的な反証にはなっていない。なぜなら，一般に1次元政策空間モデルで得られた結果は，2次元政策空間モデルで成立するとは限らないからである。それでも，スミスによる理論的な批判は示唆に富む。なお，本文で紹介したのは一院モデルであるが，Smith (1988) では二院モデルも扱われている。

[5] 固定効果モデルと変量効果モデルの分析結果については，紙幅の節約のため掲載しない。希望する者は，著者に要求すれば手に入れられる。

[6] 紙幅の節約のため相関行列は掲載しない。希望する者は，著者に要求すれば手に入れられる。

[7] このように考えると，先行研究で得られた混合した証拠は，それが恣意的なデータのタイプの選択に起因するのだとしても，決して仮説検証の失敗を表わしているのではないと言える。混合した証拠は，分配理論をより説明力と予

測力に優れた理論に昇華させるための手がかりを提供するものだからである。

第2部

実証研究

第6章

配分過程の透明性および競争性の影響

1 │ 補助金の配分過程の透明性と競争性

　分配理論は，委員会メンバーシップと獲得できる便益の間に普遍的な正の関係があることを予測する。しかし，前章で紹介したように，これまでに行なわれたこの予測に関する実証研究については，否定的な結果を得たものがかなり多い。このことから，委員会メンバーシップにもとづく超過的な便益は，実際には特定の条件の下でしか実現しないと考えられる。本章の目的は，その条件の１つを明らかにすることである。着目するのは，制度に起因する配分過程の特性の差異である。

　公園事業補助金は，大きく歴史保存補助金とアウトドア・レクリエーション補助金の２つの政策カテゴリーに分けられる。表6-1は，それぞれについて，主な補助金の名前と2010年度におけるそれらへの支出額を示したものである。公園事業補助金のうち歴史保存補助金は，主に狭義の歴史保存補助金（Historic Preservation Grants-in-Aid），南北戦争古戦場土地獲得補助金（Civil War Battle Fields），「米国の宝を守れ」補助金（Save America's Treasure）によって構成される。他方，アウトドア・レクリエーション補助金は，主に土地や施設の取得・開発・計画補助金（Outdoor Recreation-Acquisition, Development and Planning），都市の公園とレクリエーションのための基金（Urban Park and Recreation Fund）によって構成される。これらは，すべてプロジェクト補助金と呼ばれる事業ごとに採否が決定されるものである。また，これらのすべての補助金の配分を国立公園局が管轄している[1]。

　補助金の配分については，プログラムごとに異なる方法が採用されている。歴史保存補助金とアウトドア・レクリエーション補助金の両方に共通するの

表6-1　主な公園事業補助金の種類と支出額（2010年度）

種類	補助金名	支出額 （名目額・千ドル）	シェア
歴史保存	Historic Preservation Fund Grants-In-Aid Civil War Battlefields Save America's Treasures	49,200 3,231 8,240	61.8
アウトドア・ レクリエーション	Outdoor Recreation-Acquisition, Development and Planning	37,498	38.2

出所：著者作成（データはFederal Aid to States for Fiscal Year 2010による）

は，支出額の大きな部分が1つのプログラムの補助金で占められており，それらの分配が準備金の割り当てを介して決まる点である。

　準備金の割り当てを介すると，他の州が申請した事業との競争がなくなることをまず確認しておこう。図6-1は準備金の割り当てを介して補助金の分配が決まる過程を表わしている。いま総額100万ドルの補助金予算が承認されたとしよう。補助金の分配は，以下のような2段階を経て決まる。まず第1段階において準備金を各州に割り当てる。図6-1では，州Aに60万ドル，州Bに40万ドルの準備金が割り当てられた例を示している。準備金の割り当てはプログラム固有の基準によって決まる。次に，第2段階において，国立公園局が州から申請された事業の採否を決定する。採用された事業にのみ割り当てられた準備金から補助金が支払われる。ここで注目してほしいのは，他の州が申請した事業との間に競争が生じないことである。申請された事業は連邦政府が要求する要件を満たしてさえいれば採用される。このように，準備金の割り当てを介する補助金の分配は，過程の性質が非競争的なのである。

　後述するように，2つの政策カテゴリーの間には，準備金の割り当て方法の透明性に差がある。また，2つの政策カテゴリーには，配分過程の競争性にも差がある。歴史保存補助金の場合，支出額の20％ほどは客観的な評価基準にもとづいて競争的に事業の選抜が行なわれるプログラムのものである。他方で，アウトドア・レクリエーション補助金については，支出額のうち競争的に資金が獲得される部分がほとんどない。アウトドア・レクリエーション補助金に分類される「都市の公園とレクリエーションのための基金」では，

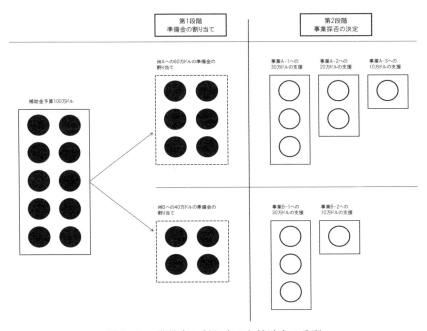

図6-1　準備金の割り当てと補助金の分配

出所：著者作成

事業選抜が客観的な評価基準にもとづいて競争的に行なわれていたが，このプログラムは2005年に廃止された。また，廃止以前においても，このプログラムへの支出額は，多いときでもアウトドア・レクリエーション補助金全体の5％を占めるにすぎなかった。

　あらためて，本章で用いられる透明性や競争性に概念的定義を与えると，以下のようになる。まず，透明性とは，「便益の分配の基準が事前に開示され，分配がその基準によって決まる程度」，逆に言えば「裁量が働く余地の狭さ」を意味する。また，競争性とは，「他の州が申請した事業との競争の有無」を表わす。

　2つの政策カテゴリーの補助金は，同じ国立公園局によって支給され，よく似た配分方法を採用しているものの，その配分過程における透明性や競争性の程度が異なっている。このような配分過程の特性の差によって，補助金の分配への委員会メンバーシップの影響にも差が生じるのだろうか。直観的

には，配分過程の透明性や競争性のより低い政策カテゴリーの補助金の分配に，委員会メンバーシップの影響がより明確に現れると予測できる。なぜなら，配分過程が不透明あるいは非競争的であると，補助金の分配を政治的に操作しようとする者にとって都合がよいからである。本章では，歴史保存補助金とアウトドア・レクリエーション補助金の分配パターンを比較することによって，このような仮説を検証する。

　本章の実証研究では，方法として重回帰分析を採用する。代替的な方法としては2標本の平均差の有意性検定がある。しかし，歴史保存補助金とアウトドア・レクリエーション補助金の分配には様々な変数が影響すると考えられるため，この方法だと関心のある変数（委員会メンバーシップ変数）以外の変数の影響が十分にコントロールできない。委員会メンバーシップの影響を正確に測るには，他の多くの変数の影響をコントロールしなければならないから，分析方法として重回帰を採用するのがより適切である。

　本章の構成は以下のとおりである。まず第2節において，なぜ補助金の配分過程の透明性と競争性に着目するのかを明らかにする。続く第3節では，歴史保存補助金とアウトドア・レクリエーション補助金のそれぞれについて，主要なプログラムの概要とそれらの補助金の配分方法を解説する。この解説では，特に制度に起因する補助金の配分過程の透明性と競争性の差に焦点を置く。第4節では，分配理論から導出される便益仮説を，本章の目的に合わせて検証可能なかたちに特定化する。分析の前に，第5節でデータの分布の正規性と説明変数間の相関についてチェックする。第6節では，歴史保存補助金とアウトドア・レクリエーション補助金のそれぞれについて分析結果を報告し，それらを比較し解釈する。第7節では，代替的な説明の批判を行なう。最後に，第8節で結論を述べる。

2　理論と実際のギャップ——制度の多様性

　説明力や予測力という点から見た分配理論の弱点は，連邦支出や補助金の配分過程を規定している制度の多様性を認めていないということである。分

配理論は，委員会メンバーシップが超過的な便益をもたらすという普遍的な関係を予測する。しかし，特定の委員会のメンバーであることによって議員たちが超過的な便益を獲得できるか否かは，部分的には配分過程を支配している制度に依存していると考えられる。便益仮説を検証した先行研究で混合した結果が得られた原因の1つは，このような制度の多様性にあるのではないだろうか。実際，第3章や第5章の文献レヴューで述べたように，制度的制約が委員会メンバーシップと獲得される便益の関係を規定していることを示した研究は多い。図6-2はそれらの研究についてまとめたものである。繰り返しになるので，詳細については第3章または第5章の文献レヴューを見ていただきたい。

3 歴史保存補助金とアウトドア・レクリエーション補助金の制度

本章では，歴史保存補助金とアウトドア・レクリエーション補助金の分配への委員会メンバーシップの影響を検証する。この検証の準備として，配分過程の透明性や競争性に着目しつつ，歴史保存補助金とアウトドア・レクリエーション補助金の主要なプログラムの概要と補助金の配分方法を以下で解説する。まず，歴史保存補助金について述べ，その後にアウトドア・レクリエーション補助金について述べる。

(1) 歴史保存補助金の制度[2]

既述のように，歴史保存補助金は主に3つのプログラムで構成されている。それらは，①狭義の歴史保存補助金プログラム，②「米国の宝を守れ」プログラム，③南北戦争古戦場保護プログラムである。

①狭義の歴史保存補助金プログラム

歴史保存補助金に分類されるもののうち，支出額においてもっとも大きな

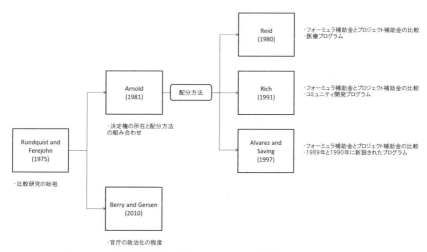

図6-2　制度的制約の便益の分配への影響に関する先行研究
出所：著者作成

部分を占めているプログラムは，狭義の歴史保存補助金プログラムである。このプログラムの授権法（国庫からの支出の根拠になる法律）は，1966年に制定された国家歴史保存法である。この補助金の支給目的は，歴史的資産の同定・評価・保護であり，調査，計画，技術的支援，土地や建物の取得および開発などの事業のほか，歴史的資産に対する税制優遇（課税控除）にも用いられている。また，米国史学，建築学，考古学，工学，文化学的な見地から重要な地域・場所・建築物・構造物に関する国の史跡リスト（the National Register of Historic Places）への登録を促進するためにも支給される。受給資格者には，歴史保存活動を行なっている州政府，地方政府，NPOなどの団体のほか，歴史的建築物の所有者のような個人も含まれる。この補助金は，文化保護を目的としてインディアン部族やアラスカ先住民の団体にも支給されている。

　狭義の歴史保存補助金の配分方法は複雑なものであり，毎年の歳出法で承認される補助金の予算がいくらであるかによって配分方法が異なっている。承認された予算の総額が2千万ドル未満である場合は，それを50州と仮想的な1州（アメリカン・サモア，コロンビア特別区，グアム，北マリアナ諸島，ヴァージン諸島をひとまとめにして1州とする）に均等に割り当てる。

承認された補助金の総額が２千万ドル以上５千万ドル未満の場合は，まず２千万ドルが各州に均等に割り当てられる。残りの部分は，その３分の１ずつが異なる基準で各州に割り当てられる。２千万ドルを超える部分の割り当ての基準になるのは，各州の人口，領土面積，築 50 年以上の住宅の数のそれぞれについての全米シェアである。なお，これらの基準は州間のばらつきが大きいので，衡平性の観点から実際の計算には平方根が用いられている。

　歳出法で承認された補助金の予算総額が５千万ドルを超える場合は，最初の２千万ドルが各州に均等に割り当てられ，次の３千万ドルについては１千万ドルずつ人口，領土面積，築 50 年以上の住宅の数を基準に割り当てられる。５千万ドルを超える部分については，国立公園局が定める競争的要因に応じて割り当てられる。国立公園局は，この競争的要因を決定する裁量を有しているが，法律の規定では各州のプログラムの実施能力を表す実績を指標として用いることが推奨されている。

　注意しなければならないのは，このようにして割り当てられた資金は，実際の補助金の支給額ではなく準備金であるということである。準備金は，それを割り当てられた州が利用できる資金の上限を表しており，実際の補助金の支出は州政府から申請された事業が国立公園局によって承認されたときにはじめて行なわれる。

　狭義の歴史保存補助金の場合，原則的に準備金はそれが割り当てられた年度に限り有効である。ただし，準備金のうち利用されずに残った部分がその年に割り当てられた額の 25％以下であれば，翌年度に繰り越すことができる。25％を超えた部分については国立公園局に返還しなければならない[3]。返還された準備金は，局長の裁量で他の州に割り当てられることになる。

　狭義の歴史保存補助金には，受給者側に一定割合の支出義務が課されるというマッチング要求があり，事業にともなう費用の 40％以上を受給側（州政府と NGO などの連邦政府以外の支援者）が負担しなければならない。また，原則として事業完了後に発生する維持費用や人件費は，州政府や地方政府が負担しなければならない[4]。連邦政府が支給する補助金には，受給側が毎年度の支出水準を安定的に維持するように努力しなければならないという義務が課されるものもあるが，この補助金についてはそのような努力義務は課さ

れない。この補助金は，一括払いではなく，分割して支払われる。補助期間は，事業が承認された財政年度とそれに続く1年の合計2年間である。

② 「米国の宝を守れ」補助金

　歴史保存補助金の中で2番目に支出額が多いプログラムが，「米国の宝を守れ」である。このプログラムは，国家的に重要な知的・文化的人工物，遺跡，歴史的建造物の保護や保存を目的としている。このプログラムの授権法は狭義の歴史保存補助金と同じく歴史保存法だが，直接的には1998年にクリントン政権の下で発行された大統領令13072号を起源としている[5]。また，2009年に成立した「総括的公有地管理法」(the Omnibus Public Land Management Act) も，このプログラムの授権法の1つになっている。

　このプログラムの補助金は，競争的に獲得される。対象事業は，国家的に重要で，危険や脅威に曝されており，緊急の保護・保存の必要がある収集物や歴史的資産に関する事業で，かつその実施に明確な公共的便益があるものである。支援の対象になるには，保護・保存される収集物や歴史的資産が，連邦政府によって定義された「国家的重要性」を備えていなければならない。収集物に関しては，それが国家的に重要であると認められるためには，知的・文化的遺産として米国が建設された環境を例証し解釈する格別の価値と品質をもち，かつ高度の統合性を有していなければならない[6]。また，保護や保存の対象となるのが歴史的資産である場合は，①それ自体が歴史的建造物（the National Historic Landmark）に指定されているか，歴史的建造物地区（the National Historic Landmark District）の中にあり，かつそこが歴史的建造物地区であることに寄与している，あるいは，②それ自体が連邦政府の管理する史跡の登録簿に載っており，かつ国家レベルの重要性があるものか[7]，連邦政府の史跡の登録簿に載っている国家レベルの歴史地区の中にあり，そこが国家レベルの歴史地区であることに寄与していることが必要である。このプログラムの補助金の受給者には，50％のマッチング要求が課されている。補助金は，一括払いではなく，分割して支払われる。なお，このプログラムでは，毎年度一定の支出水準の維持を求める努力維持義務が受給側に課されている。

③南北戦争古戦場土地獲得補助金

南北戦争古戦場土地獲得補助金は，2009年に成立した古戦場保護法（the American Battlefield Protection Program Act）と2012年度の合併歳出法（the Consolidated Appropriations Act）を授権法とする歴史保存プログラムである。以前は，同様のプログラムが，米国戦場保護プログラム（American Battlefield Protection Program）の名で実施されていた。

このプログラムの補助金は競争的に獲得される。このプログラムの目的は，南北戦争史跡諮問委員会（the Civil War Sites Advisory Commission）が1993年に発行した「南北戦争の古戦場に関する報告書」に記載されている，古戦場の土地や所有権を州政府や地方政府が取得するのを支援することである。事業の選抜は，この報告書で定義されている古戦場の歴史的重要性（優先度Ⅰ～Ⅳに分類されている）や，その土地の維持に対する脅威の存在や程度を勘案して行なわれる。事業の申請資格があるのは州政府と地方政府であり，NGOがこのプログラムを利用するときは，古戦場が所在する州や地方の政府と提携しなければならない。

この補助金にはマッチング要求があり，受給側の負担率は50％と定められている。補助金は一括払いで支給されるので，受給側には毎年度の支出水準に関する努力維持義務はない。なお，この補助金を用いた土地や所有権の取得は，事業の受理から1年以内に行なわなければならない。

（2）アウトドア・レクリエーション補助金の制度[8]

次に，アウトドア・レクリエーション補助金に含まれるプログラムの制度について解説する。アウトドア・レクリエーション補助金に分類されるもののうち主要なプログラムは，①土地や施設の取得・開発・計画補助金（Outdoor Recreation_Acquisition, Development and Planning）と，②都市の公園とレクリエーションの再建（Urban Park and Recreation Recovery）である。

①土地や施設の取得・開発・計画補助金
アウトドア・レクリエーション補助金のうちもっとも支出額が大きいのは，

「土地や施設の取得・開発・計画補助金」というプログラムである。このプログラムの授権法は，1965年に制定された「土地と水域の保全基金法」(the Land and Water Conservation Fund Act) である。この補助金は，その名のとおり，州政府や地方政府が公衆の現在と将来のニーズを満たすために，アウトドア・レクリエーションに関する包括的計画を策定し，アウトドア・レクリエーションのための土地および施設を取得し開発するのを支援するために支給される。

　補助金の配分方法については，以下のようなルールが連邦法に定められている。まず，毎年度の歳出法によって承認された予算の一定割合が各州に均等に割り当てられる。具体的には，補助金の予算総額を3つに区分し，第1区分（上限2億2500万ドル）の40％，第2区分（上限2億7500万ドル）の30％，第3区分（残りの部分）の20％を，50州と仮想的な1州に均等に割り当てる。各区分における残りの額は，ニーズに応じて割り当てられる。このニーズを測る際に考慮されるのは，州の人口，州外部からの利用者の数，その州で既に実施されている連邦政府のプログラムおよび流入している資源だとされているが，これらの要素に付される比重や具体的な割り当ての方法についての詳細は公開されていない。

　このようにして割り当てられた資金の性質は，狭義の歴史保存補助金の場合と同じく準備金である。州政府が支援を求めて事業を申請し国立公園局がこれを承認したときに，はじめてこの準備金から実際の補助金の支出が行なわれる。準備金の有効期間は，それが割り当てられた年度とそれに続く2年の合計3年間である。この期間に支出されずに残った部分は特別再割当勘定にまとめられ，国立公園局長の裁量で再割当が行なわれる。再割当にあたっては，州政府の支出が効率的であるか，追加的なニーズが証明されているか，プログラムの要求へのコンプライアンスが達成されているかが考慮される (NPS, 2008)。

　この補助金には，連邦政府による支出が事業にかかる費用の50％を超えてはならないという規定がある。つまり，受給側である州政府と連邦政府以外の支援者には，事業にかかる費用の50％以上を負担するマッチング要求が課されている。補助期間は事業によって異なっており，延長が認められる

こともあるが，平均的には3年間である。なお，この補助金の受給者には毎年度の支出水準を維持する努力義務は課されない。

　②「都市の公園とレクリエーションの再建」補助金
　本書で採用した観察期間において，アウトドア・レクリエーション補助金のカテゴリーの中で2番目に補助金の支出額が多かったプログラムは，「都市の公園とレクリエーションの再建」(Urban Park and Recreation Recovery) である。既述のように，このプログラムは2005年度に廃止されている。このプログラムの授権法は，1978年に成立した「都市公園とレクリエーションの再建法」(the Urban Park and Recreation Recovery Act) である。ここまでに紹介した他のプログラムでは，地方政府が補助金を受け取る場合は，必ず州政府を介する仕組みになっている。しかし，このプログラムにおいては，法定の資格要件を満たした地方政府（市と都市部の郡）のみが直接の受給者だとされている。
　「都市の公園とレクリエーションの再建」プログラムが提供する補助金は，目的に応じて修復，革新，計画の3つのカテゴリーに分かれている。修復補助金は，身近なレクリエーション施設の改修や再設計のための資本を提供する。革新補助金は，地方政府によって実施されるレクリエーション関連のプログラムの増加や，既存のプログラムの実施における効率性の改善を支援するための資金を提供する。修復補助金と革新補助金を受給するためには，地方政府は国立公園局によって承認された再建活動計画 (Recovery Action Program) を備えていなければならない。計画補助金は，この再建活動計画を地方政府が構築するための資金を提供する。
　「都市の公園とレクリエーションの再建」プログラムの補助金の配分過程は競争的である。対象となる事業の選抜は，公平性・衡平性に配慮して行なわれる。これは，このプログラムが経済的苦境にあるコミュニティにマッチング補助金と技術的支援を提供し，レクリエーション施設の再建を助けることを目的としているからである。申請された事業の評価基準は，人口，既存のレクリエーション施設の状態，近隣におけるレクリエーション施設（特にマイノリティや低所得の住民が利用できるもの）の欠乏，地方政府によって支

持されている公衆参加の程度，事業による雇用創出機会，民間や州政府などの連邦政府以外からの支援の多寡などである。

申請された事業は，連邦法に定められた要件を満たしていることが証明されると，国立公園局の地域支所が定期的に行なう評価とランキングの対象となる。修復補助金と革新補助金の場合は，修復あるいは革新のカテゴリーごとに申請された事業が順位付けされ，優先順位が高いとされたものだけが国立公園局の本庁に提出される。そして，本庁での審議を経て採否が決定される。計画補助金の場合は，国立公園局の本庁ではなく地域支所が事業の採否を決定する。

このプログラムの補助金には，マッチング要求が課されている。連邦政府の費用負担率は，計画補助金の場合は50％以下，修復補助金と革新補助金の場合は70％である。さらに，修復事業については，州政府が地方政府の負担を肩代わりする場合に，連邦政府が州政府の負担分の50％を補助するというインセンティブが提供されている。ただし，州政府がこの制度を利用する場合にも，連邦政府が負担する額にはあらかじめ定められた上限がある。また，補助対象事業には，それを完了させなければならない期限がある。修復補助金と革新補助金の場合は3年，計画補助金の場合は1年である。

（3）制度に起因する配分過程の特性の差

表6-2は，本節で解説した公園事業補助金の制度についてまとめたものである。歴史保存補助金とアウトドア・レクリエーション補助金には，連邦政府による支出額の大きな部分が1つのプログラム（狭義の歴史保存補助金と土地や施設の取得・開発・計画補助金）への支出で占められており，それらが準備金の割り当てを介して配分されているという共通点がある。しかし，準備金を各州に割り当てる方法は，狭義の歴史保存補助金と土地や施設の取得・開発・計画補助金とでは異なっている。

狭義の歴史保存補助金の場合，本書の観察期間における各年度（2004年度・2006年度・2008年度・2010年度）の予算額は，3千万ドルから5千万ドルの範囲にあった。既述の配分方法によれば，2千万ドルは各州に均等に割

表6-2　公園事業に関する主な補助金プログラム

プログラム	競争的／非競争的	配分公式	マッチング要求	努力維持義務	割り当てられた準備金の存続期間	事業への補助が行なわれる期間	連邦政府による特定の事業の推奨
歴史保存補助金（狭義）	非競争的	なし*	60％以上	なし	1年間	2年間	なし
南北戦争古戦場土地獲得補助金	競争的	なし	50％	なし	―	1年間	あり
「米国の宝を守れ」補助金	競争的	なし	50％	あり	―	2年間	なし
土地や施設の取得・開発・計画補助金	非競争的	あり	50％以上	なし	3年間	3年間	なし
「都市の公園とレクリエーションの再建」補助金	競争的	なし	計画：50％以上 再建：30％ 革新：30％	なし	―	1年間（計画） 3年間（再建・革新）	なし

＊法律や行政規則に規定はないが，国立公園局が発行しているマニュアルに定められたルールがある。
出所：著者作成

り当てられ，残りの3分の1ずつが，人口，領土面積，築50年以上の住宅の数の全米シェアに応じて割り当てられていたことになる。つまり，観察期間中の各年度における，狭義の歴史保存補助金の準備金の割り当ては，補助金マニュアルに定められた客観的基準にもとづいてのみ行なわれており，裁量が働く余地がまったくなかったと言える。また，狭義の歴史保存補助金以外の歴史保存補助金は，厳密に定義された客観的基準によって事業が選抜されるような競争的な資金獲得過程を経るもの（「米国の宝を守れ」と「南北戦争古戦場保護」）で主に構成されている。

　他方で，アウトドア・レクリエーション補助金の支出額のほとんどを占める「土地や施設の取得・開発・計画補助金」については，観察期間中の各年度における予算総額が2億2500万ドルを超えたことはない。既述の配分方法によれば，歳出法で承認された額の40％が各州に均等に配分され，残りの60％がニーズに応じて割り当てられていたことになる。ニーズは，州の人口，州外部からの利用者の数，その州で既に実施されている連邦政府のプログラムおよび流入している資源によって測られるとされているが，具体的

なニーズの算出方法（例えばそれを構成する要素にどのような比重が与えられるのか，連邦政府のプログラムおよび流入している資源とは具体的に何を指しているのか）については詳細が公開されておらず，国立公園局に定義と測定に関する大きな裁量権がある。また，「都市の公園とレクリエーションの再建」プログラムについては，客観的基準にもとづいて競争的に事業が選抜されるが，本書の観察期間の各年度においては，このプログラムの補助金の支出はまったく行なわれないか，支出されても比較的少額であった。

　以上から，制度上，アウトドア・レクリエーション補助金は，歴史保存補助金に比べて配分過程の透明性や競争性が低く，補助金の分配が政治的に操作されやすいのではないかと考えられる。以下では，関連する委員会のメンバーシップの2つの政策カテゴリーの補助金の分配への影響について検証し，それらの比較によって，このような仮説を検証する。

4　仮説と方法

(1) 2つの仮説

　検証される仮説は2つある。1つは，「特定の委員会のメンバーによって代表されている選挙民は，そうでない選挙民と比べて，その委員会が管轄している便益の分配において超過的便益を得ている」という仮説である。この仮説は分配理論から導き出されたものである。まず，この仮説を検証可能なかたちに特定化しよう。本章で研究対象となるのは，公園事業補助金を政策カテゴリーごとに分類した，歴史保存補助金とアウトドア・レクリエーション補助金である。また，着目しているのは委員会レベルではなく，小委員会レベルのメンバーシップである。そして，観察単位は州である。したがって，特定化された仮説は以下のようになる。

　仮説1：他の条件を一定とすると，公園事業を管轄する連邦議会の小委員会のメンバーがいる州は，歴史保存補助金についても，アウトドア・レクリエーション補助金についても，小委員会のメンバーがいない州よりも人口1

表6-3　仮説2が意味していること

	歴史保存	アウトドア
パターン①	＋	＋
パターン②	0	0
パターン③	0	＋
パターン④	＋	0

＋…委員会メンバーシップによる超過的便益がある
0…委員会メンバーシップによる超過的便益がない
出所：著者作成

人あたりの補助金受給額が多い。

　本章で検証される2つめの仮説は，以下のようなものである。

　仮説2：歴史保存補助金の分配よりも，アウトドア・レクリエーション補助金の分配に，関連する小委員会のメンバーシップの影響が現れやすい。

　この仮説は，前節で行なった制度比較から導き出されたものである。制度的な差異から，関連する小委員会のメンバーシップの補助金の分配への影響には政策カテゴリーによって差があると考えられる。観察期間中の歴史保存補助金とアウトドア・レクリエーション補助金の配分過程について比較すると，前者よりも後者の方が透明性も競争性も低い。補助金の配分過程の透明性も競争性もより低く，政治的に操作されやすいと考えられるアウトドア・レクリエーション補助金の分配に委員会メンバーシップの影響が見られるときは，それらの特性がより高く，政治的により操作されにくいと考えられる歴史保存補助金の分配にも，委員会メンバーシップの影響が観察されたとしてもおかしくはない。しかし，政治的により操作されやすいと考えられるアウトドア・レクリエーション補助金の分配に委員会メンバーシップの影響が見られないときは，政治的により操作されにくいと考えられる歴史保存補助金の分配にそれが現れることは期待しにくい。表6-3は，予測される委員会メンバーシップの影響のパターンを表わしたものである。仮説2が意味しているのは，この表のパターン①からパターン③が観察されることはあっても，パターン④が観察されることはないだろうということである。

（2）方法

　　以下では，特定化された2つの仮説を重回帰分析によって検証する。計量モデルは単一方程式システムであり，以下のようなものである。

$$G_{it} = \alpha + \beta_1 X_{it} + \beta_2 Y_{it} + \beta_3 Z_{it} + u$$

　このモデルを OLS で推定する。本章の分析では，前章で行なった複数年度データによる分析と同じく，個別的な効果があることを考えず[9]，プールド・データを用いて推定を行なう。

　固定効果モデルや変量効果モデルを用いないのは，それらのパフォーマンスが本書で採用した Pooled OLS よりも有意に勝るとはいえないからである。分析の準備として，固定効果モデルや変量効果モデルを用いて推定を行ない，F 検定や Breusch-Pagan 検定でモデルのデータ適合性を検証した。F 検定では，有意水準5％で Pooled OLS よりも固定効果モデルを用いることが推奨されたが，主体効果も時点効果も有意なものはなかった。また，有意水準5％を採用した Breusch-Pagan 検定では，変量効果モデルを用いることが推奨されなかった。このような結果は，おそらく時点数の不足によるのであろう。本書のデータには4つの時点しかない。なお，分散不均一性については，人口を基準に標本を二分し，Goldfeld-Quandt 検定を行なったが，有意水準5％を採用した場合にその存在を示す結果は得られなかった[10]。

　計量モデルにおいて，被説明変数となっている G_{it} は，各年度における各州の人口1人あたりの歴史保存補助金またはアウトドア・レクリエーション補助金の受給額である。説明変数群 X_{it} は連邦議会の両院にある公園事業を管轄する複数の小委員会のメンバーシップを表わす変数で構成されたベクトルである。関心の対象は，X_{it} の係数ベクトルである β_1 に含まれる要素の全部または一部がゼロとは有意に異なりかつ正になるか否かということである。説明変数群 Y_{it} と Z_{it} は，「他の条件を一定」とするために，すなわちコントロールのために用いられるものである。説明変数群 Y_{it} には，各州の社会的・経済的・地理的な特徴を表わす複数の変数，前期の1人あたり補助金受給額，年度ダミー変数が含まれる。また，説明変数群 Z_{it} は委員会メンバー

シップ以外の政治的変数を含むベクトルであり，1票の重みを表わす各州の人口規模，委員長・小委員長などのリーダーの有無，上院の小委員会のメンバーの選挙サイクルが含まれる。これらの変数の定義と測定法の詳細については，第4章を参照していただきたい。定数項αと誤差項uは個体（州）や時点（年度）にかかわらず共通である。定数項αは非確率変数だが，誤差項uは確率変数である。誤差項uは，平均が0であり，分散は個体や時点について変わらず，分布は正規分布に従うと仮定する。また，他の説明変数との間に相関はないものとする。

5 分布と相関

係数の推定を行なう前に，データの分布と説明変数間の相関について確認しておこう。分布の非正規性と多重共線性は，係数の推定や有意性の検定に影響を及ぼすからである。以下では，データの分布，説明変数間の相関の順に確認する。

（1）分布の正規性

表6-4は，連続変数（各州の当期と前期の歴史保存補助金とアウトドア・レクリエーション補助金の人口1人あたりの受給額，人口規模，失業率，旅行業従事者シェア，国立公園の数）の基本統計量を表わしたものである。いずれも中央値より平均値が大きく，分布が右に歪んでいることが分かる。これらの変数については，対数変換した値を推定に用いる。対数変換を施すことで分布の歪みは抑制される。

（2）説明変数間の相関

対数変換した後に，説明変数について相関行列をチェックしたところ，多重共線性が問題となることが懸念されるような高い相関を示す組み合わせは

表6-4 連続変数の記述統計

	平均値	中央値	標準偏差	最小	最大
1人あたり歴史保存補助金(当期)	0.31	0.18	0.34	0.02	2.02
1人あたり歴史保存補助金(前期)	0.33	0.19	0.37	0.01	2.66
1人あたりアウトドア・レクリエーション補助金（当期）	0.32	0.23	0.32	0.00	2.33
1人あたりアウトドア・レクリエーション補助金（前期）	0.35	0.25	0.34	0.00	2.15
失業率	5.96	5.30	2.20	2.90	14.40
旅行業従事者シェア	6.81	6.08	3.79	3.40	29.90
国立公園の数	1.04	1.00	1.54	0.00	8.00
人口規模	6220.28	4482.50	6676.48	509.00	37349.00

観察数 = 192
出所：著者作成

なかった[11]。したがって，すべての説明変数を回帰式に含んで推定を行なった。推定を行なった後に，VIF（Variance Inflation Factor）を計算して確認したが，多重共線性が問題になることを示す目安となる10を超えるものはなかった。

6 結果

以下では，歴史保存補助金，アウトドア・レクリエーション補助金の分配についての重回帰分析の結果を報告する。分析結果をまとめたのが表6-5である。歴史保存補助金，アウトドア・レクリエーション補助金の順に報告し，最後に両者を比較する。

（1）歴史保存補助金の分析結果

まず，歴史保存補助金について分析結果を報告する。主な関心の対象である委員会メンバーシップ変数の係数は予測どおりすべて正であったが，有意水準5％を採用した場合にはすべて有意ではなかった。この結果は歴史保存補助金の場合，人口1人あたり補助金受給額は，小委員会のメンバーのいる

州とメンバーのいない州との間で有意な差がないということを示している。

前期の1人あたり補助金受給額の係数は，有意水準0.1％でも有意となり，その符号は正であった。このことは前期に人口1人あたりでより多額の補助金を受給していた州が今期も人口1人あたりでより多額の補助金を受給している傾向があることを表わしている。前期と今期は，同じ連邦議会期の第1会期と第2会期であるから，少なくとも同じ連邦議会期の中においては各州への歴史保存補助金の分配パターンは似ていることが分かる。

失業率の係数は予測どおり正の値をとるが，有意水準5％を採用した場合には有意にならない。しかし，有意水準10％を採用すれば有意であった。これに対して，旅行業従事者シェアと国立公園の数は，たとえ有意水準10％まで緩めたとしても有意な説明変数にはならなかった。

年度ダミーについては，2006年度と2008年度のダミー変数の係数が有意水準5％で有意になり，その符号はどちらも正であった。このことから，補助金の支出総額の水準と各州への分配額が傾向的にリンクしているのが分かる。しかし，2010年度については，有意水準を10％に緩めても有意にならなかった。3つの地域ダミー変数の係数は，有意水準10％を採用してもすべて有意にならなかった。

各州における委員会リーダーの有無を表わす変数の係数は予測どおり正の値をとるが，有意水準5％を採用した場合には有意にならなかった。しかし，有意水準を10％に緩めると有意な説明変数になった。したがって，委員会や小委員会の長や少数党筆頭のいる州が人口1人あたりで見てより多くの歴史保存補助金を獲得している傾向があるという弱い証拠を得たことになる。

上院の小委員会のメンバーの選挙サイクルは，1人あたり補助金受給額に有意な影響を及ぼしていなかった。選挙サイクルが上院の小委員会のメンバーにとって補助金獲得のインセンティブになっていないか，Shepsle, Van Houweling, Abrams, and Hanson（2009）が主張しているように，上院と下院の相互作用で循環的な歪みが抑制されているのだろう（第4章の変数の解説を見よ）。

1票の較差を表わす各州の人口規模の係数は，予測どおり負の値をとり，たとえ有意水準0.1％であっても有意であった。このことは，人口のより少

表 6-5 　分析結果

	歴史保存	アウトドア・レクリエーション
切片	2.71 *** (0.58)	1.08 (1.02)
上院歳出小委員会	0.06 (0.08)	0.47 ** (0.17)
上院授権小委員会	0.10 (0.09)	0.36 * (0.18)
下院歳出小委員会	0.15 (0.09)	0.45 * (0.19)
下院授権小委員会	0.01 (0.08)	− 0.02 (0.16)
1 期前補助金受給額	0.36 *** (0.07)	0.04 (0.06)
人口	− 0.57 *** (0.07)	− 0.39 *** (0.09)
失業率	0.32 . (0.18)	0.28 (0.38)
旅行業従事者	0.09 (0.11)	0.18 (0.23)
国立公園の数	− 0.03 (0.03)	0.01 (0.06)
北東部	− 0.14 (0.11)	− 0.2 (0.24)
中西部	0.15 (0.12)	0.24 (0.25)
南部	0.10 (0.09)	0.01 (0.18)
2006 年度	0.23 * (0.10)	0.04 (0.21)
2008 年度	0.19 * (0.09)	− 0.54 ** (0.19)
2010 年度	− 0.01 (0.14)	− 1.45 *** (0.28)
委員会リーダー	0.16 . (0.09)	− 0.30 (0.19)
上院選挙サイクル	− 0.09 (0.09)	− 0.16 (0.19)
修正済み決定係数	0.72	0.35
F 値 (p 値)	40.20 (0.00)	6.57 (0.00)

Signif. codes：'***' 0.001 '**' 0.01 '*' 0.05 '.' 0.1
（　）内は標準誤差
N = 192
出所：著者作成

ない州（上院議員選挙において1票がより重い州）が，人口1人あたりでより多額の歴史保存補助金を獲得していることを意味する。この結果は，1票の較差の便益の分配への影響に関する先行研究の結果と符合する。

（2）アウトドア・レクリエーション補助金の分析結果

次に，アウトドア・レクリエーション補助金について分析結果を報告する。関心の対象である委員会メンバーシップについては，歴史保存補助金とは異なる結果が得られた。関連する4つの小委員会のうち下院の授権小委員会のメンバーシップを除くすべての変数の係数が，有意水準5％で有意な説明変数になったのである。また，これらの有意な委員会メンバーシップ変数の符号は，予測されたとおり正であった。すなわち，上院の歳出小委員会と授権小委員会および下院の歳出小委員会のメンバーのいる州は，これらの小委員会のメンバーのいない州と比べて，人口1人あたりでより多くのアウトドア・レクリエーション補助金を受け取っている傾向があった。

前期の人口1人あたり補助金受給額の係数は，歴史保存補助金の分析結果とは異なり，アウトドア・レクリエーション補助金の分配の場合は有意水準10％を採用したとしても有意にならなかった。アウトドア・レクリエーション補助金の分配は，同じ連邦議会期内においてもパターン化されていないと言えよう。また，失業率，旅行業従事者シェア，国立公園の数も，有意水準10％でも有意な説明変数にはならなかった。

年度ダミー変数は，2008年度は有意水準1％で，2010年度は有意水準0.1％で，それぞれ有意な説明変数となり，それらの係数の符号は負となる。2008年度と2010年度については，支出総額と分配額が傾向的にリンクしていると言えよう。一方，2006年度のダミー変数の係数は正になり（実質額で見て，支出総額が2004年度の水準と比べて増えているから），これは予測どおりなのだが，有意水準を10％に緩めても有意ではなかった。また，3つの地域ダミー変数の係数は，歴史保存補助金の分析結果と同様に，有意水準10％を採用してもすべて有意にならなかった。

アウトドア・レクリエーション補助金の場合には，委員会リーダーのいる

州が人口1人あたりで見てより多額の補助金を獲得しているという傾向はなかった。委員会リーダーの有無を表わす変数の係数は，有意水準10％を採用したとしても有意ではなかったのである。また，上院の小委員会のメンバーの選挙サイクルは，歴史保存補助金の場合と同様に，各州の1人あたり補助金受給額には有意な影響を及ぼしていなかった。

　1票の較差を表わす人口規模の係数は予測どおり負の値をとり，かつ有意水準0.1％でも有意であった。したがって，アウトドア・レクリエーション補助金についても，人口のより少ない州（上院議員選挙において1票がより重い州）が，人口1人あたりで見てより多額の補助金を受給する傾向があった。

（3）分析結果の比較

　歴史保存補助金とアウトドア・レクリエーション補助金の分析結果の比較から言えることは，以下のとおりである。

　①各州のアウトドア・レクリエーション補助金の人口1人あたり受給額と公園事業を管轄する小委員会のメンバーシップの間には，概ね有意かつ正の関係があった。他方で，歴史保存補助金については，関連する小委員会のメンバーシップはすべて有意な説明変数にならなかった。したがって，歴史保存補助金に比べて配分過程の透明性や競争性が低いアウトドア・レクリエーション補助金の方が，関連する小委員会の影響力に対して脆弱であるという仮説を支持する結果が得られた。

　②アウトドア・レクリエーション補助金の分配については，上院でも下院でも歳出小委員会のメンバーシップが有意な正の影響を及ぼしていた。歳出小委員会のメンバーは，毎年の歳出の承認に関する意思決定に早期かつ直接に関与できる地位にあるから，補助金の分配に関する政治的操作も比較的容易であると考えられる。

　③アウトドア・レクリエーション補助金の分配については，上院の授権小委員会のメンバーシップは有意な説明変数であったが，下院の授権小委員会のメンバーシップは有意な説明変数ではなかった。

　④アウトドア・レクリエーション補助金の分配について，同じ議院の中に

ある異なる管轄の小委員会を比較した場合，以下のことが言える。上院の歳出小委員会と授権小委員会のメンバーシップの係数の推定値は，それぞれ 0.47，0.36 であり，歳出小委員会の方がやや大きい。しかし，これらの係数の推定値は互いに標準誤差 1 つ分の中に収まるので有意な差はない。したがって，アウトドア・レクリエーション補助金の場合，同じ上院にある異なる管轄の小委員会の間では，そのメンバーシップが人口 1 人あたり受給額に与えるインパクトに有意な差はないと言える。

⑤アウトドア・レクリエーション補助金の分配について，異なる議院にある同じ管轄の小委員会を比較した場合，以下のことが言える。上院と下院の歳出小委員会のメンバーシップの係数の推定値を比べると，それぞれ 0.47，0.45 となり，上院の歳出小委員会の方がやや大きい。しかし，係数の推定値は互いに標準誤差 1 つ分の中に収まっており，有意な差はない。したがって，議院が異なるが同じ歳出という管轄をもつこれらの小委員会の間では，そのメンバーシップが人口 1 人あたりアウトドア・レクリエーション補助金の受給額に与えるインパクトに有意な差はないと言える。

7 代替的な説明の検討——制度か選好か

2 つの政策カテゴリーの補助金の配分を規定している制度の差異が，透明性と競争性という配分過程の特性に差を生じさせ，それによって委員会メンバーシップが補助金の分配に及ぼす影響が異なっているというのが，得られた結果についての解釈である。分析結果によれば，配分過程がより不透明でより非競争的なアウトドア・レクリエーション補助金の受給額には，関連する小委員会のメンバーシップの有意な影響が観察され，配分過程の透明性も競争性も相対的に高い歴史保存補助金の受給額には有意な影響が見られなかった。

しかし，このような影響の差について代替的な説明も可能である。歴史保存補助金とアウトドア・レクリエーション補助金の分配について観察された差異は，最終的な決定権を握っている官僚の選好から生じているのかもしれ

ない。もし官僚が，補助金を配分するときに，政策カテゴリーによって判断基準を変えているのだとしたら，観察された影響の差は制度的差異とは関係なく生じうる。

　例えば，彼らが国家的な価値のある歴史的・文化的遺産の保護には専門家の意見が反映されるべきで，素人である選挙民や彼らを代表している小委員会のメンバーの選好によって補助金の分配が決まるべきではないと考え，他方でアウトドア・レクリエーションについては専門家の知見よりも地元の需要やニーズが反映されるべきである，あるいは歴史的・文化的遺産の保護に比べれば小委員会のメンバーからの要求を聞き入れても害がないと考えているのであれば，政策領域によって補助金の分配への委員会メンバーシップの影響は異なるだろう。

　このように，政策領域によって官僚の客観的配分基準への固執の程度が異なっていたり，議員による便益の分配の政治的操作に関する受容の程度が異なっていたりするならば，補助金の分配には制度的差異による説明と同じパターンが現れる。このとき，制度的差異による説明（配分過程の透明性と競争性の差による説明）と代替的な説明（官僚の選好による説明）は，観察上同値な説明だと言える。

　たしかに，このような代替的な説明にも一応の説得力がある。実際，「米国の宝を守れ」プログラムや南北戦争古戦場保護プログラムでは，諮問機関の報告にもとづいて基準が定められ，その基準にもとづいて事業の選抜が行なわれている。これらのプログラムの補助金については，専門家の意見が分配を大きく左右していると言えよう。

　しかし，分配への委員会メンバーシップの有意な影響がなかった歴史保存補助金において支出額の大きな部分を占めている狭義の歴史保存補助金の場合，連邦政府は，補助金を供給する代わりに州政府に事業の遂行を統括する組織と過程を備えそれらの質を維持することを要求するという控えめな関わり方をしているにすぎない。支援を求める事業の選択については，州政府に任されており，連邦政府あるいは国立公園局ではなく州政府の選好が反映されている。もちろん，州政府が申請した事業の採否は国立公園局が決定するわけであるが，このとき例えばその州にはより重要な歴史保存事業があるか

らそちらを優先して実施すべきだという理由で，申請された事業への支援を拒否することはできない。事業への支援が認められるには，州政府が申請した事業が法定の要件を満たしてさえいればよいのである。

　また，連邦政府内には歴史保存諮問委員会（the Advisory Council on Historic Preservation）[12]という機関があるが，この機関は歴史的・文化的遺産の保存に関する政策の大枠について連邦政府に助言したり，連邦政府の機関が行なう事業が歴史的・文化的遺産に負の影響を及ぼすおそれがあるときに調停したりすることを任務としており，個々の政策プログラムについて支援の対象となるべき事業を推奨したり選別したりすることはない。これらの事情から，少なくとも官僚の選好のみで，政策カテゴリーによって補助金の分配への委員会メンバーシップの影響に差があることを説明することはできないと考える。制度の影響があると考える方が自然である。

8 ｜ 結論——制度的制約が便益の分配に及ぼす影響

　本章では2つの仮説を検証した。1つは，特定の委員会のメンバーのいる州はその委員会が管轄する補助金の分配においてメンバーのいない州よりも優遇されているという仮説である。もう1つは，透明性や競争性のような配分過程の特性によって，補助金の分配への委員会メンバーシップの影響が異なるという仮説である。前者については部分的に支持され，後者については支持されたと判断する。

　委員会メンバーシップと獲得される便益の関係は，分配理論が予測するような普遍的なものではなく，条件依存的なものなのである。したがって，特定の政策領域の補助金の分配において超過的な便益を獲得するためには，関連する小委員会のメンバーシップだけでは不十分である。本章では委員会メンバーシップと獲得される便益の関係を規定している1つの要因として，配分過程の特性を同定した。

　第3章において紹介したように，Arnold（1981）は，分配に関する最終的な決定権をもつのが議会であるか官庁であるか，事業ごとに採否が決定され

るものであるか，配分公式によって自動的に分配が決まるものであるかという2つの軸によって，米国の連邦政府の支出プログラムは4つのグループに分類することができると論じた。そして，議会や関連する委員会の影響力の大きさは，これらのグループ間で異なっていると主張した。しかし，アーノルドの方法では，分類された連邦支出のグループの間における，議会や関連する委員会の影響の多様性を説明できても，分類された連邦支出のグループ内における多様性は説明できない。本章の分析結果が示しているのは，制度に起因する透明性や競争性のような配分過程の特性の差異が，そのような多様性を説明する重要な要因であるということである。

　また，本章の実証研究で得られた分析結果は，補助金の配分の最終的な決定権が官庁にあることは，小委員会のメンバーが分配を操作できないということを必ずしも意味しないということを表わしている。最終的な決定権が議会ではなく官庁にあったとしても，補助金の配分過程が不透明であったり非競争的であったりすれば，関連する小委員会のメンバーが分配を政治的に操作することはできる。逆に言えば，補助金の配分過程が透明なあるいは競争的なものになるように制度を設計すれば，小委員会のメンバーが補助金の分配を政治的に操作することは難しくなる。

註
[1] Berry and Gersen (2010) は，彼らが行なった実証研究の結果から，幹部に占める政治任用者のシェアで測られた政治化の程度によって，官庁の政治的感応性（大統領や議会からの影響の受けやすさ）が異なると主張した。本章の実証研究においては，同じ政府機関（国立公園局）が管轄する2つの政策カテゴリーの補助金の分配を比較することで，連邦議会と官庁の関係の異質性（両者の関係を規定している制度の異質性）がコントロールされている。
[2] 制度の解説は Catalog of Federal Domestic Assistance の記述を参考にしている。https://www.cfda.gov/?s = program&mode = form&tab = step1&id = d7b3765588804c239a97d14647c83af7
[3] 実際には，翌年度の準備金の割当額からこの部分の額を差し引くことによって処理する。
[4] 補助対象となった物件が後に国立公園システムの中に組み込まれたときはこの限りでない。
[5] 大統領令とは，大統領が連邦議会の承認を要せずに発することができる命令で，法律と同じ効果を持つ。
[6] 「国家的重要性」のより詳細な定義については，国立公園局による説明

（http://www.nps.gov/hps/treasures/national.htm）を見よ．
［7］連邦政府の史跡登録簿に登録されているものは，その重要性に応じて，地方レベル，州レベル，国家レベルに分類されている．重要性が国家レベルとされている資産は非常に少ない．
［8］制度の解説は Catalog of Federal Domestic Assistance の記述を参考にしている．https://www.cfda.gov/?s = program&mode = form&tab = step1&id = d22c137cdbc03ccd6bdd5d0bb6abdbd7
［9］ただし，各時点に固有で，主体に共通な効果を考える．それは年度ダミーで表現される．
［10］クロスセクション方向の依存性の検定の結果は，それがあることを支持するものではなかったが，時点数が少ないためあまり信頼できない．系列相関については，Durbin-Watson 検定の結果はそれがあることを支持しないが，この検定は漸近性に依存するので標本規模が大きいことを要求する．本章の実証研究で用いたデータは観察数が 192 であり，大標本とは言い難いのでこの検定の結果の信頼性も疑わしいが，系列相関はないと仮定して分析を行なった．われわれのデータでは時点は 2 年ごとにとられており，これがいくらか系列相関が生じるのを和らげると考えられる．
［11］紙幅の節約のため相関行列は掲載しないが，著者に請求すれば手に入れられる．
［12］歴史保存諮問委員会は，市民戦争史跡諮問委員会のように狭い範囲の歴史保存事業についての助言を行なうのではなく，より一般的な歴史的・文化的遺産の保護に関する立法的・行政的改善策の推奨を行なっている機関である．http://www.achp.gov/ を見よ．

第 7 章

多数党の交代の影響

1 │ 委員会と政党

　本書では，これまで政党をまったく無視して分析を行なってきた。しかし，議会の意思決定に関わる重要な組織であるのは，委員会も政党（厳密には議院内政党組織）も同じである。また，現職議員の再選において委員会が重要であるのと同じく，政党も議員が再選を果たすことができるか否かを左右する。この2つの組織の間には，どのような関係があるのだろうか。とりわけ興味深いのは，委員会メンバーシップと獲得される便益の関係に政党がどのような影響を与えているかという問題である。

　分配理論には政党が登場しない。それは，この理論が，Shepsle（1989）が「教科書の議会」と呼んだような，政党が所属議員の行動に対して及ぼす影響が連邦議会の歴史上もっとも弱かった1960年代の議会を念頭において構築されているからである。分配理論の始祖であるMayhew（1974）は，政党を分析単位としたDowns（1957）の立場と方法論的個人主義を採る自らの立場を対比させて以下のように述べた。

　「政党を分析の単位にした合衆国連邦議会の理論的検討はあまりうまくいかないのである。そこで，これ以降の議論における観察の単位としてわれわれには個々の議員，つまり2つの政党ではなく535名の男女が残されたことになる（Mayhew, 1974, 邦訳 p. 17）。」

　しかし，現在の米国政治の状況を鑑みると，議会の意思決定に政党がかなりの影響を及ぼしているのは明白ではないだろうか。便益の分配の分析においても，先験的に政党の影響を考慮から外してしまうことは賢明な選択ではないと思われる。また，方法論的個人主義を採用することは，必ずしも政党の影響を考慮から外すことを意味しない。実際，コックスとマッキャビンは，

再選を究極的な目標とする議員たちがなぜ政党を組織しどのように運営していくかを説明する理論を，方法論的個人主義にもとづいて構築した（Cox and McCubbins, 1993 ; 2005 ; 2007）。

本章の目的は，委員会メンバーシップと獲得される便益の関係への政党の影響を分析することである。そのために，まず第2節でこの問題に関する背景情報を提供し，関連する文献をレヴューする。米国の議会組織の研究において，長らく政党が無視されてきた理由と注目されるようになった理由がこの節で明らかになる。続く第3節では，「条件依存政党政府理論」（Conditional Party Government theory），「手続カルテル理論」（Procedural Cartel theory），「議題理論」（Agenda theory）という，この分野で影響力のある3つの政党理論を紹介する。第4節では，連邦支出や補助金の分配への政党の影響を扱ったこれまでの実証研究で得られた経験的知見を紹介する。第5節では，経験的知見にもとづく理論化を目標としたときに実証研究は何を明らかにすべきなのかを示す。それは政党の影響のメカニズムである。以上の準備の後に，分析に着手する。まず第6節において検証する仮説を提示する。続く第7節では，分析方法について詳細を述べる。この節では，最初に仮説検証に用いる計量モデルを紹介し，次に政党の影響を生じさせる3つのメカニズムの識別戦略について解説する。重回帰分析を行なう前に，第8節で2つのサブサンプルのデータの分布と説明変数間の相関について確認する。その後，第9節において，共和党が議会の多数党であった時期と民主党が議会の多数党であった時期のそれぞれについて分析結果を報告する。第10節では，この2つの時期の分配パターンを比較し，その変化を生じさせているメカニズムについて考察する。最後に，第11節において，分析で得られた結果とその解釈について要約し，理論研究に対するインプリケーションを示す。

2 ｜ どのようにして政党は委員会をコントロールできるようになったのか

戦後のある時期，米国では連邦議会における政党は政治の中心的存在では

ないと考えられていた。「選挙，議会改革，政策立案に関する文献を批評する者はみな米国における政党の衰退の程度に強く印象付けられるのを禁じ得ない」という Brady and Bullock（1983）の言葉に象徴されるように，1970年代と1980年代に行なわれた多くの実証研究の結果は，選挙過程と立法過程の両方における政党の影響力の減少を如実に示していた。

例えば，選挙過程においては，米国の政党は運動資金のわずかな部分をコントロールしているにすぎなかった。また，候補者の擁立は民主化され予備選挙制度によって決められるようになったので，政党はそれをほとんどコントロールできていなかった。選挙過程における中心的な存在は，勢力のある組織をもち，資金の大部分の調達と選挙運動の方向付けを自ら行なう，それぞれの候補者であり，政党ではなかった。

立法過程においても，政党は相対的に弱い影響力しか持っていなかった。Wilson（1885）が「委員会による統治」（committee government）という造語で表現したように，伝統的に政策決定において中心的な役割を果たしていると考えられていたのは常任委員会であった。常任委員会の長には，多数党の議員の中でもっともその委員会における連続勤続年数（シニオリティ）が長い者が自動的に就くことが不文の法となっていた[1]。そのような非公式の慣習によって選出された委員長は，委員会における議事の進行，スタッフの雇用，小委員会の創設と廃止，小委員会の長の指名などを掌握し強大な権限をもっていた。シニオリティ・システムに守られた地位によって，委員長には所属政党の執行部や議員総会の多数派の意向に沿うように行動するインセンティブがほとんどなかった。安定した地位を確保し政党の影響からも絶縁されている長に率いられた委員会は，議院の中で独立し自立した存在として，管轄するそれぞれの政策領域において独占的あるいは排他的な影響力を行使していた。

しかし，1970年の立法府改革法（the Legislative Reorganization Act）とそれに続く一連の制度改革がこうした状況に劇的な変化をもたらした。特にインパクトが大きかったのは，当時の下院の多数党であった民主党で行なわれた党内制度改革である。それまで下院民主党では，委員指名の候補者名簿は，歳入委員会の民主党所属メンバーで構成された党内の「委員会のための委員

会」(the Committee on Committees) が作成していた。しかし，この権限は制度改革によって歳入委員会のメンバーから取り上げられ，新設された下院民主党の運営・政策委員会 (the Democratic Steering and Policy Committee) がその仕事を担うようになった。そして，この運営・政策委員会の人事を，下院民主党の執行部が掌握することになった。つまり，下院民主党の執行部は，運営・政策委員会の人事を介して，間接的にではあるが下院の委員会のメンバーの指名に大きな影響力をもつようになったのである。また，重要な法案や論争のある法案に付され，議場における審議に重要な影響を及ぼす審議ルールを推奨する役割を担う下院の規則委員会の民主党所属メンバーの人事権が議長（民主党が少数党のときは筆頭）に与えられた。これにより，他の委員会とは違って，規則委員会については議長が誰を委員に指名するのかを直接的に決められるようになったのである。

このような政党執行部の強化に加えて，議員総会の再活性化も下院民主党における制度改革の目的であった。当時形骸化していた議員総会を実質的な政党の意思決定の場に引き戻す上で，もっとも重要だったのは，委員長人事の承認権の付与であった。これによりシニオリティによる委員長の地位の保護は絶対ではなくなり，連邦議会期の期初に開催される議員総会において個別に承認を要するようになったのである[2]。委員長への就任はもはや年功にもとづく自動的なものではなくなった[3]。実際に，1975年には委員長への再任が見込まれていた3人の古参議員がそれを拒否された。

このような下院民主党における制度改革後も，委員長の選出が概ねシニオリティに従うということに以前と変わりはなく，また議員総会においてシニオリティを基準とした委員長への着任や再任が否決されることもきわめて稀なことではあったが，下院の委員長たちは委員会において何かを決定するときに，民主党の執行部や党内の多数派の意向に配慮しなければならなくなった。そうしなければ，懲罰として総会で再任が妨げられる可能性があるからである[4]。

下院民主党におけるこれらの制度改革は，なぜこの時期に可能になったのだろうか。その理由は，いわゆる「政党再編成」(party realignment) に求められる[5]。政党再編成とは，政党の支持層の大きな変動のことを指す。下院

民主党が同じ民主党の看板を掲げるジョンソン大統領の勧める公民権法への支持を表明したことによって，それまで民主党を支持していた南部の白人保守層が離反していった。他方で，リンカーンによる奴隷解放後，忠実な共和党の支持者であった黒人有権者の中に民主党を支持する者が増えていった。さらに，1965年に新公民権法（投票権法）が制定されたことによって，それまで実質的に投票権の行使を妨げられていた南部の黒人が政治に参加できるようになり，連邦議会議員選挙において民主党候補を支持するようになった[6]。民主党の支持層は大きく変動し，リベラルなイデオロギーをもつ議員が下院に参入する基盤となった。

並行的にこの政党再編成の影響を増幅するような変化が起こった。1960年代に連邦最高裁が下した1票の較差の違憲判決を受けて，都市部と農村における較差あるいは人口成長が著しかった南部と他の地域における較差が是正された。この1票の較差の是正によって，都市部に住むリベラルなイデオロギー嗜好の有権者や南部の黒人有権者が選挙結果に及ぼす影響力がさらに高まったのである。彼らの多くは，民主党を支持していた。

このような議会の外部環境の変化は，下院民主党内部のイデオロギー的な選好の分布に変化をもたらした。1960年代まで民主党の内部は，主に北部の州で選出されたリベラルな議員の集団と主に南部の州で選出された保守的な議員の集団に分離していた。そして，後者はしばしば共和党の議員と投票行動をともにしていた[7]。また，すべての委員会の長は当時の多数党であった民主党に所属する議員の中から選出されていたが，彼らの多くは安定した支持基盤を持ちシニオリティ・システムに守られた保守派の古参議員であった。よりリベラルなイデオロギー嗜好をもつ議員たちは，保守的な委員長の妨害によって，彼らが望む法案を通過させることができずに不満を抱いていた。

しかし，政党再編成や1票の較差の是正によって，民主党内の保守派の議員たちは徐々に議席を失い，リベラル派の議員たちが勢力を増すことになった。さらに，共和党ニクソン政権が起こしたウォーターゲート事件に対する反動で，1974年と1976年の議会選挙において大量のリベラル派の新人議員が当選し下院に流入した[8]。

リベラル派の新人議員は，旧来の下院の規則やしきたりを守ることに何の関心ももっていなかった。むしろ，彼らにとっては，それらの規則やしきたりが自分たちの望む政策を実現する上での障害だったのである。彼らの加勢を得て数の上で優位になった下院民主党内のリベラル派は，障害となっていた古い規則やしきたりを排除する制度改革を実現できるようになった。そして，議員総会において保守派の委員長をその座から引きずり降ろし，よりリベラルなイデオロギー嗜好をもつ委員長に置き換えたり，再任拒否の脅威によって保守派の委員長に自発的に協力するよう仕向けたりすることができるようになったのである (Rohde, 1991 ; Aldrich and Rohde, 2001)。

　下院民主党に比べればイデオロギー的に同質的であった下院共和党の内部においても，並行的に変化は起こっていた。南部で保守的な民主党議員を支えていた有権者の票を，共和党候補が奪うようになり，多くの議席が民主党から共和党に移った。その結果，下院共和党の内部で穏健派の勢力は衰え，徐々に保守派が優位になっていった。さらに，多数党である下院民主党に対抗するために，様々な制度改革が行なわれ，党執行部に多くの権限が集中するようになった。このようにして，共和党議員はイデオロギー的により同質化し，彼らの行動は制度によって党執行部や党内多数派の意向に拘束されるようになったのである。

　下院政党組織内の選好分布の変化やそれが可能にした様々な制度改革によって，各党は所属議員の意思決定に対する影響力を強め，議員たちは政党のラインに沿って反目することが多くなった。図7-1は，下院における1965年から2010年までの両党の議員の政党一体投票スコア (party unity vote score) の推移を表わしたものである。政党一体投票スコアとは，その年に議院で行なわれた点呼投票のうち，少なくともある政党の議員の過半数が対抗する政党議員の過半数と逆の票（例えば，51％の賛成票に対する51％の反対票）を投じた頻度を表わすものであり，それを見ることで所属する政党への議員の忠誠と政党間の対立の度合いが分かる。図7-1からは，この政党一体投票スコアが，下院において1970年代の議会改革の直後から長期的に上昇傾向にあることがうかがえる。

　このような政党一体投票スコアの上昇の理由は，単に下院政党組織内で議

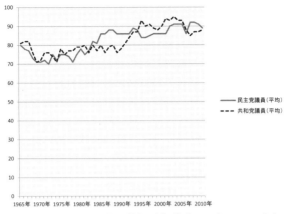

図 7-1　下院の政党一体投票指数（1965 年〜2010 年）
出所：著者作成（元データは Vital Statistics on Congress 2013）

員の選好が同質化したからだけでなく，それによって実現された議員総会による委員会人事の掌握によっても促進されたと考えられる。投票において党の執行部や総会の多数派の意向に反する行動をとることは，後で人事上の不利な扱いを受けることを意味するようになったからである。

　他方で，上院では下院ほど劇的な変化は起こらなかった。上院議員の任期は下院議員に比べると長く（下院議員の任期は 2 年であるのに対して上院議員の任期は 6 年），議員の入れ替えはより緩やかに進んだ。また，「熟慮の院」である上院では，少数派や個人の保護が制度設計の哲学とされており，既存の制度による保護が多数党の多数派に都合のよい新しい制度が導入されるのを阻んだ。たしかに，1970 年代には上院でもいくつかの新しい制度が導入されたが[9]，下院と比べると議院や政党の手続に大きな変化は起こらなかった。例えば，委員長の選出は，以前と変わらずシニオリティのみを基準として行なわれていた。それでも，図 7-2 が示すように，上院における政党一体投票スコアは 1970 年代の議会改革の直後から上昇傾向にある。このことから，上院における政党一体投票スコアの上昇は，制度改革よりも選好の分布の変化に大きく拠っているのではないかと推察される。

　現実の議会における政党内部の選好分布の変化や制度改革，そしてそれらの帰結だと考えられる議員の投票行動の変化は，議会組織の研究に大きな変

第 7 章　多数党の交代の影響 ｜ 159

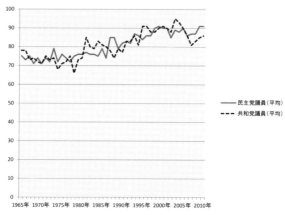

図7-2　上院の政党一体投票指数（1965年〜2010年）
出所：著者作成（元データはVital Statistics on Congress 2013）

化をもたらした。政党の存在理由と機能，そして政党が議会の組織や決定される政策に及ぼす影響が研究課題として注目を浴びるようになったのである。

3 　議会の組織と行動への政党の影響に関する理論研究

　前節では，議会組織の研究において政党が無視されていた理由と注目を浴びるようになった理由について，背景情報を提供した。これを受けて，本節では政党の影響を中心に据えて議会の組織と行動を説明する代表的な理論を紹介する。

　前節で紹介した政党の執行部や議員総会の権限を強化した1970年代の制度改革や，1980年代の議会における激しい党派的紛争を経験した後，政党の影響を中心に据えて議会の組織と行動（厳密には下院の組織と行動）を説明する新しい理論が提唱された[10]。1つは，ロードとアルドリッチの条件依存政党政府理論（Conditional Party Government theory）である（Rohde 1991, 1994 ; Aldrich and Rohde 1995, 2000, 2001）。

　政党政府理論と呼ばれるものはそれ以前にも存在していたが，それらにおいては主に規範的な議論が行なわれていた[11]。これに対して，ロードとアル

ドリッチの条件依存政党政府理論は，どのような条件の下で政党は議会で決定される政策に影響を与えられるのかという実証的な問題を扱っている。彼らによれば，政党間における選好の異質性と政党内における選好の同質性が重要であるという。対立する政党と自党の選好がより異質的であるならば，自党からの離反者は少なくなる。また，自党の議員の選好が同質的であるならば，法案の内容に関して意見が割れるおそれは少なく，所属する議員の立場から見て，政党の執行部に大きな権限を与えることに問題はない。むしろ党内の多数派にとっては，少数派の行動を拘束することで自分たちに望ましい結果が得られるので，党執行部に権限を集中させた方が都合がよい。したがって，政党間における選好が異質的であり，政党内における選好が同質的であるときに，党執行部に権限が集中すると予測される。党執行部は，この権限を利用して所属議員に様々なインセンティブあるいはディスインセンティブを与え，実体的な問題に関する彼らの投票をコントロールすることができる。

　ロードとアルドリッチの条件依存政党政府理論が，議院や政党の内部における選好分布の動態に着目し，また法案の実体に関する投票への政党の直接的な影響を考えているのに対して，コックスとマッキャビンは，政党（特に彼らが注目しているのは多数党である）が手続を支配することで間接的に議院における実体に関する決定をコントロールしていると主張した（Cox and McCubbins, 1993 ; 2007）。彼らが提唱した理論は，手続カルテル理論と呼ばれている。

　手続カルテル理論においては，第3章で解説した分配理論とは異なり，現職議員の再選可能性は選挙民への便益の供与だけでなく，彼らが所属する政党の評判にも依存している。そして，政党の評判と所属議員による便益の獲得とは，トレード・オフの関係にある。議員たちが各々勝手に利益誘導を行なうと，政党の評判を傷つけてしまう可能性があるからである。

　よりフォーマルに言うならば，議員たちにとって政党の評判は「公共財」であると考えられ，フリーライドによる過少供給（評判の棄損）が生じるおそれがある。政党はその評判が傷つかない限り，所属する議員たちが各々再選に有益な便益の獲得に励むことを放任するが，それによって政党の評判が

傷つくおそれがあるときは，様々な手段で議員たちの行動をコントロールしようとする。

　所属する議員たちの合意によって，党執行部には所属議員の行動をコントロールするための様々な権限が与えられている。例えば，委員会の長やメンバーの指名，法案の審議ルールの設定や審議スケジュールの策定などである。党執行部は，これらの手続を支配することで，間接的に実体に関する議員たちの投票行動をコントロールしている[12]。

　下院における政党はいわば所属する議員たちによる「カルテル」として様々な手続を掌握し，それによって少数党に対して優位に立つと同時に利害を共有する集団として結束し，実体に関する議院の意思決定を不完全ながらもコントロールしている。個人である議員による便益の獲得と組織である政党の評判の間に生じるトレード・オフは，権限を付与された党執行部によって調整される。このように，コックスとマッキャビンの手続カルテル理論における政党という組織は，政党の評判という公共財に関するフリーライド問題への制度的解決策なのである。

　手続カルテル理論は，委員会と政党の関係について，管轄の性質による多様性があると予測する。委員会の意思決定は，その影響が及ぶ範囲が広いのならば，すなわち多数党の多くの議員の選挙区に影響が及ぶのならば，政党による厳しい管理の対象となる。しかし，影響の範囲が狭いのならば，すなわち特定の議員の選挙区にしか影響がないのならば放任される。一般に，選挙民志向の委員会は，手続カルテル理論では後者であると考えられている。そして，このような委員会は，それが管轄する便益について高い需要やニーズをもつ選挙民を代表する議員によって構成されていると予測される。

　ここまでに述べたことを要約すると，手続カルテル理論は，政党の組織的評判が所属議員の再選可能性に影響を与えるので，それを維持あるいは改善することが政党にとってだけでなく，再選を目指す現職議員たちにとっても重要であること，政党の評判は所属議員による便益の獲得とトレード・オフの関係にあること，委員会の管轄の性質（意思決定の影響が及ぶ範囲）によって政党による規律の程度が多様であることを明らかにしている。

　この手続カルテル理論を基礎にして，コックスとマッキャビンは，議題設

定権が政党内でどのように配分されるかを説明する「議題理論」を考案した (Cox and McCubbins, 2005)。この議題理論によれば，政党は法律事務所や会計事務所のような，ジュニアからシニアまで階層のあるメンバーによって構成されている共同経営体（パートナーシップ）だと考えられる。

多数党の執行部は，議題設定権が付与された議院の役職をシニア・パートナー（ベテラン議員）に配分する。シニア・パートナーがその役職を維持するためには，所属する政党の多数党ステイタスが維持されなければならない。多数党ステイタスを維持するためには，自党の議員の多くが選挙で対立党の候補に勝たなければならない。自党の議員の多くが選挙で勝つためには，政党の評判（ブランド・ネーム）を維持あるいは向上させなければならない。この政党の評判は，立法上の成果の記録に依存している。立法上の成果を蓄積するために，シニア・パートナーは彼らが就いている役職に付された議題設定権を用いる。以上の論理を図示したのが，図7-3である。

役職に付された議題設定権には，肯定的なもの（提案権）と否定的なもの（拒否権）がある。これらの議題設定権を与えられた委員長は，「最小限の信託基準」にもとづいて行動する。最小限の信託基準とは，以下のような行動規範をいう。各委員会の長は，多数党の多数派の意向に反するが，ひとたび議場に上げられれば議院で過半数の賛成を得て通過してしまうような法案を委員会のレベルにおいて潰すように議題を操作する。このような法案は，政党を分裂させるリスクをはらんでいるからである。他方，多数党の多数派が支持する法案で，かつ議院の多数派もその法案を支持しているが，委員会の多数派がこれを支持しない法案を，委員会が議場にあげないことについては許容される。このような不作為は多数党にとって害がより少ないからである。

提案権と拒否権の最適なミックスは，ある時点における多数党内の選好分布によって異なる。政党を分裂させるリスクをはらんでいる法案を議場に上げないためには，特に拒否権の配分が重要である。党内の選好が異質的である場合には，望ましくない法案が議場に上げられ成立してしまう危険性が高い。このようなときには，特定の委員会に付与される提案権を限定し，拒否権を広く党内に分散させることが賢明である。逆に党内の選好が同質的である場合には，望ましくない法案が議場に上げられ成立する危険性は低い。し

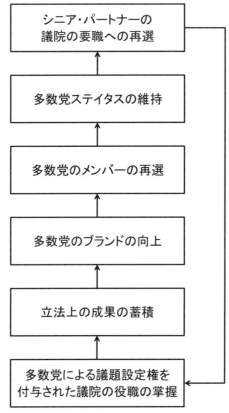

図7-3 コックスとマッキャビンの「議題理論」の論理
出所：Cox and McCubbins (2005, p. 8)

たがって，提案権を広く認め，拒否権を一部に集中させた方がよい。このように，議題理論では，手続カルテル理論とは異なり動態的要因とそれによる変化が導入されている。これによって，議会の組織と行動について予測できる現象の幅はより広くなった。

政党理論と総称される以上の3つの理論（条件依存政党政府理論，手続カルテル理論，議題理論）の関心は，議会の組織と行動を説明することである。これらの理論から導き出される予測に関して，分配理論のそれと異なる点は，便益の分配について明確な予測をしていないという点である。

例えば，手続カルテル理論は，委員会の管轄の性質（その意思決定が影響を及ぼす範囲）によって，委員会に対する政党のコントロールの厳しさが多様であることを予測する。このコントロールの厳しさは，政党から委員会への派遣団のメンバーの代表性あるいは非代表性として観察される。委員会の意思決定の影響範囲が広いとき，政党から委員会に派遣されているメンバーの選好分布は政党全体の選好分布を代表するものになる。逆に委員会の意思決定の影響範囲が狭いときには，それは政党全体の選好分布を代表するものにならない。言いかえるならば，影響範囲が広い意思決定を行なう委員会への派遣団は偏りのないメンバー構成になり，影響範囲が狭い意思決定を行なう委員会への派遣団はより偏ったメンバー構成になる。

　このような委員会に派遣されるメンバーの構成に関する予測は，委員会は集団として議題設定権をもっており，議場にあげられる法案，ひいては議会で決定される政策の内容に大きな影響を与えるから，そのメンバー構成について政党が特別な注意を払うという暗黙の仮定から導き出されている。しかし，委員会への派遣団のメンバー構成の代表性あるいは非代表性から，直接的に便益の分配に関する明確な予測が導き出せるわけではない。例えば，特定の委員会が管轄している補助金の分配において多数党内で委員会のメンバーとそれ以外の議員の待遇に差があるのか，また委員会内において多数党に所属する者と少数党に所属する者の間に便益の分配に関する待遇の差があるのかという問題について，条件依存政党政府理論，手続カルテル理論，議題理論は，いずれも明確な予測をなしえないのである。

4 ｜ 便益の分配への政党の影響に関する実証研究

　前節において，1990年代に入った頃から政党の影響を中心に据えて議会の組織と行動を説明する新しい理論が登場したこと，しかしそれらが便益の分配については明確な予測をしていないことを確認した。本節では，実証研究において，連邦支出や補助金の分配への政党の影響はどのように分析され，どのような知見が得られているのかを確認する。

実証研究においては，1990年代半ば以降，明示的に連邦支出や補助金の分配への政党の影響を考慮することが一般化した[13]。しかし，ほとんどの場合，それらは理論的仮定から演繹によって導出された仮説を検証するというよりは，政党によって選好する政策領域の連邦支出や補助金が異なるであろうとか，多数党の議員または委員に有利な連邦支出や補助金の配分が行なわれているであろうというような，アドホックで直観的な仮説を検証している。以下では，党派による選好の異質性，多数党・少数党ステイタス，委員会メンバーシップの順で，トピック別に関連する先行研究の知見を紹介する。

（1）党派による選好の異質性

　Albouy（2013）は，民主党の議員と共和党の議員が異なる政策領域の連邦支出を好むことを発見した。例えば，共和党の議員の選挙区は防衛関連の支出をより多く受け取り，民主党の議員の選挙区は都市開発や教育に関連する支出をより多く受け取る傾向があった。同様に，Bickers and Stein（2000）は，民主党の議員の選挙区はエンタイトルメント（医療や社会保障のような直接支出）をより多く獲得しており，共和党の議員の選挙区は直接的貸付金，債務保証，保険などの偶発債務をより多く獲得しているという党派的な差異があることを明らかにした。エンタイトルメントは民主党の中核的な支持者である都市生活者や低所得者を利する一方で，偶発債務は共和党の中核的な支持者である中小企業のオーナーや農場経営者を利する。また，偶発債務は，条件が成立しなければ支払う必要がないので，補助金よりも共和党議員のイデオロギーに適合していると言える。
　選挙民が連邦政府の支出に関して政党のラインに沿って分かれた異質な選好をもっており，彼らを代表する議員が支持者の好む支出を獲得するように動機付けられていることを示す補助的な証拠がある。Lazarus and Reilly（2010）は，議員による連邦支出の獲得が実際に得票に結びついているかを検証し，民主党議員は補助金の獲得によって得票を伸ばし，共和党議員は偶発債務の獲得によって得票を伸ばすことを発見した。Sellers（1997）が得た知見も興味深い。彼は，保守的なイデオロギー嗜好をもつ議員を選出した選

挙区では，より多額の補助金を獲得するほど得票率が低くなる傾向（補助金の獲得額と選挙での得票率の間に負の関係があること）を発見した。彼は，この結果を言行不一致の議員は投票において罰せられるのだと解釈した。

　これらの先行研究によって得られた経験的知見は，民主党に所属する議員と共和党に所属する議員が彼らの選挙民の選好を反映した異質的な行動をとることを示しており，それは米国政治に関するわれわれの感覚に合致する。

（2）多数党・少数党ステイタス

　政党の影響として連邦支出や補助金の分配パターンに現れるのは，選好の異質性だけではない。議員が所属する政党の多数党・少数党ステイタスも連邦支出や補助金の分配に影響を及ぼすと考えられる。先行研究においては，多数党の議員を選出した選挙区で連邦支出の分配額がより多い傾向がある，あるいは多数党の得票率がより高い選挙区で連邦支出や補助金の分配額がより多い傾向があるという分析結果が得られている。

　Levitt and Snyder（1995）は，彼らの観察期間において多数党であった，民主党の得票率が高い下院選挙区に，より多額の補助金が渡っている傾向があるのを発見した[14]。さらに，彼らは，補助金をその受給額の分散が大きなものと小さなものに分類して分析を行なった。そして，受給額の分散が大きな補助金については民主党の得票率が高い選挙区がより多くの補助金を受け取る傾向があったのに対して，受給額の分散が小さな補助金についてはそのような傾向はないことを発見した。また，政策プログラムが導入された時期によって補助金を分類した場合，上院とホワイトハウスを共和党が支配し下院を民主党が支配していた（分割議会と分割政府の状況であった）1982年以降に導入されたプログラムの補助金の分配には，民主党候補の得票率の有意な影響がなかったのに対して，両院で民主党が多数党であった（統一議会の状況であった）時期に導入されたプログラムの補助金の分配には，民主党候補の得票率の有意な正の影響があるのを発見した。

　Balla, Lawrence and Maltzman（2002）は，下院選挙区を観察単位として，学術研究に関する補助金の分配について分析した。ある選挙区がイヤーマー

クを獲得することができるか否かという確率については，多数党の議員を選出した選挙区と少数党の議員を選出した選挙区とで有意な差はないが，獲得した補助金の額について見てみると，多数党の議員を選出した選挙区の方が多くの額を得ている傾向があるのを発見した。この結果を彼らは以下のように解釈した。多数党の議員は少数党の議員に比べて分配上優位な立場にある。しかし，彼らが獲得した補助金が浪費的支出であると非難されることを回避するために，彼らに比べればより少額ではあるが，少数党の議員にもイヤーマークを与えているのである。

イヤーマークの獲得において，多数党の議員に優位性があることを発見した先行研究は他にもある。Lazarus and Steigerwalt (2009) は，イヤーマークに関する改革が行なわれ，申請された事業の提案者である議員の氏名が公開されるようになった直後の2008年度のデータを用いて分析を行なった。その結果，上院でも下院でも多数党の議員がより多くのイヤーマークを獲得しているのを発見した。

Crespin and Finocchiaro (2008) は，NGOの「政府の無駄遣いに反対する市民」(Citizens Against Government Waste) が公開しているイヤーマークのデータを用いて分析を行なった。そして，割り当てられた上院の2議席がともに多数党の議員によって占められている州は，そうでない州に比べて獲得したイヤーマークの数が有意に多いことを発見した。

連邦支出や補助金の分配における多数党の優位性のエビデンスを得た実証研究は，他にも多くある (Boyle and Matheson, 2009 ; Engstrom and Vanberg, 2010 ; Albouy, 2013など[15])。これらの先行研究の分析結果から言えることは，少なくとも近年の連邦支出や補助金の分配について分析するときには，議員の所属政党の多数党・少数党ステイタスの影響を考慮しなければならないということである。

（3）委員会メンバーシップ

ここまでに紹介した先行研究においては，連邦支出や補助金の分配を説明する変数に委員会メンバーシップを含めていないか，委員会メンバーシップ

を含めている場合でもそれを政党によって区別していない。連邦支出や補助金の分配への委員会メンバーシップの影響には，委員の所属する政党によって差があるのだろうか。

　高速道路建設補助金の分配に関するリーの2つの研究（Lee, 2000 ; 2003）は，そのような差があることを示している。Lee（2003）は，下院の交通・インフラ委員会のメンバーの選挙区は党派にかかわらず分配において超過的な便益を得ているが，事業の獲得数について見てみると，観察期間中に多数党であった共和党の委員の選挙区の方が，少数党であった民主党の委員の選挙区よりも多くの事業を獲得している傾向があることを発見した[16]。また，Lee（2000）では，民主党多数議会において1991年に制定された「陸上交通による一貫輸送の効率化法」（the Intermodal Surface Transportation Efficiency Act）にもとづく各州への補助金の分配額と，1998年に共和党多数議会の上院を通過したこの法律の再授権法案にもとづいて仮想的に配分された補助金の額を比較したところ，1991年に制定された法律の下で配分された補助金の各選挙区のシェアでコントロールした後でも，多数党である共和党に所属する上院議員の数がより多い州で補助金の分配額の増加率がより高い傾向があるのを発見した。

　ランドクイストとカーシーは，1963年から1995年までの防衛関連公共調達額について，各州への分配額と関連する委員会のメンバーシップの関係を分析した（Carsey and Rundquist, 1999 ; Rundquist and Carsey, 2002）。そして，各州への分配額に，連邦議会の両院の関連する委員会のメンバーシップの有意な影響があるのを発見した。下院では観察期間のほとんどにおいて多数党であった民主党の委員のみが超過的な便益を獲得していた。他方，上院については，委員会メンバーシップの有意な影響は，民主党についても共和党についても確認された[17]。

　これらの先行研究の知見を要約すると，以下のようになる。

①多数党の委員が超過的な便益を得られる一方で，少数党の委員が超過的な便益を得られない場合がある。

②多数党の委員と少数党の委員の両方が委員会メンバーシップにもとづく

超過的な便益を得ているときは，多数党の委員の方が少数党の委員よりもそれが大きい。

③多数党の委員のみが超過的な便益を獲得できるか，所属政党の多数党・少数党ステイタスにかかわらず委員が超過的な便益を獲得できるかが，議院によって異なっている場合がある。

つまり，委員会メンバーシップの影響の有無や程度は，委員の所属する政党の多数党・少数党ステイタスによって異なる可能性がある。

ここまで，個々の先行研究について批判的吟味を行なわず，それらの知見だけを紹介してきた。次節ではこれらの先行研究に共通する方法的な問題があることを指摘し，残された課題を同定する。

5 │ 残された課題──政党の影響のメカニズムの特定

前節では，連邦支出や補助金の分配への政党の影響について分析した実証研究で得られた知見を紹介した。しかし，これらの先行研究には共通する方法的な問題がある。実は，所属する政党によって連邦支出や補助金に関する選好の異質性がある，あるいは連邦支出や補助金の分配が多数党に所属する議員や委員に有利なものになっていると主張する先行研究では，党派による選好の異質性と多数党・少数党ステイタスの影響が峻別されていないのである。

これは以下のような事情による。戦後の連邦議会の歴史において，民主党はほとんどの時期に両院で多数党であり続け，「万年多数党」とも言える地位を占めていた（表7-1）[18]。多くの先行研究では，観察期間のすべてあるいはほとんどにおいて民主党が両院で多数党であった。言いかえるならば，先行研究の観察期間においては，民主党の議員であることと多数党の議員であることがほぼ同値であったのである。そのような時期のデータを用いた先行研究の分析結果においては，「民主党」に所属する議員または委員であることの影響と，「多数党」に所属する議員または委員であることの影響は厳

表7-1 連邦議会の両院における民主党と共和党の占有議席数（第79回～第113回）

議会期	年	上院多数党	下院多数党
第79回	1945-1947	民主党	民主党
第80回	1947-1949	共和党	共和党
第81回	1949-1951	民主党	民主党
第82回	1951-1953	民主党	民主党
第83回	1953-1955	共和党	共和党
第84回	1955-1957	民主党	民主党
第85回	1957-1959	民主党	民主党
第86回	1959-1961	民主党	民主党
第87回	1961-1963	民主党	民主党
第88回	1963-1965	民主党	民主党
第89回	1965-1967	民主党	民主党
第90回	1967-1969	民主党	民主党
第91回	1969-1971	民主党	民主党
第92回	1971-1973	民主党	民主党
第93回	1973-1975	民主党	民主党
第94回	1975-1977	民主党	民主党
第95回	1977-1979	民主党	民主党
第96回	1979-1981	民主党	民主党
第97回	1981-1983	共和党	民主党
第98回	1983-1985	共和党	民主党
第99回	1985-1987	共和党	民主党
第100回	1987-1989	民主党	民主党
第101回	1989-1991	民主党	民主党
第102回	1991-1993	民主党	民主党
第103回	1993-1995	民主党	民主党
第104回	1995-1997	共和党	共和党
第105回	1997-1999	共和党	共和党
第106回	1999-2001	共和党	共和党
第107回	2001-2003	共和党／民主党	共和党
第108回	2003-2005	共和党	共和党
第109回	2005-2007	共和党	共和党
第110回	2007-2009	民主党	民主党
第111回	2009-2011	民主党	民主党
第112回	2011-2013	民主党	共和党
第113回	2013-2015	民主党	共和党
第114回	2015-2017	共和党	共和党

＊第107回議会期中に，1人の議員が所属政党を共和党から民主党に変えた。上院の占有議席数が拮抗していたため，これにより多数党が共和党から民主党に変わった。
出所：著者作成

密に分離されていないことになる。つまり，観察された連邦支出や補助金の額の差が，党派による選好の異質性によって生じたものなのか，その選挙区で選出された議員の所属政党の多数党・少数党ステイタスによって生じたものなのかが区別できていないのである。

　実証研究で得られた経験的知見にもとづいて理論を修正するという観点から言うと，これは大きな問題である。現象の説明や予測ができる優れた理論モデルを構築するためには，どのようなメカニズムをつうじて観察されたパターンが生じたのかが特定されなければならないからである。つまり，連邦支出や補助金の分配への政党の影響があることを経験的に確かめられたとしても，それだけでは十分ではないのである。連邦支出や補助金の分配パターンに見られる政党の影響が，党派による選好の異質性のみから生じたものなのか，それとも議員や委員が所属する政党の多数党・少数党ステイタスにもとづく差別的な配分が行なわれた結果生じたものなのか，あるいはこれらの両方のメカニズムの総合として生じたものなのかを特定する必要がある。

　このような課題を克服するためには，党派による選好の異質性と議員や委員の所属する政党の多数党・少数党ステイタスの補助金の分配への影響を実証研究において分離して捉えることが求められる。実際に初めてそれを試みたのが Albouy（2013）である。彼のアプローチは，1980 年から 2003 年までの比較的長期のデータ（上院あるいは下院はこの期間に多数党の交代というイベントを何回か経験している）を利用して，考えられる複数の種類の政党の影響を分離するというものであった。

　しかし，彼のアプローチには 2 つの問題がある。1 つは，既述のように，多数党の交代というイベントは戦後の連邦議会の歴史上まれにしか起こっていないことである。たしかに，彼が観察期間として選んだ 1980 年から 2003 年までに，上院では多数党の交代が 4 回あった。しかし，下院については，同じ期間に多数党の交代は 1 回しかなかったのである。したがって，信頼できる結果を得るのに必要な多様性が不足しており，党派による選好の異質性をコントロールしつつ，多数党・少数党ステイタスの分配への影響を検出することは難しい。

　もう 1 つの，より深刻な問題は，彼のアプローチにおいては多数党の地位

を得たときに民主党と共和党が同じように行動すると暗黙に想定していることである。連邦支出や補助金の分配において，両党ともに自党の議員を優遇するだろうというのは，直感的にはもっともらしい予測であるし，先行研究でもその予測を支持する結果を得たものがある[19]。

　しかし，民主党と共和党が便益の分配について非対称な行動をとるということはあり得る。つまり，一方は連邦支出や補助金の分配に関して自党の議員を優遇し，他方はそのような差別をしないということも考えられる。例えば，第112議会（2011年〜2013年）と第113議会（2013年〜2015年）の共和党多数の下院で行なわれていたイヤーマークのモラトリアム（一時停止）は，民主党議員が提案者や賛同者になっているもののみならず，共和党議員が提案者や賛同者になっているものにも適用されていた。したがって，少なくともイヤーマークに関しては，共和党下院議員は，多数党に所属していても分配上優遇されていたわけではない。このような経験的な事実は，多数党の地位にあるときに，政党が便益の分配に関して非対称的な行動をとるという可能性を先験的に排除することが賢明ではないことを示している。

　さらに，本書の関心にひきつけて言うならば，アルブイが検証した党派による選好の異質性の影響や多数党・少数党ステイタスの影響は議場レベルのものであり，委員会や小委員会のレベルにおけるそれらの影響については考慮されていない（彼の分析には，関連する委員会のメンバーシップを表わす変数が用いられていない）。

　以上から，本章の分析においては，アルブイとは異なるアプローチをとる。しかし，彼が提示した理論モデルは一考に価するので以下で紹介しておこう。彼は，先行研究においては，なぜそしてどのようにして政党が連邦支出や補助金の分配に影響を与えるのかが十分に説明されていないと批判した。そして，政党が連邦支出や補助金の分配に影響を与えるメカニズムについて，以下の3つが考えられると主張した。

　第1のメカニズムは，党派による選好の異質性の影響である。政党は，もともと選好の近い者たちによって形成された集団であり，これらの集団に所属する者はそれぞれ好むタイプの連邦支出が異なっていると考えるのは自然である。この選好の異質性が，連邦支出や補助金の分配パターンに現れる。

第7章　多数党の交代の影響　│　173

第2のメカニズムは，所属する政党の多数党・少数党ステイタスによる提案機会の差の影響である。法案を作成して議院に提出することは，議員であれば多数党に所属していようが少数党に所属していようが自由にできる。しかし，その法案が付託された委員会から議場に上げられ審議される可能性は，法案を提出した議員が所属している政党が多数党であるか少数党であるかによって大きく異なる。いかなる委員会においても相対的多数を占めているのは制度上多数党だからである。また委員会の審議において発言機会を与える権限をもっている委員長も多数党に所属する者から選ばれる。したがって，実質的には所属している政党が多数党であるか少数党であるかによって提案者になることができる機会に差があることになる。交渉に関するいくつかの理論モデル（例えば，Baron and Ferejohn（1989）のシーケンス・モデル[20]）では，議題設定権をもつ者が便益の分配において有利な結果を得られることが示されている。それから類推するならば，議題設定権を有する多数党は集団として少数党に対して優位な立場にあり，多数党に所属する議員の期待獲得便益は，提案者になることができる機会の差を反映して，少数党に所属する議員のそれよりも高くなる。

　第3のメカニズムとして，多数党と少数党の間における結託形成費用の差の影響が考えられる。もし議員たちが同じ政党に所属する議員と結託を形成することを好む傾向，すなわち同じ政党の議員を優先して結託に組み入れる傾向があるのならば，過半数の賛成を得るのに多数党の議員はより少ない票を外（少数党の議員）から調達すればよい。他方，少数党の議員は，より多くの票を外（多数党の議員）から調達しなければならない。言いかえれば，集団としての少数党は，過半数の票を得るときに支払うべきコストが集団としての多数党よりも高い（より多くの票を外から買わなければならない）。そればかりか，この票の買収コストをより少ない人数で負担しなければならないのである（定義上，少数党の議員の数は多数党の議員の数よりも少ない）。このように集団としてだけでなく個人としても高い買収コストを支払わなければならない分，少数党に所属する議員の1人あたりの期待獲得便益は，多数党に所属する議員のそれよりも低くなる。

　本章の分析においては，アルブイのように提案機会の差の影響と外部から

の票の買収コストの差の影響とを区別しない[21]。これらは，合わせて多数党・少数党ステイタスの影響とされる。本章の分析において区別するのは，集計された多数党・少数党ステイタスの影響と党派による選好の異質性の影響のみである。

また，既述のように，本書では多数党ステイタスを得たときの政党の行動が非対称的である可能性についても考慮する。以下の2種類の行動の非対称性を考える。1つは，多数党になったときに自党と他党の議員を分配に関して差別的に取り扱うか否かということである。もう1つは，委員会のメンバーへの傾斜的な補助金配分を認めるか否かということである。

便益の分配への政党の影響は，委員会のメンバーについてだけでなく，そうでない者についてもあると予測するが，以下では前者に着目して議論を進める。政党が委員会メンバーシップと獲得される便益の関係をどのように変えるのかという問題に関心があるからである。

委員会レベルにおいて観察される，便益の分配への政党の影響は，党派による選好の差異，多数党による自党・他党のメンバーの差別，そして多数党による委員と非委員の差別の総合効果だと考えられる。これらの異なるメカニズムの影響を識別するために，本章の分析では連邦議会の両院で多数党が同時に交代したときの補助金の分配パターンの変化（あるいは無変化）を観察するという方法をとる。Albouy（2013）の方法を交差項アプローチと呼ぶならば，われわれのアプローチはサブサンプル・アプローチである。この方法の詳細については第7節で解説する。その前に次節で仮説を提示し，検証可能なかたちに特定化する。

6 仮説の特定化

以下で行なわれる分析の目的は，政党がどのようなメカニズムをつうじて補助金の分配に影響を及ぼすかを同定することである。前節で述べたように，委員会メンバーシップと獲得される便益の関係に現れる政党の影響は，党派による選好の異質性，多数党による自党と他党のメンバーの差別，多数党に

よる委員と非委員の差別の総合効果だと考えられる。本章の分析においては多数党が代わったときに，委員会メンバーシップと獲得される便益の関係がどのように変わるかを観察することで，これらのメカニズムを識別することを試みる。

　本章でも，重回帰分析を方法として採用する。多くの説明変数は，前の2つの実証研究と重複するが，本章においては政党の影響を表わすいくつかの変数が追加される。また，本章では委員会メンバーシップ変数は，議院と管轄による区別に加え政党によっても区別される。したがって，8つの委員会メンバーシップ変数（2つの議院×2つの管轄×2つの政党）が設けられる。計量モデルに含まれる変数の採用理由，定義，測定法の詳細については，第4章を参照していただきたい。

　分析対象は，国立公園局が州政府や地方政府に支給している公園事業補助金である。ただし，分析に用いられるデータは，共和党が連邦議会の両院で多数党であった時期（2004年度と2006年度）と民主党が連邦議会の両院で多数党であった時期（2008年度と2010年度）に分けられる。つまり，2つのサブサンプルを分析に用いる。これらのサブサンプルの分析結果を比較し，多数党の交代による補助金の分配パターンの変化の有無や態様を確かめる。後で詳しく説明するように，分配パターンの変化あるいは無変化を観察することによって，党派による選好の異質性，多数党による自党と他党の議員の差別，多数党による委員と非委員の差別の3つのメカニズムのどれが観察される分配パターンを生じさせているのかを推察できる。

　本章で検証する仮説は3つある。1つめは，分配理論から導出されるものである。

　仮説1：他の条件を一定として，公園事業を管轄する小委員会のメンバーのいる州は，小委員会のメンバーのいない州よりも，人口1人あたりの公園事業補助金の受給額が多い。

　また，多数党ステイタスと獲得される便益の関係について検証した先行研究で得られた経験的知見や，第5節で紹介したアルブイ・モデルの理論的知見から，2つめの仮説が導き出される。

　仮説2：他の条件を一定として，多数党に所属する上院議員や下院議員が

より多い州では，人口1人あたりの公園事業補助金の受給額がより多い。

さらに，議場レベルだけでなく委員会レベルにおいても，アルブイ・モデルの議論（多数党の方が議題設定権や外部からの票の買収コストの負担の点で有利であり，それが所属政党による議員の期待獲得便益に差をもたらす）が適用できると考えると，3つめの仮説が導き出される。

仮説3：他の条件を一定として，多数党に所属する委員会のメンバーがいる州の人口1人あたりの公園事業補助金の受給額は，少数党に所属する委員会のメンバーがいる州よりも多い。

以下では，これらの3つの仮説を検証する。次節において，仮説検証に用いる計量モデルについて解説し，その後に補助金の分配への政党の影響のメカニズムを識別する戦略について述べる。

7 計量モデルとメカニズムの識別戦略

(1) 計量モデル

本章で分析に用いる計量モデルは，各州の人口1人あたり補助金受給額を被説明変数として，公園事業を管轄している連邦議会の両院の小委員会のメンバーシップを表わす変数と，コントロールのために用いられるその他の変数によってこれを説明する単一方程式システムである。なお，係数の推定はOLSで行なう。

本章の分析においては，共和党が議会の多数党であった期間の選挙年のデータを用いた分析と民主党が議会の多数党であった期間の選挙年のデータを用いた分析をそれぞれ行ない，その後にそれらの結果を比較する。分析に用いられるサンプルは時点数がそれぞれ2つであるので，固定効果モデルや変量効果モデルを利用することはできない。したがって，個体（州）の異質性を問題とせず，単純にプールしたデータを用いて平均的な関係を分析する。具体的には計量モデルは以下のようなものになる。

$$G_{it} = \alpha + \beta_1 X_{it} + \beta_2 Y_{it} + \beta_3 Z_{it} + u$$

切片 α はすべての州と時点に共通な非確率変数である。誤差項 u もすべての州と時点に共通であるが，こちらは確率変数である。誤差については，正規分布しており，他の説明変数と相関していないことを仮定する。被説明変数となっている G_{it} は，各州の人口1人あたりの公園事業補助金の受給額を表わす。説明変数群 X_{it} は連邦議会の両院に設置されている公園事業を管轄する複数の小委員会のメンバーシップを表わす変数で構成されたベクトルである。小委員会のメンバーシップは，議院，管轄，政党によって区別されているのでこのベクトルは8つの委員会メンバーシップ変数を含む。本章における関心は，小委員会のメンバーシップを表わす変数で構成されたベクトル X_{it} の係数ベクトルである β_1 の要素の全部または一部が有意にゼロとは異なりかつ正となるか否かにある。係数が正になることは，委員会メンバーシップにもとづく超過的な便益が存在することを意味する。説明変数群 Y_{it} と Z_{it} は，「他の条件を一定とする」ために，すなわちコントロールのために用いられる。これらのベクトルをモデルに含めるのは，各州の人口1人あたりの公園事業補助金の受給額には委員会メンバーシップのほかにも様々な要因が影響していると考えられるからである。説明変数群 Y_{it} には前期（1年度前）の人口1人あたり補助金受給額，各州の社会的・経済的・地理的な特徴を表わす複数の変数，そして時点については固有で主体については共通の効果を表す年度ダミー変数が含まれている。また，説明変数群 Z_{it} は委員会メンバーシップ以外の政治的変数を含むベクトルであり，これもコントロールのために用いられる。この変数ベクトルには，1票の重みを表わす各州の人口規模，委員会リーダーの有無，上院の小委員会のメンバーの選挙サイクルが含まれている。また，議場レベルにおける政党の影響をコントロールするために，下院については各州に割り当てられた議席のうち民主党が占めるシェアを変数として含めている。もし多数党ステイタスを得たときに両党が対称的にふるまい，分配上自党の議員を優遇するのならば，この変数の係数は共和党多数議会の下では負になり，民主党多数議会の下では正になると予測される。上院については，2つのダミー変数を用いて測る。このダミー変数

の定義とそれを採用した理由については，コラムEを見ていただきたい。

（2）メカニズムの識別戦略

　既述のように，本章の分析では，委員会レベルにおいて，補助金の分配への政党の影響が，党派による選好の異質性，多数党による自党・他党の議員の差別，多数党による委員・非委員の差別の3つのメカニズムによって生じていると考える。これらの効果を識別するために，連邦議会の両院で多数党が同時に交代した時期のデータを用いて，サブサンプルの分析結果を比較するという方法をとる。以下では3つのメカニズムの具体的な識別戦略について解説する。

　本章の分析では，委員の所属する政党ごとに委員会メンバーシップ変数を設けている。これらの委員会メンバーシップ変数の係数の有意性や符号が，共和党が多数党であった時期と民主党が多数党であった時期とで変化しているか否か，変化している場合にはどのように変化しているかを観察する。そして，その観察結果にもとづいて，委員会メンバーシップと獲得される補助金の関係への政党の影響がどのメカニズムによって生じているのかを同定する。

　政党によって区別された委員会メンバーシップ変数の補助金の分配への影響については，いくつかのパターンが考えられる。例えば，委員会メンバーシップ変数の係数について，次のページのパターン1が観察されたとする。ここで○印は係数が有意であることを示し，その符号は正であるとする。このパターンは，どちらの党が多数党であっても委員会メンバーシップによる超過的な便益があり，その大きさに委員の所属する政党の多数党・少数党ステイタスによる違いがないことを表している（両方の政党の委員会メンバーシップ変数の係数が有意でかつ認識できる差があるときは，後述するように超過的な便益の少ない方を△で表わす）。このような場合，党派による選好の異質性もなく，委員の所属する政党の多数党・少数党ステイタスも分配には影響しないと推察される。つまり，補助金の分配において問題となるのは関連する委員会のメンバーシップのみである。このようなパターンが現れた場合，委

員会レベルでは政党の影響を考慮することはムダだということになる。この分配パターンは，補助金の分配を説明するのに政党の影響を考慮しない分配理論で十分であることを示している。

パターン1

	共和党多数議会	民主党多数議会
民主党所属委員	○	○
共和党所属委員	○	○

○…超過的な便益がある，×…超過的な便益がない

パターン2は，共和党多数議会においても民主党多数議会においても，政党別の委員会メンバーシップ変数の補助金の分配への有意な影響がまったく見られなかったことを示している（×印は係数が有意でないことを表わす）。このようなパターンが観察された場合は，分配に政党の影響があると考えてよい。

パターン2

	共和党多数議会	民主党多数議会
民主党所属委員	×	×
共和党所属委員	×	×

○…超過的な便益がある，×…超過的な便益がない

このパターンが観察される場合は，2とおりある。1つは，委員会が公園事業補助金に高い需要やニーズをもつ者で構成されていない場合である。もし分配理論が仮定しているように委員の指名過程が議員によって支配されており，政党はただそれを受容するだけの存在であるとするならば（自己選出の仮定），委員会が高い需要やニーズをもたない者で構成されるという事態は生じない。そのような者は，そもそもその委員会のメンバーに指名されることを要求しないからである。

委員会が管轄する便益について高い需要やニーズをもたない者で構成されるのは，政党が委員の指名過程を支配している場合である。多数党に所属する委員によって補助金の分配が政治的に操作されることが政党の評判を傷つけ，同じ政党に所属する他の議員の選挙上の命運に負の影響を与えることを多数党のリーダーたちがおそれるならば，あらかじめ委員会をそれが管轄し

ている便益について高い需要やニーズをもたない者で構成しようとするだろう。

　委員会の下位にある小委員会のメンバーはそれぞれの委員会の自治により決定されるので，政党は直接的には小委員会のメンバー構成を操作することができない（CRS, 2007b）。しかし，政党は小委員会の母体である委員会のメンバーの指名には大きな影響力をもっている（CRS, 2007a）から，管轄する便益とむすびつきの弱い選挙区で選出された議員で委員会を構成することができる。小委員会のメンバーは，委員会のメンバーから選ばれるので，政党は間接的に小委員会の管轄する便益とむすびつきの弱い選挙区で選出された議員で小委員会が構成されるように仕向けることができる。そのような場合，小委員会のメンバーに指名された者は超過的な便益の獲得に興味がないので，委員会メンバーシップによる超過的な便益は生じないと考えられる。

　もう1つの解釈は，たとえ小委員会のメンバーが高い需要やニーズをもつ者で構成されていても，政党が様々な手段をつうじて小委員会のメンバーによる補助金の分配の政治的操作を抑圧しているというものである。例えば，将来的に権威のある委員会への異動を考えている議員は，人事を掌握している党執行部に忠誠を誓い利己的な行動を慎むであろう。

　下院の多数党には，自党の委員による補助金の分配の政治的操作を防ぐ別の手段もある。下院の委員会が報告した法案を議場で審議する際には，通常それを保護する方向に作用する審議ルールが課されることが多いが，公園事業補助金に関する条項を含む内務に関する歳出法については議院規則で定められた以上の制約を課さないオープン・ルールで審議されるのが慣例となっている。したがって，下院の委員会から補助金の分配について委員を優遇するような法案が報告されたとしても，多数党は議場でそれを修正することができる。

　以上のような理由で，パターン2のように委員会メンバーシップ変数の係数がまったく有意にならない場合には，補助金の分配への政党の影響があると考えてよい。しかし，そのような政党の影響が委員指名過程において生じているのか，政策決定過程において生じているのかを特定することは，われわれが採用する方法ではできない。

パターン3が観察された場合はどう解釈すればよいだろうか。この分配パターンにおいては，共和党多数議会の下でも民主党多数議会の下でも，民主党に所属する委員会のメンバーのみが超過的便益を得ている。この場合は，超過的便益を得るには委員会メンバーシップだけで十分であるが，それを望むのは民主党に所属している委員会のメンバーのみだと解釈できる。つまり，観察された分配パターンは，委員会のメンバーの党派による選好の差異から生じていると判断できる。

パターン3

	共和党多数議会	民主党多数議会
民主党所属委員	○	○
共和党所属委員	×	×

○…超過的な便益がある，×…超過的な便益がない

パターン3と同様に，党派による選好の異質性が問題となるのがパターン4である。表中の○印も△印も委員会メンバーシップ変数の係数が有意であることを表わすが，○印は係数が正でかつより大きいことを表わし，△印が正でかつより小さいことを表わしている。つまり，両者には認識できる差がある。

この場合，どちらの政党が多数党であるときにも，委員会メンバーシップは超過的な便益をもたらすが，より多くを望むのは民主党に所属する委員たちである。このパターン4は，共和党も民主党も多数党であるときに委員会のメンバーへ傾斜的に補助金を配分すること，そして委員会レベルにおいては所属政党による差別が行なわれていないこと，また委員の間に党派による選好の異質性があり，それが便益の分配における超過分の差として観察されることを表している。

パターン4

	共和党多数議会	民主党多数議会
民主党所属委員	○	○
共和党所属委員	△	△

○…超過的な便益がある（より多い），△…超過的な便益がある（より少ない）

パターン 5 では，共和党が多数党であるときにも民主党が多数党であるときにも，多数党に所属する委員のみが超過的な便益を得ている。このパターン 5 が観察された場合は，以下のように推察できる。共和党の委員も民主党の委員も超過的便益を獲得しようとするという点で選好に異質性はない。しかし，実際に超過的な便益を得るために委員会メンバーシップだけでなく多数党ステイタスも必要である。このような分配パターンの変化を説明するためには，分配理論では不十分であり，委員が所属する政党の多数党・少数党ステイタスの影響を明示的に組み入れた修正を施さなければならない。

パターン 5

	共和党多数議会	民主党多数議会
民主党所属委員	×	○
共和党所属委員	○	×

○…超過的な便益がある，×…超過的な便益がない

パターン 6 では，委員会メンバーシップによる超過的便益はどちらの党が多数党であっても存在するが，分配は多数党に所属する委員により有利なものになっている。この場合，どちらの党の委員も超過的便益を獲得しようとするという点で選好に異質性はないが，多数党ステイタスが超過的な便益の大きさに差を生じさせている。つまり，便益の獲得において，多数党ステイタスが問題となる。したがって，このパターンが観察された場合も，分配理論では不十分で，委員の所属する政党の多数党・少数党ステイタスの影響を考慮した理論の修正が必要になる。

パターン 6

	共和党多数議会	民主党多数議会
民主党所属委員	△	○
共和党所属委員	○	△

○…超過的な便益がある（より多い），△…超過的な便益がある（より少ない）

パターン 7 では，民主党が多数党であるときのみ，所属する政党にかかわらず，委員会のメンバーが超過的便益を獲得している。そして，その超過的な便益の大きさに政党による有意な差がない。民主党多数議会において観察

第 7 章　多数党の交代の影響　| 183

されるパターンから考えると，委員の間に党派による選好の異質性はなく，また所属政党の多数党・少数党ステイタスによる差別も委員会レベルではないと考えられる。民主党多数党議会においてのみ委員会のメンバーが超過的便益を獲得できるのは，委員会のメンバーへの傾斜的な補助金の配分について，共和党は寛容でなく民主党は寛容であるからだと推察される。つまり，共和党多数議会の下では，高い需要やニーズをもつ委員会のメンバーの選好は抑圧され補助金の分配に現れず，民主党多数議会の下では，それが解放されて補助金の分配に現れたのである。

したがって，このパターンが観察された場合は，党派による選好の異質性や多数党による自党と他党の委員の差別はなく，委員への傾斜的な補助金の配分についての両党の寛容性の差のみが問題であることになる。政党が多数党の地位にあるときに非対称的な行動をとるならば，このような分配パターンが観察される可能性がある。

パターン 7

	共和党多数議会	民主党多数議会
民主党所属委員	×	○
共和党所属委員	×	○

○…超過的な便益がある，×…超過的な便益がない

本章で採用した政党の影響のメカニズムの識別戦略には限界がある。実は，係数の有意性を観察することで，いつでも3つのメカニズムを識別できるわけではない。例えば，パターン8やパターン9が観察された場合，党派による選好の異質性と多数党ステイタスの影響を分離できない。これらの分配パターンは，なぜそうなったのかを2通りに説明できる。

1つは，もともとあった党派による選好の異質性が委員会のメンバーへの傾斜的な補助金の配分に寛容な民主党が多数党となったことで現れたという説明である。もう1つは，民主党の委員も共和党の委員も同じように補助金について高い需要やニーズをもっているが，委員会のメンバーへの傾斜的な補助金の配分に寛容でない共和党多数議会においては抑圧され，民主党多数議会においては所属政党に応じた分配に関する差別的な取扱いがあるために，民主党に所属する委員会のメンバーだけが超過的便益を獲得できた（パター

ン8の場合)，または両党の委員とも民主党多数議会においてのみ超過的な便益を得られるが，多数党である民主党に所属する委員は差別的な取扱いによって少数党である共和党に所属する委員よりも大きな超過的便益を得られた（パターン9の場合）という説明である。このように，観察された分配パターンの変化によっては，便益の分配への政党の影響が党派による選好の異質性から生じているのか，多数党による自党と他党の委員の差別から生じているのかを識別できない。

パターン8

	共和党多数議会	民主党多数議会
民主党所属委員	×	○
共和党所属委員	×	×

○…超過的な便益がある，×…超過的な便益がない

パターン9

	共和党多数議会	民主党多数議会
民主党所属委員	×	○
共和党所属委員	×	△

○…超過的な便益がある（より多い），△…超過的な便益がある（より少ない）
×…超過的な便益がない

　これまでに挙げた複数の分配パターンでは，政党別の委員会メンバーシップ変数の係数が有意となるときは，その符号は必ず正であると仮定していた。しかし，潜在的には係数が有意かつ負になるケースも考えられる。冗長になるので，考えられるすべてのパターンを書き下して3つのメカニズムがどのように識別できるかについて解説することはしない。ここで確認しておきたいのは，補助金の分配への政党の影響には3つのメカニズムがあり，多数党が交代したときの分配パターンの変化を観察することでそれが識別できる場合があるということである。

8 │ 分布と相関

本節では,重回帰分析の準備として,2つのサブサンプルのデータの分布の正規性と説明変数間の相関について確認する。分布の非正規性や多重共線性は,パラメータの推定や有意性の検定に問題を生じさせるからである。

(1) 分布の正規性

当期の人口1人あたりの補助金受給額をインプリシット・プライス・デフレータを用いて実質額に直し,共和党が多数党であった時期の選挙年と民主党が多数党であった時期の選挙年のサブサンプルにまとめ,それぞれのサブサンプルにおいて中央値と平均値を比べてみると,いずれの時期においても中央値より平均値が大きく,分布が右に歪んでいることが分かる(表7-2(a)と(b))。また,前期の1人あたりの補助金受給額についても実質額に直しサブサンプルを構成し,中央値と平均値を比べてみると同様の傾向が見られる。人口規模についても同様に分布の歪みが見られる。失業率,旅行業従事者シェア,国立公園の数については,分布の歪みは1人あたり補助金額や人口規模ほど大きくないが,やはり分布が右に歪んでいることが分かる。これらの連続変数については,対数変換した値を分析に用いる。対数変換を施すことで分布の歪みは抑制される。

(2) 説明変数間の相関

説明変数について相関行列をチェックしたところ,対数変換を施した後のデータについては多重共線性が推定に影響することが懸念されるような高い相関を示すものはなかった。したがって,すべての説明変数を回帰式に含めて推定を行なった。OLSによる推定を行なった後に,VIF (Variance Inflation Factor) を計算したが,その値が多重共線性が問題になることを示す目安となる10を超えるものはなかった。

表7-2 連続変数の基本統計量

(a) 共和党が多数党であった時期の選挙年

	平均	中央値	標準偏差	最小	最大
人口1人あたり補助金（当期）	0.72	0.56	0.61	0.07	3.42
人口1人あたり補助金（前期）	0.69	0.50	0.62	0.07	3.39
失業率	4.81	4.80	1.00	2.90	7.60
旅行業従事者シェア	6.78	6.03	3.78	3.40	29.16
国立公園の数	1.04	1.00	1.55	0.00	8.00
人口規模	6105.56	4330.50	6564.92	509.00	36021.00
割り当てられた下院議席に占める民主党のシェア	0.42	0.38	0.29	0.00	1.00

観察数 = 96

(b) 民主党が多数党であった時期の選挙年

	平均	中央値	標準偏差	最小	最大
人口1人あたり補助金（当期）	0.54	0.35	0.49	0.08	2.33
人口1人あたり補助金（前期）	0.66	0.42	0.60	0.04	3.03
失業率	7.10	6.55	2.47	2.90	14.40
旅行業従事者シェア	6.84	6.10	3.83	3.44	29.90
国立公園の数	1.09	1.00	1.52	0.10	8.00
人口規模	6335.00	4536.50	6818.74	546.00	37349.00
割り当てられた下院議席に占める民主党のシェア	0.56	0.56	0.29	0.00	1.00

観察数 = 96
＊　人口は千人を単位とする
出所：著者作成

コラムE　議場レベルで政党の影響を表わす変数

　先行研究で得られた知見によれば，多数党の議員はより多くの補助金を獲得する傾向がある。共和党が多数党であった時期と民主党が多数党であった時期の比較を容易にするため，下院については民主党の議席シェアを多数党ステイタスがもたらす便益を表わす変数として用いた（共和党が多数党のときはこの変数の係数は負になり，民主党が多数党のときは正になる）。他方，上院については民主党が占める議席シェアを用いずに，以下の2つのダミー変数を用いた。このコラムではその定義と採用理由につい

て説明する。

われわれが用いた2つのダミー変数の1つは，各州に割り当てられた上院の2議席の両方が民主党の議員によって占められている場合に1をとり，そうでない場合に0をとるダミー変数である。もう1つのダミー変数は，各州に割り当てられた上院の2議席の片方が民主党の議員によって占められている場合に1をとり，そうでない場合に0をとる。

上院について単純な議席シェアを用いなかった理由は，どちらの政党についても各州に割り当てられた2議席を同じ政党の議員が占めている場合の方が，議席の片方を対立党の議員が占めている場合よりも多くの補助金を獲得できるという可能性を考えたからである。他の条件を一定とした場合の各州の政党議席シェアと人口1人あたりの補助金受給額の関係が，図E-1の(a)のような場合には単純に政党議席シェアを用いても図示されているような関係を見いだせるが，(b)のような場合にはそれができない。結果的には，これらのダミー変数は両方とも有意な係数をもたなかった。2つのダミー変数を回帰式から取り除いて，単純な議席シェアを代わりに用いても結果は同じであった。

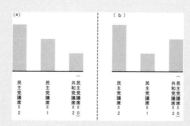

図E-1　上院議席シェアと人口1人あたり補助金受給額
出所：著者作成

9 ｜ 結果

表7-3に重回帰分析の結果がまとめられている。左側は，共和党が議会

表7-3　分析結果

	共和党多数 (2004・2006年度)	民主党多数 (2008年度・2010年度)
切片	2.17 * (1.04)	2.08 ** (0.72)
上院歳出小委員会（民主）	0.09 (0.17)	0.33 * (0.14)
上院歳出小委員会（共和）	0.22 (0.15)	0.34 * (0.16)
上院授権小委員会（民主）	-0.15 (0.18)	0.38 ** (0.14)
上院授権小委員会（共和）	0.14 (0.16)	0.05 (0.16)
下院歳出小委員会（民主）	0.02 (0.17)	0.09 -0.15
下院歳出小委員会（共和）	0.23 (0.17)	0.00 (0.17)
下院授権小委員会（民主）	-0.20 (0.17)	-0.06 (0.12)
下院授権小委員会（共和）	0.12 (0.15)	-0.09 (0.15)
失業率	0.56 . (0.32)	-0.04 (0.23)
旅行業従事者	0.19 (0.17)	0.15 (0.16)
国立公園の数	0.04 (0.04)	-0.07 (0.04)
北東部	0.31 . (0.18)	-0.21 (0.19)
中西部	0.48 ** (0.17)	-0.15 (0.18)
南部	0.11 (0.12)	-0.05 (0.13)
2006年度	0.17 (0.13)	
2010年度		-0.23 (0.15)
1期前補助金受給額	0.14 (0.14)	0.26 ** (0.09)
人口	-0.52 *** (0.10)	-0.34 *** (0.09)
上院民主2	-0.00 (0.14)	0.01 (0.16)
上院民主1	-0.04 (0.12)	-0.11 (0.15)
下院民主シェア	0.12 (0.19)	-0.28 (0.20)
委員会リーダー	0.02 (0.13)	0.06 (0.14)
上院選挙サイクル	0.06 (0.15)	-0.01 (0.12)
修正済み決定係数	0.52	0.58
F値 (p値)	7.04 (0.00)	11.05 (0.00)

Signif. codes : '***' 0.001 '**' 0.01 '*' 0.05 '.' 0.1
(　) 内は標準誤差
N = 96
出所：著者作成

の多数党であった期間の選挙年のデータを用いた分析の結果である。右側は，民主党が議会の多数党であった期間の選挙年のデータを用いた分析の結果である[22]。以下では，（1）共和党が議会の多数党であった期間，（2）民主党が議会の多数党であった期間の順に分析結果を報告する。

(1) 共和党が議会の多数党であった期間の分析結果

まず，共和党が議会の多数党であった期間の選挙年（2004年度と2006年度）のデータを用いた分析結果を報告する。関心の対象である委員会メンバーシップ変数について報告した後，コントロール変数である社会・経済・地理的変数，同じくコントロール変数であるその他の政治的変数の順に結果を報告する。

①委員会メンバーシップ
議院・管轄・政党別に設けた8つの委員会メンバーシップ変数の係数は，すべて有意にならなかった。共和党が議会の多数党であった期間の選挙年においては，委員の所属する政党が多数党であれ少数党であれ，委員会メンバーシップが超過的な便益をもたらすという仮説を支持する結果は得られなかった。

②社会・経済・地理的変数
（a）失業率　失業率は有意水準5％では有意にならないが，有意水準を10％まで緩めると有意な説明変数であった。その係数の符号は，予測されたとおり正であった。すなわち，共和党が議会の多数党であった期間の選挙年においては，失業率が高い州ほど人口1人あたり補助金受給額が多くなる傾向があった。
（b）旅行業従事者シェア，国立公園の数　各州の労働人口に占める旅行業従事者シェアと国立公園の数は，有意水準を10％まで緩めたとしても有意な説明変数にならなかった。つまり，共和党が議会の多数党であった期間の選挙年において，公園事業とむすびついていると考えられるこれらの変数は，

人口1人あたり補助金受給額に有意な影響を及ぼしていなかった。

(c) 地域ダミー　北東部の州であることを表わすダミー変数が有意水準10％で，中西部の州であることを表わすダミー変数が有意水準1％で，それぞれ有意な説明変数となった。これらの変数の係数の符号は正であり，参照地域である西部の州に比べて，北東部や中西部の州では人口1人あたり補助金受給額が多い傾向があることを表わしている。

(d) 年度ダミー　2006年度のダミー変数は有意な説明変数ではなかった。第4章において解説したように，参照年度である2004年度の公園事業補助金の支出総額よりも2006年度のそれは多いから，各州の補助金受給額も平均的には増加している（2006年度のダミー変数の係数が有意な正の符号をもつ）ことが予測されたが，そのような結果は得られなかった。つまり，共和党が多数党であった期間においては，公園事業補助金の支出総額と各州の人口1人あたり受給額の間には有意な関係がなかった。言いかえれば，公園事業補助金の支出総額が増えても，各州への分配額がそれによって増えるという傾向はなかったということである。これは，総支出額と分配額がリンクしておらず，支出総額の増分が不均質に配分されたということを表わしている。

(e) 前期の人口1人あたり補助金受給額　前期（2004年度については2003年度，2006年度については2005年度）における人口1人あたり補助金受給額は，当期の人口1人あたり補助金受給額に有意な影響を与えていなかった。つまり，前年度に人口1人あたり補助金受給額がより多かった州で今年度もそれがより多いというような傾向はなかった。

③その他の政治変数

(a) 人口規模（1票の較差）　1票の重みの代理変数として採用した人口規模は，有意水準0.1％でも有意な係数をもつ。その符号は予測されたとおり負であった。すなわち，人口の少ない（上院議員選挙において1票の重い）州ほど人口1人あたり補助金受給額が多い傾向があった。

(b) 政党別の下院議席シェア，上院議席ダミー　先行研究で得られた経験的知見によれば，多数党の議員は連邦支出や補助金の分配について優位性をもっているという。したがって，共和党が多数党であった期間には，各州に割り

当てられた下院議席のうち少数党であった民主党が占めるシェアと人口1人あたり補助金受給額との間には負の関係があることが予測された。しかし，分析結果からはそのような関係は見出せなかった。

また，上院については，各州に割り当てられた2議席が両方とも民主党によって占められている場合でも，片方が民主党によって占められている場合でも，その州の人口1人あたり補助金受給額に有意な影響はなかった。

（c）両院の委員会のリーダー　制度上，委員会のリーダーは，委員会のメンバーの中でも特別な地位にあると考えられ，彼らを抱える州は，その政治的影響力の恩恵によって，人口1人あたりで見てより多くの補助金を獲得していると予測された。しかし，委員会や小委員会レベルの長や少数党の筆頭を務める議員がその州にいることを表わすダミー変数は，たとえ有意水準10％を採用したとしても有意な説明変数にはならなかった。つまり，共和党が多数党であった時期の選挙年において，その州で選出された議員の中に，公園事業を管轄する委員会や小委員会のリーダーがいたとしても，それは超過的な便益の獲得にはむすびついていなかった。

（d）上院の委員の選挙サイクル　各年度において，その州に上院の公園事業を管轄する小委員会のメンバーで選挙サイクルを迎える者がいることを表わすダミー変数は，たとえ有意水準10％を採用したとしても有意な係数をもたなかった。つまり，上院の小委員会のメンバーの選挙サイクルは，各州の人口1人あたり補助金受給額と有意な関係がなかった。

（2）民主党が議会の多数党であった期間の分析結果

次に，民主党が議会の多数党であった期間の選挙年（2008年度と2010年度）のデータを用いた分析結果を報告する。

①委員会メンバーシップ

有意水準5％を採用すると，議院・管轄・政党別に設けた委員会メンバーシップを表わす8つの変数のうち，3つが有意な説明変数であった。それらは，民主党に所属する上院の歳出小委員会のメンバー，共和党に所属する上

院の歳出小委員会のメンバー，民主党に所属する上院の授権小委員会のメンバーがいることを表わす変数である。有意になったこれらの変数の係数の符号は，すべて予測されたとおりに正になった。つまり，これらの小委員会のメンバーがいる州は，同じ条件の委員のいない州よりも，人口1人あたり補助金受給額が多い傾向があった。しかし，他の5つの委員会メンバーシップ変数については，有意水準を10％まで緩めても有意な説明変数にならなかった。

　有意な説明変数になった委員会メンバーシップ変数についてより詳しく見てみると，以下のことが分かった。上院の歳出小委員会のメンバーは，多数党である民主党に所属する委員であっても，少数党である共和党に所属する委員であっても，超過的な便益を得ており，これらの超過的な便益の大きさについては所属する政党の多数党・少数党ステイタスによる有意な差がなかった。その州に多数党である民主党に所属する上院の歳出小委員会のメンバーがいることを表わす変数の係数の値は0.33であった。また，少数党である共和党に所属する上院の歳出小委員会のメンバーがいることを表わす変数の係数の値は0.34であった。これらの係数の推定値は，互いに標準誤差1つ分の中に収まっており，有意な差はないと言える。他方，上院の授権小委員会のメンバーについては，多数党である民主党に所属する者だけが超過的な便益を得ていた。

②社会・経済・地理的変数
（a）**失業率**　失業率は，たとえ有意水準が10％でも有意な説明変数にはならなかった。すなわち，共和党が多数党であった期間の選挙年とは異なり，民主党が多数党であった期間の選挙年においては，人口1人あたり補助金受給額は，その州の失業率の水準と有意な関係がなかった。
（b）**旅行業従事者シェア，国立公園の数**　旅行業従事者シェアや国立公園の数も，有意水準を10％まで緩めたとしても有意な説明変数ではなかった。つまり，民主党が多数党であった期間の選挙年において，公園事業と関連があると考えられるこれらの特性は，その州の人口1人あたり補助金受給額と有意な関係がなかった。この結果は，共和党が多数党であった期間の選挙年

のデータを用いた分析結果と同じである。

（ｃ）地域ダミー　3つの地域ダミー変数は，有意水準を10％まで緩めても，すべて有意な説明変数にはならなかった。つまり，この期間の選挙年において，参照地域である西部の州と北東部・中西部・南部の州の間に，人口1人あたり補助金受給額に関する有意な差はなかった。

（ｄ）年度ダミー　2008年度の公園事業補助金の支出総額をベースとすれば，2010年度のそれは少なくなっているから，各州の補助金受給額も平均的には減少していることが予測された。しかし，2010年度のダミー変数の係数は，予測されたとおりに負の符号をもつものの，有意水準を10％まで緩めたとしても有意な説明変数とはならなかった。つまり，公園事業補助金の支給総額と人口1人あたりで見た各州への分配額は傾向的にリンクしていないことになる。この結果は，共和党が多数党であった期間の選挙年のデータを用いた分析結果と同じである。

（ｅ）前期の人口1人あたり補助金受給額　前期（2008年度については2007年度，2010年度については2009年度）の人口1人あたり補助金受給額の係数は，有意水準1％で有意となり，その符号は予測どおり正であった。共和党が多数党であった期間とは異なり，民主党が多数党であった期間には，前年度と今年度の人口1人あたり補助金受給額の間に有意な正の関係があり，前年度に人口1人あたり補助金受給額がより多かった州において，今年度も人口1人あたり補助金受給額がより多いという傾向があった。

③その他の政治変数

（ａ）人口規模（1票の較差）　共和党が多数党であった期間の選挙年のデータを用いた分析で得た結果と同様に，民主党が多数党であった期間の選挙年のデータを用いた分析においても，人口規模は有意水準0.1％で有意な係数をもっていた。また，その符号は予測されたとおり負であった。すなわち，民主党が多数党であった期間の選挙年においても，人口の少ない（上院議員選挙において1票が重い）州ほど，人口1人あたり補助金受給額が多い傾向があった。したがって獲得された補助金の額に，1票の較差の有意な影響があることは，多数党がどちらであっても変わらない。

(b) 政党別の下院議席シェア，上院議席ダミー　共和党が多数党であった期間の選挙年のデータを用いた分析結果と同様に，各州に割り当てられた上院の2議席が両方とも民主党に所属する議員によって占められている場合でも，片方が民主党に所属する議員によって占められている場合でも，その州の人口1人あたり補助金受給額に有意な影響はなかった。下院についても，各州に割り当てられた議席のうち民主党が占めるシェアは，その州の人口1人あたり補助金受給額に有意な影響を及ぼしていなかった。

(c) 両院の委員会リーダー　共和党が多数党であった期間の選挙年のデータを用いた分析結果と同様に，その州が委員会や小委員会の長や少数党筆頭を務める議員を抱えていることを表わすダミー変数は，有意水準10％でも有意な説明変数にはならなかった。つまり，多数党がどちらであっても公園事業補助金については，その州から選出された議員が委員会あるいは小委員会のリーダーを務めていることで，超過的な便益を獲得できるわけではない。

(d) 上院の委員の選挙サイクル　各年度においてその州に選挙サイクルを迎える上院の関連する小委員会のメンバーがいることを表わすダミー変数は，有意水準10％でも有意な説明変数にならない。言いかえれば，民主党が多数党であった期間の選挙年において，公園事業を管轄する上院の小委員会のメンバーの選挙サイクルは，各州の人口1人あたり補助金受給額に有意な影響を及ぼしていなかった。この結果は，共和党が多数党であった期間の選挙年のデータを用いた分析結果と同じである。

10　考察——メカニズムの特定

　共和党多数議会と民主党多数議会の下における，委員会メンバーシップによる超過的な便益の有無を，上院の歳出小委員会，上院の授権小委員会，下院の歳出小委員会，下院の授権小委員会のそれぞれについて，政党別にまとめたのが表7–4の①から④である。

　上院の歳出小委員会については，共和党が多数党であった時期には，関連する小委員会のメンバーシップにもとづく超過的便益は確認できなかったが，

表7-4 委員会メンバーシップと便益の分配の
パターン

①上院の歳出小委員会

	共和党多数議会	民主党多数議会
民主党所属委員	×	○
共和党所属委員	×	○

②上院の授権小委員会

	共和党多数議会	民主党多数議会
民主党所属委員	×	○
共和党所属委員	×	×

③下院の歳出小委員会

	共和党多数議会	民主党多数議会
民主党所属委員	×	×
共和党所属委員	×	×

④下院の授権小委員会

	共和党多数議会	民主党多数議会
民主党所属委員	×	×
共和党所属委員	×	×

○…超過的な便益がある。×…超過的な便益がない
出所:著者作成

　民主党が多数党であった時期には,小委員会のメンバーシップにもとづく超過的便益が観察された。これは,共和党多数議会においては抑圧され潜在化していた小委員会のメンバーの高い需要が,小委員会のメンバーへの補助金の傾斜的な配分について寛容な民主党が多数党になったことで顕在化したのだと解釈できる。また,民主党多数議会の下では,上院の歳出小委員会のメンバーは,所属する政党にかかわらず超過的な便益を得ていることから,委員会のメンバーの選好はもともと同質的であり,状況が許すのならば所属政党にかかわらずどちらも超過的な便益の獲得を望むと考えられる。さらに,獲得された超過的便益の大きさに所属政党による有意な差がないことから,分配に関して委員の間で差別がないことが推察できる。

　他方,同じ民主党多数議会の下でも,上院の授権小委員会のメンバーシッ

プの補助金の分配への影響は，同じ議院の歳出小委員会のメンバーシップの影響とは異なっていた。上院の授権小委員会については，多数党である民主党に所属するメンバーだけが超過的な便益を得ていたのである。少数党である共和党に所属するメンバーのいる州は，同じ条件の，委員のいない州と比べて超過的な便益を得ていなかった。

　上院の授権小委員会の場合には，分配パターンの変化を観察しても，所属政党による分配に関する差がもともとあった党派による選好の異質性から生じているのか，多数党である民主党が分配に関して自党と他党のメンバーを差別的に取扱ったからなのかを区別することができない。民主党に所属するメンバーは高い需要をもっているが，共和党に所属するメンバーはそうではなく，そのような選好の異質性が小委員会のメンバーへの補助金の傾斜的な配分について寛容な民主党が多数党になったことで顕在化したのだという解釈もできるし，民主党に所属するメンバーも共和党に所属するメンバーも同じ程度の高い需要をもっているが，小委員会のメンバーへの補助金の傾斜的な配分について寛容な民主党が多数党になったことで超過的な便益の獲得が可能になったのが民主党に所属するメンバーだけだったという解釈もできる。しかし，委員会メンバーシップと獲得される便益の関係がそのときの多数党がどちらの政党であるかに依存しているということだけは確かである。

　下院の歳出小委員会と授権小委員会については，多数党が交代した前後で分配パターンに変化がなかった。これらの小委員会のメンバーは，所属政党がどちらであるかにかかわらず，また多数党がどちらであるかにかかわらず，メンバーシップにもとづく超過的な便益を得ていなかったのである。下院の小委員会において，メンバーシップにもとづく超過的な便益が存在しないのは，政党が委員指名において高い需要をもつ議員を避けたからなのか，小委員会のメンバーは高い需要をもつ議員で構成されているが，政党が介入して彼らによる補助金の配分の操作を防いだからなのかは分からない。いずれにしても，このようなパターンが見出されたことは，委員指名過程か政策決定過程，あるいはその両方に政党が影響を及ぼしていることを表わしており，政党の影響を考慮からはずしている分配理論の予測とは矛盾している。

11 | 結論——政党が便益の分配に及ぼす影響

 一般に,選挙民志向の委員会は,特定化された便益(誰がそれを獲得したかが分かり選挙民に功績を主張できる便益)を供給する超党派的な互助組織だとみなされており,そのメンバーは分配理論の仮定や予測にもっとも沿うように行動すると考えられている。しかし,1970年代以降の連邦議会における政党の影響力の増大と1980年代以降に顕著に見られるようになった政党間の激しい対立を経験した後に,議会で決定される政策への政党の影響を先験的に考慮から外してしまうことは賢明ではない。たとえ超党派的な互助組織だと考えられている選挙民志向の委員会が管轄する便益であっても,分配には政党の影響が及んでいるかもしれない。実際,近年は連邦支出や補助金の分配に政党が影響を及ぼしていることを前提として分析を行なうことが主流になっており,様々な知見がもたらされてきた。

 しかし,これまでに行なわれたほとんどの実証研究では,使用されたデータの性質から,党派による選好の異質性と所属政党の多数党・少数党ステイタスの影響が峻別されていなかった。また,議場レベルの差異に比べて,委員会レベルの差異は取り上げられることが少なかったし,委員と非委員を分配上差別するか否かについて,政党が非対称的な行動をとることは想定されていなかった。したがって,委員会メンバーシップと便益の分配の関係に有意な政党の影響があることが確認されても,それがどのようなメカニズムによって生じているのかが明らかにされていなかったのである。

 本章では,両院における多数党の同時的交替という,戦後の米国の連邦議会の歴史において稀有なイベントを経験した時期のデータを用い,2つのサブサンプルの分析とそれらの結果の比較によって,政党の影響を生じさせている複数のメカニズムの効果を識別することを試みた。分析結果から得られた主要な知見は,以下のとおりである。

 ①委員会メンバーシップと獲得される便益の関係は,議院や管轄によって多様であるし,そのときの多数党がどちらであるかによって変わる。したがって,仮説1のような普遍的な予測は支持されない。

②議場レベルで見ると，多数党であるときに，政党は自党の議員を便益の分配において優遇しているわけではない。したがって，仮説2は支持されない。

③民主党多数議会において，上院の歳出小委員会のメンバーは，所属する政党にかかわらず超過的な便益を獲得しており，その大きさに所属政党の多数党・少数党ステイタスによる有意な差がなかった。このことは，小委員会のメンバーのうち多数党に所属する者だけが分配上優遇されるわけではないことを表わしている。したがって，仮説3は支持されない。

④共和党多数議会においては，委員会メンバーシップによる超過的な便益は上院でも下院でもまったく観察されなかったが，民主党多数議会においては，上院の小委員会のメンバーシップによる超過的な便益が確認された。このことは，多数党であるときに，委員への傾斜的な補助金の配分に寛容である政党とそうでない政党があることを表わしている。言いかえるならば，政党は多数党であるときに委員を優遇するか否かについて非対称的な行動をとっている。

⑤多数党が交代したときの補助金の分配パターンの変化あるいは無変化を観察することで，政党の影響を，党派による選好の異質性，多数党による自党と他党の議員の差別という2つのメカニズムの効果に分離できる場合がある。

最後に，以上の分析結果から得られた知見が理論の発展にどのように寄与するかについて述べ，本章を閉じる。本章の分析結果は，伝統的な分配理論の説明力や予測力の不十分さを表わすものであった。分配理論は委員会メンバーシップと超過的な便益のむすびつきを普遍的なものだと予測しているが，得られた結果によればそうではなかったからである。委員会メンバーシップと獲得される便益の関係は，議院や管轄によって異なっており，また多数党が交代したときに変化していた。便益の分配への政党の影響のメカニズムを記述した Albouy (2013) の理論モデルも，多数党であるときに政党が対称的な行動をとることを仮定していることや，議場レベルの政党の影響だけを考え委員会メンバーシップの影響を考慮から外していることから，便益の分配への政党の影響を説明し予測するには不十分なものだと評価する。説明力

と予測力により優れた理論を構築するためには，議場レベルと委員会レベルの両方における政党の影響を考え，党派による選好の異質性や多数党・少数党ステイタスの影響，さらに多数党であるときに委員会のメンバーを分配上優遇するか否かについて，民主党と共和党が非対称的な行動をとることを明示的に考慮しなければならない。

　分配理論は連邦議会の歴史上政党がきわめて弱い影響力しかもっていなかった時代に生まれ発展した理論である。したがって，政党の影響力が増大した近年の連邦議会における分配政治を説明し予測するには単純すぎるものだと言えよう。また，条件依存政党政府理論，手続カルテル理論，議題理論のような政党の影響を考慮した議会組織の理論も，便益の分配については，明確な予測をなしえない。本章では，不完全ながらも，政党が委員会メンバーシップと獲得される便益の関係を多様にしたり変化させたりする複数のメカニズムの効果を識別する方法を提案した。また，その提案の前提として政党の影響という概念をより洗練させ，実証研究の結果を解釈する拠り所を示した。この2点において，理論の発展に重要な貢献をしたと自負する。

註
[1] 特に1910年代に起こった下院議長カノンへの反乱の後，委員会シニオリティは委員長を選出する際の唯一の基準となった。
[2] 議員総会を再活性化するための，この他の改革として，例えば下院の委員会の中でも特に重要である歳出委員会の下位に設置された小委員会の長に就任する際に，議員総会の承認が求められるようになったことが挙げられる。なお，他の委員会における小委員会の長の決定は，それぞれの委員会の自治に任せられており，下院民主党の議員総会の承認を経ることは求められない。
[3] それまで下院民主党では，党内の委員会が作成した委員長の指名名簿の全体について議員総会で採決か否決かの投票をすることで，各委員会の長を決めていた。1971年に，10人以上の民主党議員の賛同があれば，委員長の候補者のそれぞれについて個別に認否の投票を行なうことができるように議員総会規則が改められた。さらに1973年には，新しい規則によって「10人の議員の賛同」という条件がなくなり，自動的に個別投票が適用されるようになった。下院共和党でも委員長の選出に関する規則の変更が行なわれたが，それは民主党の改革よりも早期にかつ強力に推し進められた。例えば，下院共和党では，1971年にはすでに自動的個別投票が採用されていた。
[4] Rohde (1991, Chapter 3) では，歳出委員長を務めたジェームズ・ウィッテンの政党一体投票スコアが，委員長に任命された直後から劇的に向上した例が紹介されている。また，所属議員の政党への忠誠度を向上させる有効な策と

して，委員会，特に議院内で位の高いそれらのメンバーへの指名が政党執行部によって利用されていたことも示されている。委員指名を忠誠度を高めるインセンティブとして利用する政党の行動については，Crook and Hibbing (1985) および Corker and Crain (1992) も見よ。

[5] 政党再編成に関する議論については，Paulson (2000) や藤本 (1988) を見よ。

[6] 南部の州の黒人有権者は，それまで文盲テストや納税額などの人種によらない要件や，白人保守層による直接的な暴力の脅威によって，投票権を行使することを実質的に妨げられていた。

[7] 投票における党派を超えた保守派の連合は，保守結託 (conservative coalition) と呼ばれた。

[8] 下院の総議席数は 435 であるが，1975 年から始まった第 94 回連邦議会ではこのうち 291 議席を民主党議員が占めていた。この 291 議席のうち 92 議席 (31.6%) が，1974 年の議会選挙で当選した新人議員によって獲得されたものであった。1976 年の選挙ではこれに加えて 62 名の民主党の新人議員が当選し下院に参入した。

[9] 例えば，1970 年代に上院は委員会の最終折衝（マークアップ）を原則として公開するように変更した。委員長の選出は，秘密投票によって行なわれるようになり，長やメンバーを兼務できる委員会の数は制限されるようになった。さらに，少数党に割り当てられる委員会スタッフの数を増やしたり，若手議員が委員会スタッフの支援を受けられるようにしたりした。(Deering and Smith, 1997, Chapter 2)。

[10] これらの政党理論は，合理的選択論と方法論的個人主義を基礎にしている実証理論であるという点で共通している。

[11] 代表的なものに，Schattschneider (1942) がある。

[12] 他方で，政党のリーダーにも適切な権限行使のインセンティブを与えるために，彼らの職業的命運が政党の評判に大きく依存するよう仕組まれている。政党が多数党の地位を失えば，彼らは要職から追放され影響力を失う。

[13] それまでに政党の影響を考慮した分配政治の実証研究がまったく行なわれていなかったわけではない。例えば，Ferejohn (1974) を見よ。

[14] レビットとシュナイダーは，多数党である民主党の議員が選出された選挙区で補助金の受給額が多くなっているか否かについても検証した。しかし，得票率をコントロールすると，民主党議員を選出した選挙区が補助金の分配に関して優遇されていることを示す証拠は得られなかった。

[15] Ansolabehere and Snyder (2006) は，州政府が郡に支給している補助金の分配について分析したものだが，非常に興味深い知見を得ている。彼らは，州政府が民主党統一政府や分割政府であるときには民主党議員の得票率が高い郡ほどより多くの補助金を受け取る傾向があるが，共和党統一政府の下では，逆に民主党議員の得票率が高い郡ほど補助金受給額が少ない傾向があるのを見出した。

[16] ただし，各選挙区において実施される事業への補助額の総計について見ると，多数党である共和党の委員の選挙区と少数党である民主党の委員の選挙区で大きな差はなかった。

[17] Rundquist and Carsey (2002) が上院の委員会のメンバーシップの影響に

ついて得た結果は一見奇妙なものだった。民主党に所属する委員のメンバーシップの分配への効果は，予測に反して負だったのである。つまり，多数党である民主党に所属する委員がいる州は，少数党である共和党に所属する委員がいる州はおろか，委員のいない州よりも分配額が少ない傾向があるということになる。しかし，議員のイデオロギーをあわせて考えることで，説得力のある説明ができた。彼らの分析結果によれば，イデオロギー指標と委員会メンバーシップの交差項も有意な変数となった。そして，この交差項と委員会メンバーシップの総合効果を考えると，民主党に所属する保守的なイデオロギー嗜好の委員を抱える州は，同じようなイデオロギー嗜好をもつ議員を選出した委員のいない州よりも，公共調達の分配額は有意に多い傾向があった。

[18] 表7-1にあるように，共和党は第80連邦議会（1947年～1949年），第83連邦議会（1953年～1955年）では両院で多数党の地位にあったが，その後1995年に再び両院で多数党となるまで40年間を要した。ちなみに，第97連邦議会から第99連邦議会（1981年～1987年）においては，共和党は上院のみで多数党の地位にあった。

[19] ただし，党派による選好の異質性がコントロールされていないため，純粋な多数党ステイタスの効果とは言いがたい。

[20] Baron and Ferejohn (1989) のシーケンス・モデルは，以下のようなものである。まず，集団の構成員からランダムに提案者あるいは議題設定者が選択される。次に彼／彼女が提案を行い，過半数の賛成が得られればそこでゲームは終わる。ある時点においてなされた提案に賛成する者は，現在彼らに提案されている利得がゲームを続けることの価値を上回る者である。ゲームを続けることの価値を計算する場合，将来得られる利得は割引要因によって調整されている。また，この割引要因の値は，個人によって異なっている。割引要因は一度築かれた勝利結託を安定させる機能を果たしている。提案者はもっとも低いコストで過半数の票が得られるように各人に利得を提示する。仮定により，この提案は修正できない。つまり，提案された側はそれを受け入れるか拒否するかしかない。このようなルールによって，提案権の保有者にレントが保証される。過半数の賛成が得られない場合はゲームが続けられ，再度ランダムに提案者が選ばれる。彼らのモデルを包含するいわゆるセッター・モデルに関しては，Romer and Rosenthal (1978) や Rosenthal (1990) も見よ。

[21] もっとも Albouy (2013) においても，提案機会の差の影響と外部からの票の買収コストの差の影響が明確に区別されているとは言いがたい。彼の論文の実証分析の部分では，前者は，後者をコントロールしたときの多数党ステイタスの残余効果として消極的に定義されているからである。

[22] 共和党が議会の多数党であった期間の選挙年のデータを用いた分析では，推定を FGLS (Feasible Generalized Least Square) で行なった。これは，Breusch-Godfrey 検定の結果，データに AR(1) の系列相関があることが確認されたからである（p値= 0.00）。他方，民主党が議会の多数党であった期間の選挙年のデータを用いた分析では系列相関は確認されなかったので（p値= 0.49），推定を OLS で行なっている。また，分散不均一性については，人口規模を基準に各々のサブサンプルを二分し，Goldfeld-Quandt 検定を行なった結果，共和党が議会の多数党であった期間の選挙年のデータを用いた分析でも，民主党が議会の多数党であった期間の選挙年のデータを用いた分析でも，その

存在が支持されなかった（前者については p 値が 0.56，後者については p 値が 0.17 であった）。

第8章

再選戦略あるいは所属動機の影響

1 委員会と代表

　これまで本書では委員会メンバーシップを所与として，それが各州の人口1人あたりの公園事業補助金受給額に有意な正の影響を与えているか否かという問題を扱ってきた。関連する小委員会のメンバーシップを表わす変数は，計量モデルの中で外生変数として取り扱われてきたのである。このような分析方法は，委員会メンバーシップと獲得される便益の関係を検証する際に，先行研究において採られている標準的なものである。

　しかし，分配理論の理論的枠組みからすれば，委員会メンバーシップ変数を内生変数として扱う方がより適切なのかもしれない。第3章で述べたように，分配理論は，委員会メンバーシップによって超過的な便益を獲得しているという便益仮説のほかにも，議員による指名要求に関するリクルートメント仮説と委員会のメンバー構成に関する過剰代表仮説と呼ばれる仮説も同時に生み出す。後の2つの仮説は，委員会メンバーシップがシステム内において決定されるものであることを表わしている。

　リクルートメント仮説とは，再選を唯一の目的とする現職議員が選挙民から支持を得るために彼らの望む便益を供給できる委員会のメンバーになろうとするという仮説である。これに対して，過剰代表仮説は，委員会が管轄する便益について高い需要を持つ者だけが委員会に集まるので，そのメンバー構成が母体である議院を代表するものにならないという仮説である。分配理論が仮定しているように，委員指名が自己選出的に行なわれ，政党が現職議員からの指名要求を受容するだけの存在であるならば，議員たちはみな望む委員会のメンバーになることができる。その結果，特定の委員会の構成には選好に関する偏りが生まれ，議院の中で特定の便益に高い需要を持つ層を過

剰に代表することになる。言いかえるならば，委員会は「外れ値選好の持ち主」（preference outliers）によって構成される。

　先行研究のほとんどにおいて，便益仮説はリクルートメント仮説や過剰代表仮説とは独立に検証されてきた（後述するように例外として，Carsey and Rundquist, 1999；Rundquist and Carsey, 2002 がある）。本書においても，便益仮説を分配理論から導き出される他の仮説とは切り離して単独で検証するというアプローチを踏襲してきた。しかし，理論の説明力や予測力の評価という観点からすると，このようなアプローチには問題がある。

　いま現実のデータを用いた検証で便益仮説が反証されなかったとしよう。そのとき，リクルートメント仮説と過剰代表仮説の両方あるいは一方が反証されてしまったとしたら，これらの仮説を生み出した分配理論に便益の分配をめぐる政治を良く説明しているものだという評価を与えてもよいのだろうか。逆にリクルートメント仮説と過剰代表仮説は反証されなかったが，便益仮説が反証されてしまったとしたら，分配理論は便益の分配をめぐる政治を説明したり予測したりする力を欠いていると評価すべきなのだろうか。このように，理論から導出された仮説を現実のデータにあてて検証し，それを生み出した理論の妥当性を評価するという観点から考えると，3つの仮説が同時に反証されたときや同時に反証されなかったとき以外に，全体として分配理論に対してどのような評価を下せばよいのかが問題になる。

　便益仮説を単独で検証するという標準的なアプローチは，便益の分配が決定される過程だけに着目しており，委員会メンバーシップが決定される過程をまったく無視している。理論の説明力や予測力を評価するという観点からは，委員会メンバーシップが決定される過程と便益の分配が決定される過程は分離されるべきではない。便益の獲得を企図する議員が特定の委員会に集まり，そのメンバーシップによって超過的便益を得るというのが分配理論の予測だからである。

　分配理論は，選挙民の好む便益を獲得して彼らに功績を主張することを動機とする議員がそれらの便益の分配を管轄している特定の委員会のメンバーになろうとすることを予測する。しかし，もし別の動機から委員会のメンバーになる者がいるのならば，彼らの委員会メンバーシップは超過的な便益に

むすびつくとは限らない。

　現職議員が選挙民の支持を得る手段は，便益の獲得による功績の主張に限られない。分配理論の始祖である Mayhew（1974）は，議員が彼らの選挙民の支持を得ることを目的として行なう活動として，「功績の主張」のほかに「宣伝」や「立場の表明」があると論じた。宣伝とは，「自らの名前を有権者に好意的なイメージを持たせるようなかたちで，しかし争点の中身にほとんどあるいは全くかかわらないようなメッセージを通じてひろめるような取り組みすべて」（Mayhew, 1974，邦訳書 p.31）を指す。他方，立場の表明とは，「諸政治主体が関心を持ちそうな何らかの事柄について，判断を表わすメッセージを公的に発すること」（ibid，邦訳書 p.40）を指す。

　分配理論は，よりフォーマルなものに発展していく過程で，議員が選挙民の支持を獲得することを目的として行なう複数の活動のうち，便益の獲得による功績の主張だけを残して，他の活動を捨象してしまった[1]。多くのフォーマルな理論モデル，例えば，Rundquist and Ferejohn（1975），Weingast and Marshall（1988），Fiorina（1981b）においては，便益の獲得による功績の主張だけが議員が選挙民から支持を得る手段だということが明示的あるいは暗黙的に仮定されている。

　議員の活動のうち功績の主張だけを残した過度な単純化が，分配理論の説明力や予測力を損ねている1つの要因なのかもしれない。現実の世界を見渡してみると，選挙民に便益を供給することだけが議員が支持を得るための手段ではないことがすぐに分かる。近年のティー・パーティー運動とそれに支持された共和党議員の関係に典型的に見られるように，選挙民のイデオロギー嗜好を満たすこと，あるいはメイヒュー流に言うのであれば，宣伝や立場の表明によっても，彼らの支持を得ることは可能である[2]。

　これまでに，選挙民や議員の行動に関する分配理論の仮定が単純すぎることを表わす興味深い経験的知見が得られている。Sellers（1997）は，分配理論の仮定とは異なり，すべての選挙区で補助金の獲得と現職議員の得票率が正の関係にあるわけではないことを発見した。保守的な議員を選出した選挙区では，補助金を獲得することで逆に現職議員の得票率は低下していたのである。このような経験的知見からは，保守的な議員を選出した選挙区におい

ては，功績の主張よりも宣伝や立場の表明の方が再選戦略として有効なのかもしれないと言える[3]。言いかえるならば，議員たちは多様な選挙民の選好に応じて，それぞれ異なる再選戦略を採用しているのかもしれないということである。

　もしそうであるならば，現職議員が特定の委員会に所属する動機は，便益の獲得とそれにもとづく功績の主張だけに限られない。たとえ選挙民志向の委員会であっても，メンバーの所属動機は多様である可能性がある。なぜなら，選挙民志向の委員会には利益誘導の機会が豊富にあるので，それを批判する側にも多くの機会があるからである。したがって，選挙民志向の委員会のような，一般に再選のための超党派の互恵組織と考えられている委員会の中にも，選挙民に支持を訴える手段として，便益の獲得による功績の主張を選ぶ者もいれば，それを非難する内容の宣伝や立場の表明を選ぶ者がいるとしてもおかしくない。

　そして，近年の議会における激しい党派的な対立に鑑みると，議員によって選択される再選戦略あるいは特定の委員会への所属動機は概ね所属する政党のラインに沿って分かれていると考えられる[4]。現実の政治の観察から得られる民主党と共和党のそれぞれのイメージは，前者に所属する議員は便益の獲得による功績の主張によって選挙民の支持を得ようとし，後者に所属する議員がそれを糾弾することによって選挙民の支持を得ようとするだろうという直観的な予測をもたらす。また，共和党は長い間少数党であり続け，所属する議員は連邦支出や補助金の分配において劣位に置かれていたから，財政規律に関する彼らの信条からだけでなく，現実的な制約からも，共和党議員が再選戦略として功績の主張ではなく，宣伝や立場の表明を選択すると予測するのは自然なことである。

　もし委員会への所属動機が功績の主張であるならば，分配理論が予測するように，委員会メンバーシップと獲得される便益の間には正の関係があるだろう。他方で，もし委員会への所属動機が宣伝や立場の表明であるならば，特にそれが利益誘導を糾弾し財政規律を訴えるものであるならば，委員会メンバーシップと獲得される便益の間には正の関係はないだろう。

　このように委員会への所属動機が政党によって異なっており，その動機に

応じて委員会メンバーシップと獲得される便益の関係も異なっているという予測を確かめるには，以下のような手順を踏めばよい。まず政党によって区別された委員会メンバーシップ変数を被説明変数とし，それがどのような変数によって説明できるのかを分析する。有意な説明変数から議員たちが特定の委員会に所属する動機が推察できる。次に，委員会メンバーシップと獲得される便益の関係を検証する。最後にこの2つの分析結果を総合する。具体的には，委員会メンバーシップの決定過程の分析結果と便益の分配の決定過程の分析結果を照らし合わせたときに，特定のパターンが見出せるか否かを考察する。

このような3段階の検証は，委員会メンバーシップ変数を内生的に決まるものとして扱うことで可能になる。委員会メンバーシップ変数の内生化によって，委員指名過程と政策決定過程は1つのシステムに統合されて，分配理論から導き出された便益仮説，リクルートメント仮説，過剰代表仮説の3つの仮説が同時に検証できる。特定の委員会のメンバー構成がその委員会が管轄する便益とむすびついた選挙民や選挙区の特性に関して偏りをもっており，かつそのような構成の偏りがあるときに委員会メンバーシップと獲得される便益の間に有意な正の関係があることが確かめられれば，分配理論の3つの仮説は統合的に検証され，立証あるいは反証される[5]。

以下では次の手順で分析を進める。まず，準備として，第2節で「土地と水域の保全のための基金」について解説する。公園事業補助金は，この「土地と水域の保全のための基金」から資金を引き出している。この節の解説で明らかになるように，「土地と水域の保全のための基金」の利用については利害の対立がある。この利害の対立を反映して，公園事業を管轄する小委員会のメンバーの所属動機も多様なのかもしれない。

「土地と水域の保全のための基金」の主な支出用途は，①連邦政府による土地と水域の獲得，②州政府の活動の支援，③関連する他の目的への支出である。本章の実証研究において重要なのは後の二者である。これらの支出用途は，資金の獲得についてライバル関係にある。先に州政府の活動の支援について概要を述べ，その後に「その他の目的」への支出について解説する。

続いて，第3節において，委員指名過程に関連する代表的な3つの理論を

紹介し，それらの予測（仮説）を提示する。その後に，委員指名過程を支配しているのは誰か，議員による指名要求や委員会の構成に影響を及ぼしている変数は何かという2つの観点から，関連する実証研究の文献をレヴューする。前者については第4節で扱われ，後者については第5節で扱われる。第6節では，前の2節の文献レヴューの結果，同定された課題を示す。第7節ではこの課題を反映した仮説を提示しそれを検証可能なものに特定化する。続く第8節では，分析方法について解説する。最初に検証に用いる計量モデルについて解説する。その後，われわれと同じく委員会メンバーシップを内生変数として取り扱った先行研究である Carsey and Rundquist (1999) あるいは Rundquist and Carsey (2002) で採用されているモデルとの相違点について述べる。われわれの計量モデルは，彼らの研究で採られた方法の拡張であるが，いくつかの重要な違いがある。また，この節では分析方法として採用する構造方程式モデリングあるいは共分散構造分析についても解説する。構造方程式モデリングは，経済学者にあまりなじみがない方法なので，似ている方法と比較しながら類似点と相違点を示す。

　第9節では，分析の準備としてデータの分布と説明変数間の相関について確認する。分布の非正規性や多重共線性はパラメータの推定や有意性の検定に問題を生じさせるからである。続いて第10節において，分析結果を報告する。仮説検証に用いる計量モデルは非常に複雑であり多くの変数を含んでいるので，議論の焦点を絞るために，本文においては前期の1人あたり補助金受給額，当期の委員会メンバーシップ，当期の1人あたり補助金受給額の3つの変数の関係に報告を限定する。分析結果の報告は，3つの部分に分かれている。まず委員指名過程の分析結果（委員会メンバーシップの決定要因）について報告し，次に政策決定過程の分析結果（各州の人口1人あたり補助金受給額の決定要因）について報告する。最後にこれらの分析結果を総合する。第11節において，得られた結果を解釈し，それらのインプリケーションについて述べる。

　なお，本書における他の3つの実証研究と同じく，本章でも観察単位は州であり，データの観察期間は2004年度から2010年度の間の偶数年度である。計量モデルに含まれている変数の定義と測定法については，第4章を参照し

ていただきたい。

2 「土地と水域の保全のための基金」

本節では公園事業補助金の財源である「土地と水域の保全のための基金」について解説する。まず，基金の目的・財源・用途について述べる。

（1）目的・財源・用途

「土地と水域の保全のための基金」は，1965年に制定されたこの基金の名前を冠した法律によって創設され，現在まで再授権を繰り返し存続している。直近では，2015年までを期限として毎年9億ドルの授権枠が与えられている。農務省の1機関（森林局），内務省の3機関（土地管理部，魚類・野生動物局，国立公園局）の4つの政府機関がこの基金から資金供給を受けている。

この基金の目的は，米国市民のレクリエーションへの参加を促進し，彼らの健康と活力を強化することである。その手段として，「土地と水域の保全のための基金」は，連邦政府による土地その他の区域の獲得と開発に資金を供給し，同時に州政府のレクリエーション計画，土地と水域の獲得，レクリエーション施設の開発にも資金を供給している[6]。

図8-1は，「土地と水域の保全のための基金」の財源とこの基金からの資金供給を図示したものである。「土地と水域の保全のための基金」は，収入のほとんどをガス・石油開発業への外洋大陸棚のリース料から得ている。他の収入源としてモーターボート燃料税や余剰資産の売り上げもあるが，それらからの収入は外洋大陸棚リース料による収入に比べればごくわずかである。外洋大陸棚のリース料は，いったん「土地と水域の保全のための基金」に入り，公園事業補助金のような州政府の活動の支援のための資金はそこから供給されるのが原則である。ただし，2006年に制定されたメキシコ湾エネルギー安定法は，州政府への補助金の追加的な財源について規定している。それによれば，メキシコ湾の外洋大陸棚のリース料の12.5％が直接的に州政

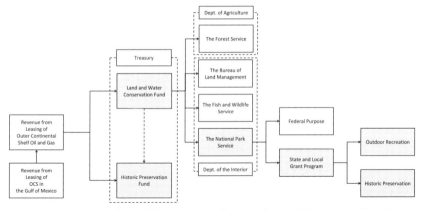

図8-1 州政府の事業を支援するための「土地と水域の保全のための基金」からの資金供給方法
出所:著者作成

府への補助金の財源とされる[7]。

「土地と水域の保全のための基金」からの支出には,議会による歳出の承認が必要である。また,法律に定められた授権枠は,すべて現金化されるわけではない。1965年から2010年の間,326億ドルの授権枠のうち,実際に歳出が承認されたのは155億ドルである[8]。

この基金からの主な支出用途は,①連邦政府による土地と水域の獲得,②州政府の活動の支援,③関連する他の目的への支出である。連邦議会は,基金からの支出の総額とそれぞれの用途への支出額について毎年決定する。なお,法律の規定によれば,連邦政府による土地と水域の獲得にあてられる額は歳出総額の40％を下回ってはならない。したがって,議会で支出が承認された額の40％以上が連邦政府自身の活動に使われ,60％未満が州政府の活動の支援に使われることになるが,大統領は15％ポイントを超えなければ,この配分比率を変えることができる。

この基金をめぐる最近の議論は,以下のようなものである。
①現在行なわれている毎年の歳出承認をやめて,永年的な歳出を認めるか。
②連邦政府による土地の獲得にいくら支出を認めるか,4つの政府機関にどのように資金を配分するか,連邦政府がどの土地を獲得するか。
③州政府への補助金にいくら支出するか。

④どのようなものを「他の目的」への支出とし，それらにいくら支出するか。

これらのうち本書の実証研究にとって重要なのは③と④である。以下では，まず州政府の活動の支援について解説し，その後に「その他の目的」への支出について概要を述べる。

（２）州政府の活動の支援

連邦政府は，「土地と水域の保全のための基金」を利用して，州政府に対してマッチング補助金を提供している。2010年度には，連邦政府の補助を受けて，41,425件の州政府や地方政府によるアウトドア・レクリエーション事業が実施された。このうち，7,517件が土地や水域の獲得，26,985件がレクリエーション施設の開発，3,009件が古い施設の再開発，677件が潜在的なニーズ，機会，政策の研究，3,237件がこれらを組み合わせた活動であった。

補助金の受給資格を得るために，州政府は州全体に適用されるレクリエーションに関する計画を準備し更新しなければならない。この計画には，ニーズや機会，目標を達成するためのプログラムが規定されるが，特定の事業が盛り込まれることはない。法律の規定では，州政府のレクリエーション計画は内務省長官によって承認されなければならないとされているが，実際には国立公園局が州政府のレクリエーション計画の承認を行なっている。

州の内部においては，公園事業補助金は競争的に配分される。州政府は，承認されたレクリエーション計画や独自のプライオリティと選出基準にもとづいて，対象事業への補助金の授与を決定する。連邦政府の補助を受ける政策プログラムの実施を，州政府から地方政府に委譲することもできるが，その場合，実施権の譲渡について国立公園局の承認を得なければならない。

第6章で述べたように，歴史保存補助金とアウトドア・レクリエーション補助金の大きな部分は，人口や領土面積などに応じて各州に割り当てられた準備金を介して分配が決まる。州政府が実際に補助金の支払いを受けるには，申請した個別の事業について国立公園局の承認を得なければならない。これ

らの準備金の有効期限は，歴史保存補助金の場合は歳出が承認された年のみ
であり[9]，アウトドア・レクリエーション補助金の場合は歳出が承認された
年とそれに続く2年の3年間である。この有効期間内に州政府が割り当てら
れた準備金を使い切らないというのはまれなことである。

（3）他の目的

「土地と水域の保全のための基金」からの支出は，原則としてアウトド
ア・レクリエーションに関する連邦政府の土地および水域の獲得と，州政府
への補助金に使用されると連邦法に定められている。しかし，1998年度以
降は，「他の目的」にも利用されるようになった（図8-2）。「他の目的」と
は，例えば，公有地の維持・管理，林業道路の維持・再建，州政府と部族政
府への野生動植物保護補助金，絶滅危惧種保護補助金，そして歴史保存基金
への支出である。

2010年度には，「他の目的」に18億ドルが支出されている。これは「土
地と水域の保全のための基金」の歳出総額の約11％にあたる。1998年度か
ら2010年度までの間に「土地と水域の保全のための基金」からの支出が認
められた額のうち，「他の目的」への支出の割合は約30％であった[10]。

（4）基金の利用をめぐる対立

「土地と水域の保全のための基金」の歳出規模と，それぞれの用途への配
分がどのようなものであるべきかについては，様々な意見がある。この基金
の支持者たちは，安定的で予測可能な資金供給と，年度ごとではなく永続的
な歳出の承認を求めている。特定の政府機関や特定の補助金への配分を増や
すことや，特定の土地や地域を連邦政府が獲得することを支持する者もいる。
「土地と水域の保全のための基金」の支持者のほとんどが，より高い水準の
支出や，傷つきやすい地域と自然資源の獲得および管理に関する連邦政府の
積極的な介入を強く求めている。

反対に，「土地と水域の保全のための基金」の歳出額を減らすことを望む

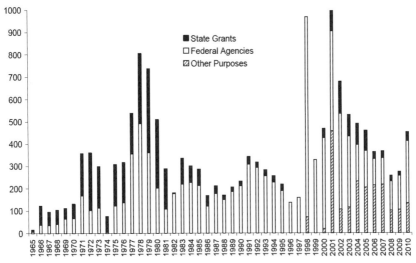

図8-2 「土地と水域の保全のための基金」の支出額と用途
出所：*Land and Water Conservation Fund : Overview, Funding History, and Issues*, Figure 1. LWCF Appropriations, FY1965-FY2010 (CRS 2010, p.6)

人々もいる。彼らは，公的所有よりも私的所有を選好し，連邦政府が私有地に対して課す制限の増加や公有地の拡大による地方政府の税収の減少を懸念している。また，さらなる土地の獲得よりも，すでに連邦政府によって所有されている土地や施設の維持と再生を優先すべきだと考える人々もいる。

州政府に支給する補助金を減らすべきだという意見もある。例えば，ブッシュ（ジュニア）政権は，州政府と地方政府には土地の獲得や開発のための代替的な財源がある，現行のプログラムについて十分に実績を評価し結果を示すことができていない，連邦政府の多額の負債はコアな責任に集中することを要求しているなどの理由により，新規の補助金の歳出を要求しなかった[11]。

このような主張に対して，補助金の支持者たちは次のように反論している。

①連邦政府の補助金は，レクリエーションに関する州規模の計画と，州政府のリーダーシップによるレクリエーション資源の保護と開発にかなり貢献してきた。

②連邦政府の補助金は，財政的に制約のある地方政府を助け，州政府と地

第8章 再選戦略あるいは所属動機の影響 | 215

方政府のレクリエーションのための基金を拡大してきた。

③レクリエーションへの投資は，より健康的なライフスタイルを促進し，医療支出を削減するのに役立つ。

他方，「その他の目的」への支出についても，どのようなプログラムに資金を供給すべきかという論争がある。例えば，ブッシュ（ジュニア）政権は，「土地と水域の保全のための基金」から，多様な土地の所有形態の下で行なわれる，連邦政府の土地管理責任者とその他の土地所有者の提携による，自然資源の保護とレクリエーションの向上のための保全プログラムに，資金を供給することを求めた[12]。オバマ政権も，ブッシュ政権よりも少ないものの，「その他の目的」への支出を支持している。

伝統的な「土地と水域の保全のための基金」の受益者たちは，「その他の目的」への支出が拡大されることによって，連邦政府による土地の獲得が抑制され州政府の活動への支援が削減されることを懸念している。近年，連邦政府による土地の獲得を含め，3つの支出用途は資金の獲得をめぐって激しいライバル関係にあると見てよい。3つの支出用途のうち，「その他の目的」への支出は増加傾向を示し，州政府への補助金は横ばいあるいは減少傾向を示している（図8-3）。

3 情報理論・分配理論・政党理論

前節では「土地と水域の保全のための基金」をめぐる利害対立があることを確認した。このような利害対立は，この基金の利用を管轄する小委員会のメンバーの所属動機に反映されると考えられる。

本節では，実証研究の準備として，関連する代表的な理論とそれらの予測（仮説）を紹介する。これらの理論的予測は，続く2つの節で先行研究の知見を整理する際の枠組みを提供する。議員による委員指名要求や委員会の構成を記述したり説明したりする理論には，すでに他の章において紹介した分配理論と政党理論，そして本章で初めて紹介する情報理論がある。以下では，まず情報理論の概要とそれから導出される予測について述べる。

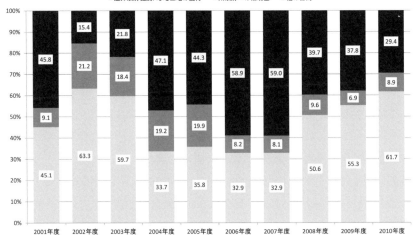

図8-3 連邦政府による土地の獲得，州政府への補助金，その他の目的へのそれぞれの支出額が「土地と水域の保全のための基金」からの支出総額に占める割合

出所：著者作成

　情報理論は，クレーブルとギリガンによって提唱された。彼らによれば，委員指名過程と政策決定過程の支配者は，議員でもなく，政党でもなく，議院（厳密にはその中位投票者や中核投票者[13]）である。クレーブルとギリガンは，議院と委員会をプリンシパルとエージェントとして概念化した。彼らの理論では，選択された政策とその結果の間に不確実性があることが前提とされており，委員会の役割は政策の選択に必要な情報（選択される政策とその結果の間にどの程度のギャップがあるかという情報）を収集して議院に伝え，より望ましい政策の選択を助けることである。

　しかし，情報を収集する委員会とその情報を伝達される議院の間には，情報非対称性が生じる。委員会にはその情報優位性を利用してレントを獲得しようとするインセンティブがある。委員会は議院に伝える情報を自己に都合の良い帰結を導くように操作するかもしれない。このような問題に事前に対処するために，議院は自らの選好を代表するように委員会を構成する。そうすれば，議院と委員会の間に情報非対称性があっても，選好に差がないので，委員会が推奨する政策案が議院の選好から大きく外れたものになることはな

い（Gilligan and Krehbiel, 1989 ; 1990）。このような議院の予防的な行動の結果，委員会の構成には特定の政策領域への関心やイデオロギー嗜好に関する偏りは生まれず，委員会内部の選好分布は議院を代表するものになる[14]というのが情報理論の予測である。

　これに対して，既述のように分配理論が予測する委員会の構成は選好について偏り，議院を代表しないものになる。分配理論によれば，特定の委員会のメンバーになることを望み指名を要求するのは，その委員会が管轄する便益に関して高い需要をもつ選挙民を代表する議員である（リクルートメント仮説）。そして，分配理論では，委員指名は自己選出的に行なわれると仮定されているから，結果として委員会は「外れ値選好の持ち主」によって構成され，選好に関して偏りが生じる（過剰代表仮説）。

　委員会の構成に関する情報理論と分配理論の予測は委員会の特性にかかわらず画一的なものである。これに対して，政党理論が予測する委員会の構成には多様性がある。政党理論では，委員会の構成がどのようなものになるかは，委員会の意思決定の影響が及ぶ範囲，すなわち多数党の同輩議員の選挙区への「外部効果」の広狭に依存している。一般に，選挙民志向の委員会の決定の影響範囲は狭いため，政党によるコントロールは比較的緩やかで，委員指名においても受容する政党よりも要求する議員の側に主導権があると推察される。その結果，選挙民志向の委員会は選好に関する偏りをもつ。

　ここで注意しなければならないのは，政党理論において，委員会の構成に偏りがあるとか，委員会の構成が非代表的になるとかいうときに，その参照集団は議院ではなく政党だということである。これに対して，情報理論や分配理論では，委員会の選好分布の参照集団は議院である。実証研究のレヴューにあたっては，それらが基礎にしている理論によって参照集団が異なっていることに注意しなければならない。

4 ｜ 委員指名過程を支配しているのは誰か

　前節において代表的な3つの理論の概要とそれらの予測を確認したので，

委員指名要求や委員会の構成に関する実証研究をレヴューする準備が整った。以下では，「委員指名過程を支配しているのは誰か」，「議員による指名要求や委員会の構成に影響を及ぼす変数は何か」という2つの観点から，関連する実証研究をレヴューする。まず本節では「委員指名過程を支配しているのは誰か」という問題を扱い，次節で「議員による指名要求や委員会の構成に影響を及ぼす変数は何か」という問題を扱う。

　委員指名過程の研究は，理論研究よりも経験的な研究が先行していた。政治学においては1970年代になるまで帰納的なアプローチが主流だったからである。この分野において古典ともいえるMaster（1961）は，下院の委員指名過程について分析し，それが以下のような特徴をもっていることを発見した。

①フォーマルな構造にはいくつかの重要な差異があるものの，民主党でも共和党でもシニア・メンバーによって構成されている小さな集団が委員指名を担当している。この小さな集団のメンバーは，党執行部によって任命され，意思決定において党執行部の強い影響を受けている。

②党執行部は，委員指名を党内の派閥との交渉手段として用いている。彼らは，委員指名によって，リーダーシップの保全や強化を図り，潜在的なライバルとの緊張を和らげ，協力的な者に報いている。

③主要な委員会のメンバーに指名されるのは，2期以上の経験がある者，選挙への影響を懸念して論争のある問題について柔軟でない立場をとるようなことのない者，党執行部に協調的な者に限定されている。

④委員指名においては様々な要素が考慮されるが，概ね議員たちの再選を容易にするように委員指名が行なわれている。言いかえるならば，政党は，議員たちに選挙民の関心と支持をひきつけ維持できるような種類のサービスを供給する機会を与えるように委員指名を行なっている。政党がこのような行動をとるのは，多数党ステイタスを維持することが，所属議員の再選にかかっているからである。

⑤小さな差異を除けば，民主党も共和党も同じ基準を委員指名に用いている。両党とも，委員指名においてイデオロギー的な公約を超えた要因を強

調する傾向がある。多数党ステイタスを維持することへの配慮が両党に似たような基準を用いるように仕向けている。

このように，マスターは，党執行部が所属議員の事情に一定の配慮をしながらも，委員指名過程において主導権を握っていることを発見したのである。

彼の研究から 15 年後に公刊された Gertzog（1976）では，委員指名過程のルーティン化について述べられている。ヘルツォグによれば，ほとんどの下院議員は 5 期目までに希望する委員会のメンバーに指名されていた。そして，指名要求の成功率は，民主党と共和党とで変わらなかった。1965 年から 1969 年に下院に参入した新人議員が 3 期目を迎えるころには，他の委員会への異動を要求する者は全体の 10％程度と少なくなっていた。また，1947 年から 1975 年までに下院議員となった者を 3 世代に分けて分析すると，後の世代の者ほど希望する委員会への指名をより短い期間でかつ確実に得ているのが分かった。これらの経験的知見から，ヘルツォグは，委員指名の過程が，本質的にルーティン化され，実質的に裁量のない手続に変わったのだと主張した。

Gertzog（1976）が示したような委員指名過程の特性は，分配理論の仮定の 1 つである自己選出に近い。Cook（1983）も，それを支持するような証拠を得た。クックによれば，候補者名簿の作成を担っている民主党の「委員会のための委員会」は，委員指名において中立的であり，イデオロギー的な偏りを生むような委員指名を行なっていないという。たしかに時を経るにつれ，委員会のイデオロギー的構成に変化があったのは事実だが，その原因は政党による委員指名の操作ではなく，指名を要求する者のイデオロギー嗜好に質的な変化があったからだと彼は論じた[15]。Smith and Ray（1983）では，1970 年代に民主党で行なわれた制度改革（党執行部が以前よりも委員指名に干渉できるようになった）によって，委員指名過程にどのような影響があったのかが検証されたが，制度改革の前後で委員指名に影響する要因がほとんど変わっていないことが分かった。

委員指名がルーティン化され，自己選出の仮定に近い特性をもっていたことを示す証拠は他にもある。Shepsle（1978）は，委員指名においてどのよ

うな要因が重要であるかは委員会のタイプによって異なるが，民主党の「委員会のための委員会」は議員からの要求をなるべく受け入れるように配慮していることを発見した[16]。

また，Weingast and Marshall（1989）は，利益団体スコアを用いた回帰分析によって，選好について偏った構成の委員会が多数あることを発見した。これは分配理論の予測を支持する結果であり，政党よりも議員の側に委員指名に関する主導権があることを示していた。より洗練された方法で検証を行なった Hall and Grofman（1990）や Londregan and Snyder（1994）においても，同様に偏った構成の委員会が多数あることが分かった。

委員会の構成の偏りについて研究するときに，点呼投票（roll-call vote）の記録から計算された利益団体スコアやイデオロギー指標を用いるのは標準的な方法である。これに対して，Adler and Lapinski（1997）は，利益団体スコアやイデオロギー指標ではなく，議員の選挙区の地理的・人口的・産業的な特性を表わす変数を用いて，下院の授権委員会の構成に関する長期の分析を行なった。彼らが利益団体スコアやイデオロギー指標を用いなかったのは，選挙区の地理的・人口的・産業的な特徴を表わす変数を用いる方が分配理論の枠組みに適合していると判断したからであった[17]。そして，農業委員会，軍事委員会，内務委員会など，典型的に選挙民志向の委員会だと考えられるものについて，それらが彼の観察期間中にほぼ一貫して偏った選好分布をもっていたことを発見した。後にアドラーは，観察期間を延長した分析を行なっているが，延長された期間においても同様の結果が得られた（Adler, 2002）。

ここまでに紹介した Weingast and Marshall（1989），Hall and Grofman（1990），Londregan and Snyder（1994），Adler and Lapinski（1997），Adler（2002）は，分配理論から導き出される過剰代表仮説を支持する結果を得たが，逆に否定的な結果を得たものも多くある。

例えば，Groseclose（1994b）は，Weingast and Marshall（1989）とは異なる方法で，その追試を行ない，過剰代表仮説を支持するような偏った選好分布の委員会がほとんどないという結果を得た。また，同じ著者によるGroseclose（1994a）では，モンテカルロ・シミュレーションを方法として採

用し，実際の委員会の選好分布が，母体である議院からランダムに抽出した議員で構成される仮想的な委員会の選好分布と変わらないという結果を得た[18]。Poole and Rosenthal（1997）は，利益団体スコアではなく，彼らが開発したNOMINATEというイデオロギー指標を用いて，やはり過剰代表仮説に対して否定的な結果を得た。

過剰代表仮説に対するこれらの否定的な結果は，ギリガンやクレーブルによって提唱された情報理論から導き出された仮説を支持するものである。情報理論の提唱者のひとりであるクレーブルも，利益団体スコアを用いた実証研究において，自ら情報理論の予測を支持する結果を得ている（Krehbiel, 1991）[19]。クレーブルは，彼の分析結果にもとづいて，委員指名過程を支配しているのは，候補者名簿を作成している政党ではなく，最終的にそれを承認するか否かを決めている議院であると主張した。もし政党が合理的ならば，後に議院の多数派に否決されることが予想されるような候補者名簿を作成するはずはないからである。

このようなクレーブルの主張に対して，政党理論の支持者たちは当然反応した。条件依存政党政府理論の提唱者でもあるロードは，議院ではなく政党が委員指名過程を支配している証拠として，以下のような事実を指摘した。1977年から1985年まで下院議長を務めていたトマス・オニールは，委員指名の候補者名簿を作成している民主党の「委員会のための委員会」に，所属議員たちの投票行動にもとづいて測られた政党への忠誠度を表わすデータを手渡していた。また，歳出委員会や歳入委員会などの，政党にとって重要でかつ議員もこぞって指名を受けたがる委員会のメンバーを指名する際に，政党への忠誠度が特に重要な基準となっていた（Rohde, 1991 ; 1994）[20]。

条件依存政党政府理論と並んで影響力のある，手続カルテル理論の提唱者であるコックスとマッキャビンは，委員会の構成に政党の影響があるということを示す体系的なエビデンスを示した（Cox and McCubbins, 1993 ; 2007）。彼らによれば，委員会はその決定の影響が及ぶ範囲によって3つに分類される。狭い範囲の選挙区にしか影響のない「標的影響委員会」，広い範囲の選挙区に影響のある「画一影響委員会」，そしてそれらの中間にある「混合影響委員会」である。これらのうち，意思決定の影響が広い範囲に及ぶ画一影

響委員会は，政党による厳格なコントロールの対象とされる。そして政党から委員会への「派遣団」は，政党内部の選好分布を代表するように構成される。他方で，意思決定の影響が狭い範囲にしか及ばない標的影響委員会では，メンバー構成に対する政党のコントロールは緩く，委員指名過程の特性は自己選出により近くなる。その結果，このような委員会のメンバー構成は偏ったものになる。一般に選挙民志向の委員会に分類されるものは，コックスとマッキャビンが標的影響委員会に分類したものとほぼ重なる。

　コックスとマッキャビンは，彼らの理論の予測を確かめるために，ウィルコクソンの符号順位検定という方法を採用し，長期のデータを用いて，下院の様々な委員会について，政党の中位投票者と委員会への政党の派遣団の中位投票者の選好の差の有意性を検証した[21]。彼らが得た結果によれば，標的影響委員会に分類される農業委員会や軍事委員会については，その非代表性が検出される頻度が高かったが，他の多くの授権委員会や政党にとって特に重要である歳出委員会については，政党の派遣団の中位投票者の選好と政党全体の中位投票者の選好との間に有意な差はなかった。つまり，多くの委員会では，政党から派遣された委員会のメンバーの選好分布は，母体である政党の選好分布を代表するものになっていたのである。

　これに対して，Peterson and Wrighton (1998) は，手続カルテル理論の予測に反する結果を得た。彼らは，Groseclose (1994a) 以来，この分野で標準的な手法となったモンテカルロ・シミュレーションを方法として採用した。そして，コックスとマッキャビンが標的影響委員会や混合影響委員会に分類した委員会が，画一影響委員会に分類した委員会に比べれば，選好について政党を代表しない傾向を示すのは確かだが，他方で政党にとって重要であり典型的に画一影響委員会だとされるべき歳出委員会への政党からの派遣団の中位投票者の選好が，しばしば政党全体の中位投票者の選好とは有意に異なっていることを発見した[22]。

　これまでに紹介した先行研究は，帰納的な研究を除くと，分配理論，情報理論，政党理論の3つの理論のうち，いずれかの理論を基礎とし，その予測を現実のデータを用いて検証するものであった。

　これに対して，Maltzman (1994, 1999) は，委員指名過程を支配する者は

表 8-1　マルツマンの複数プリンシパル理論

		政党の結束力	
		強い	弱い
問題の重要性	低い	委員会支配	
	高い	政党支配	議場支配

出所：Maltzman, 1999, p. 40, Figure 2.4.

状況によって変わり得るという理論を提唱し，その予測を検証した。マルツマンの状況依存理論において，委員会は複数のプリンシパルをもつエージェントだと概念化されている。そして，「問題の重要性」と「政党の結束力」という2つの軸を用意し，問題の重要性が高く政党の結束力が強いときは政党が委員会を支配し，問題の重要性が高く政党の結束力が弱いときは議院がこれを支配すると主張した。また，問題の重要性が低い場合には政党の結束力の強弱にかかわらず，委員会が自らを支配すると主張した。

このような主張を図示したのが表 8-1 である。委員会の構成に偏りがあるか否か，偏りがある場合にはそれがどのようなものかは，問題の重要性と政党の結束力の組み合わせで決まる委員会の支配者に依存する。このような理論的予測は，彼の行なった実証分析において概ね確かめられた（Maltzman, 1994, 1999）[23]。

ここまで見たように，帰納的アプローチから始まった委員指名過程に関する研究は，実証理論（positive theory）を基礎にした演繹的アプローチをとるようになった。そして，現在では，主要な3つの理論（分配理論，情報理論，政党理論）とマルツマンの状況依存理論が，それぞれ委員指名の過程を誰が支配しているかについて異なった主張をしている。

本章では公園事業を管轄する小委員会のメンバーシップがどのような要因によって決定されるかを検証する。公園事業を管轄する小委員会は選挙民志向であると考えられ，かつその決定の影響が及ぶ範囲は比較的狭い（多くの州が補助金を得ているが，特定の州に多くの額が集中している）。また，同じく

選挙民志向だとされる軍事や農業を管轄する委員会に比べると、問題の重要性は低い。したがって、議院が指名過程を支配していると主張する情報理論を別にすれば、分配理論によっても、政党理論によっても、委員会の構成や政党からの派遣団の構成にはいくらかの偏りが見られると予測される。

さらに、先行研究で得られた経験的知見から、選挙区や選挙民の特性を表わす変数とイデオロギー嗜好を表わす変数は、委員会メンバーシップを説明するものとして採用してもよいと判断できる。これら以外に、委員会メンバーシップを説明する変数としてどのようなものが適当だろうか。次節では、議員の指名要求や委員会の構成に影響を及ぼす変数は何かという観点から、先行研究をレヴューし、本章の実証研究において用いる説明変数を同定する。

5 指名要求や委員会の構成に影響を及ぼす変数は何か

Bullock（1972）は、第80回連邦議会から第90回連邦議会（1947年～1967年）の下院の新人議員の指名要求について分析し、彼らの指名要求が選挙区の地理的・人口的・産業的特性に影響を受けていることを発見した。同時に、バラックは、彼の研究よりも前にMaster（1961）やClapp（1964）が指摘していた、接戦で選挙を勝ち抜いた新人議員は委員指名において優遇されるという仮説についても検証したが、この仮説を支持するような証拠は得られなかった。

バラックは新人議員だけでなく、同じ観察期間中に再選した下院議員による委員会間の異動要求についても分析を行なった（Bullock, 1973）。彼は、議員が他の委員会への異動を考えるときにもっとも重要な要因は、異動先の委員会の権威と選挙民へのサービスの可能性であろうと考えた。どの委員会のメンバーに指名されることを望ましいと考えるかは議員によって異なっているが、議院の中においてもっとも人気のある委員会ともっとも人気のない委員会は概ね特定できる。規則委員会、歳出委員会、歳入委員会のような、権威のある専任委員会（下院民主党の議員総会規則で他の委員会との兼務が認められていない委員会）は、高い人気を誇る。バラックはそれらのメンバーへの

指名には，比較的長いシニオリティが要求されることを発見した。また，シニオリティの重要性には地域差があり，北部の州で選出された民主党議員よりも，南部の州で選出された民主党議員にとって，これらの専任委員会への異動要求が受け入れられるか否かを決める重要な要素であることが分かった。

南部の州で選出された民主党議員と北部の州で選出された民主党議員は，他の点においても異なっていた。南部の州で選出された者は，新人のときに彼らが望む委員会のメンバーに指名されにくいので，後になって異動要求を提出することが多かった。逆に，北部の州で選出された者は，新人議員のときに権威のある委員会のメンバーに指名される確率が高く，また一度権威のある委員会のメンバーとなると，他の委員会には異動しない傾向があった。

委員指名には政党による差もあった。民主党下院議員と比べると共和党下院議員の異動には制約が少なかった。すでに権威のある委員会のメンバーである者が他の委員会に異動しようとするときは，他の者よりも長く待たなければならないという傾向があるくらいであった。権威のある委員会への異動については，共和党下院議員は民主党下院議員よりも時間がかからないのが特徴であった。バラックは，彼の観察期間中のほとんどにおいて少数党であった共和党では，多数党である民主党よりも議員の入れ替えが早いために，このような政党間の差が生まれるのだと考えた。

再選議員の異動要求についても，新人議員の指名要求と同様に，接戦で選挙に勝利した者が優遇されているという証拠は得られなかった。また，選挙区の利害が再選議員の異動要求の重要な決定要因になっているという証拠も得られなかった。この結果から，バラックは，議員として成熟していくうちに，指名要求において地元の利益は重要でなくなっていくのではないかと推察した。

議員の指名要求に関する研究は，委員会の構成に関する研究に比べるとかなり少ない。それは，指名要求データが議会の議事記録のような公的なものではなく，政党という私的な団体のものであるからである。一般に，指名要求データを手に入れることは非常に難しい。長期にわたるデータを得ようとするならば，なおさら困難に直面することになる。フリシュとケリーは，その困難を乗り越えて長期にわたる下院民主党議員と下院共和党議員の指名要

求データを集め，それらを用いて委員指名過程の政党間比較研究を行なった (Frisch and Kelly, 2004 ; 2006)。そして，以下のような知見を得た。

①特定の委員会への指名要求が受容される頻度は，政党によって異なる。一般に共和党よりも民主党で下院議員の指名要求が通りやすい傾向がある。

②下院の新人議員の指名要求の受容に影響する要因は，政党によって異なっている。例えば，民主党の新人議員については，連邦議会のスタッフであった経験が指名要求の成功に有意な正の影響を与えていたが，共和党の新人議員についてはそうではなかった。また，血縁者に連邦議会の議員を務めていた者がいると，民主党の新人議員については指名要求が通りやすい傾向があったが，共和党の新人議員の指名要求については同様の傾向はなかった。委員会の空き議席の数[24]は，民主党の新人議員の指名要求の成功に有意な正の影響を与えていたが，共和党の新人議員の指名要求の成功には有意な影響を及ぼしていなかった。

③下院の再選議員の異動要求の受容に影響する要因も，政党によって異なっていた。民主党の議員の場合，彼らのイデオロギーや以前所属していた委員会のメンバーシップの「交換価値」が異動要求の成功に影響していた。他方，共和党の再選議員の異動要求の受容には，それらの有意な影響は確認できなかった。また，異動を要求した委員会にすでに同じ地域にある州から選出された議員がいることは，民主党の再選議員の異動要求の成功には有意な影響を及ぼしていなかったが，共和党の再選議員の異動要求の成功には有意な負の影響を与えていた。

④議員からの指名要求と彼らの選挙区への過去の連邦支出の分配額との関係も，政党によって異なっていた。例えば，下院の委員会への指名要求について，共和党議員の場合は1期前の連邦支出の分配額の多寡が有意な影響を及ぼしていたが，民主党議員の場合はそうではなかった。

このように，フリシュとケリーは，下院民主党と下院共和党の間に，議員からの指名要求や政党によるそれらの受容の決定要因に関する差異があることを発見した。

これまでに行なわれた委員指名過程の実証研究の特徴は，データがとられた議院と政党にかなり偏りがあることである。上院よりも下院の，共和党よ

りも民主党のデータを利用したものが圧倒的に多い。フリシュとケリーの政党間比較研究は，共和党議員の指名要求データも収集し分析した点で，それまでの研究と大きな違いがあったが，対象は下院議員に限定され，上院議員の委員指名過程については分析していない。これは上院議員の指名要求データを収集するのが下院議員のそれを収集するのよりも難しいからである。

　しかし，上院議員の指名要求や政党による受容に関する研究がこれまでまったく行なわれなかったわけではない。Bullock（1985）は，上院の民主党議員の指名要求や異動要求のデータを利用した分析を行なった。そして，下院の民主党議員の委員指名と同様に，上院の民主党議員の委員指名においてもシニオリティが政党による受容を決める重要な要因であることを発見した。

　他方で，バラックは，それよりも前の研究によって下院議員の委員指名に有意な影響を及ぼすという結果が得られていた7つの要因，すなわち政党への忠誠度，議員が選出された州が属する地域，指名要求リストにおいてその委員会が第1希望であるか否か，指名要求リストの長さ（リストに挙げられた委員会の数），前回の選挙における得票率，そして以前にその委員会のメンバーへの指名を要求し断られた経験があるか否かが，上院民主党議員の委員指名には有意な影響を与えていないことを発見した。政党組織は議院ごとに組織されているので，同じ民主党の看板を掲げた組織でも議院によって指名要求の受容の決定要因が異なっているのは当然だともいえるが，それを示す経験的なエビデンスを得た点において，彼の研究の貢献は重要なものであった。

　以上で紹介した先行研究で得られた経験的知見から，本章の分析においては，委員会メンバーシップを説明する変数として，各州の社会的・経済的・地理的特性やイデオロギーのほかに，議院シニオリティ，各州が含まれる地域，過去の1人あたり補助金受給額を用いる。同時に，われわれは，委員会メンバーシップの決定要因が，議院や政党によって異なっていることを予測する。

6 残された課題——委員指名過程と政策決定過程の同時的検証

　議員による特定の委員会への指名要求や他の委員会への異動要求，政党によるそれらの受容，そして要求と受容の総合的な帰結である委員会の構成に関する研究は重要である。なぜなら，委員会は議題設定権をもち，その意思決定は議会の最終的な政策の選択に大きな影響を及ぼすと考えられるからである。しかし，分配理論の予測を検証した先行研究では，委員会メンバーシップが決まる委員指名過程と，連邦支出や補助金の分配が決まる政策決定過程とを分離して扱ってきた。これらの2つの過程がどのような関係にあるのかという問題は，無視されてきたのである。

　例えば，過剰代表仮説の検証においては，委員会の構成に選好に関する偏りがあるのならば，その委員会は偏った政策を生むだろうと暗黙に仮定されてきた。発見された委員会の構成の偏りが実際に偏った政策，（本書の関心にひきつけるならば偏った便益の分配）にむすびついているのかについては，同時に検証されてこなかったのである。また，便益仮説の検証においては，選挙民志向の委員会は選好について偏りをもっているはずだと暗黙に仮定され，実際にそのような構成の偏りがあるのかについては同時に検証されてこなかった。分配理論においては，委員会のメンバーの所属動機は画一的であり，委員はみな便益の獲得とそれによる功績の主張を目指していると仮定されているから，実証研究においてこのような暗黙の仮定を採用することは自然だとも言える。

　しかし，議員が選挙民の支持を得るために行なっている活動は，便益の獲得による功績の主張に限られない。委員会のメンバーの所属動機が彼らの選挙民の選好を反映して多様であり，選挙民の選好に適合するように再選戦略が選択されているのならば，委員会の選好分布の非代表性とメンバーシップにもとづく超過的な便益が同時に観察されることは必然ではない。

　次章では，分配理論を基礎にして委員指名と政策決定の2つの過程の関係に関する仮説の検証を行なう。検証される仮説は，「委員会のメンバーが便

益の獲得を目的として委員会に所属するとき，そしてそのときのみにメンバーシップと獲得される便益の間に有意な正の関係がある」というものである．この仮説は，委員会のメンバーの所属動機は選挙民の選好を反映し多様であり，委員会メンバーシップと獲得される便益の関係がその所属動機に依存していることを許容する．言いかえるならば，本章で行なう分析においては，分配理論の予測に従って行動しているのは，委員会のメンバーの一部に限られると考えるのである．

7 │ 仮説の特定化

既に述べたように，この章で検証する仮説は以下のようなものである．

仮説：便益の獲得とそれをつうじた功績の主張を動機として委員会に所属する者のみが，そのメンバーシップによって超過的便益を得る．

本章の実証研究においても，観察単位は州であり，分析対象は公園事業補助金の分配である．また，公園事業に関する実質的な決定権を握っている小委員会のメンバーシップに着目するのもこれまでと同様である．本書の他の3つの実証研究と異なるのは，本章の実証研究においては，公園事業を管轄する小委員会のような選挙民志向の委員会であっても，メンバーの所属動機は多様であり，その多様な動機に応じて彼らは異なる行動をとり得ると考えることである．また，委員会への所属動機は，基本的に政党のラインに沿って分かれていると仮定する．

さらに，特定の委員会に所属することを望んだり，特定の便益を獲得することを望んだりするように議員たちを仕向けるインセンティブの強さは，彼らが選出された州の既得権益の多寡に比例すると考える．そして，この既得権益の多寡は，前の選挙年における各州の1人あたり補助金受給額で測定できると考える．もし前の選挙年における1人あたり補助金受給額で既得権益の多寡を表わすことができるのならば，それは当期の委員会メンバーシップに正の影響を及ぼしていると考えられる．

既得権益の大きな州の議員は，それを維持しようとするだけでなく，より

多くの者の支持を得るために，あるいは現在得ている支持をより確実なものにするために，超過的な便益の獲得を企図して，関連のある委員会に所属しようとするだろう。したがって，彼らの委員会メンバーシップと当期の1人あたり補助金受給額の間にも正の関係があると予測される。以上から，仮説は以下のように特定化される。

　特定化された仮説：他の条件を一定とすると，各州の前の選挙年における1人あたりの公園事業補助金受給額と当期の委員会メンバーシップの間に正の関係があるときかつそのときのみに，当期の委員会メンバーシップと当期の1人あたり補助金受給額にも正の関係がある。

　逆に言うならば，前の選挙年における1人あたり補助金受給額と当期の委員会メンバーシップの間に有意かつ正の関係がない場合には，当期の委員会メンバーシップと当期の1人あたり補助金受給額の間に有意な正の関係があることを期待できないということである。

　以下では，この特定化された仮説の検証を行なう。なお，これまでの本書の実証研究とは異なり，以下における「前期」は，2年度前である前の選挙年のことを指す。委員指名が行なわれるのは選挙があった年の翌年であるから，その直近の年である前の選挙年における人口1人あたり補助金受給額で既得権益の多寡を測り，それが当期の委員会メンバーシップの決定に影響を与えると考えるのである。

8 ｜ 方法

（1）計量モデル

　多くの先行研究や本書における先の3つの実証研究とは異なり，本章の実証研究においては各州の人口1人あたり補助金受給額が決定される過程だけでなく，関連する小委員会のメンバーシップが決定される過程も合わせて考える。これは，委員会メンバーシップをシステム内で決定される変数として扱うことを意味する。そして，内生変数である委員会メンバーシップと他の

コントロール変数で，最終的な被説明変数である各州の人口1人あたり補助金受給額を説明するのである。先の3つの実証研究の分析モデルは，図8-4(a)で示されているものであった。本章の実証研究においては，分析モデルは図8-4(b)で示されているものになる。

本章の実証研究では，当期の委員会メンバーシップ変数や人口1人あたり補助金受給額を説明するのに，他の3つの実証研究では用いられていなかった2つの変数を追加する。それらはイデオロギー変数とシニオリティ変数である。そして，これらの2変数もシステム内で決定される変数であると考える。イデオロギーを内生変数として扱うことが妥当であるのは，米国では地域とイデオロギーのむすびつきを示す経験的証拠があるからである（Kousser, Lewis, and Masket, 2007）。計量モデルでは，イデオロギーが地域によって説明されると考える。具体的には，西部を参照地域とする3つの地域ダミー変数（北東部，中西部，南部）によって，議院と政党で区別された4つのイデオロギー変数が説明される。同じように，シニオリティを内生変数として扱うことが妥当であるのは，再選のために議員がイデオロギー（厳密にはその外部への表現である点呼投票の記録）を適応的に調整しているという経験的証拠があるからである（Shaffer, 1982）。計量モデルでは，シニオリティがイデオロギーによって説明されると考える。具体的には，議院と政党で区別された4つのシニオリティ変数が，それらに対応する議院と政党で区別された4つのイデオロギー変数でそれぞれ説明される。

本章で分析に用いる計量モデルには，議院・管轄・政党で区別された8つの委員会メンバーシップ変数が含まれる。これらの8つの委員会メンバーシップ変数は，地域ダミー変数，イデオロギー変数，シニオリティ変数と各州の社会的・経済的・地理的・政治的特性を表わす他の変数で説明される。最終的な被説明変数である各州の人口1人あたり補助金受給額は，委員会メンバーシップ変数，地域ダミー変数，イデオロギー変数，シニオリティ変数，その他の変数で説明される。このように，われわれのシステムは複数の階層をもち，各階層の変数の間には複雑な関係がある（図8-5）。

このような複雑な変数間の関係を反映して，計量モデルは，複数の方程式で構成されるシステムになる。このシステムに含まれる方程式は，大きく4

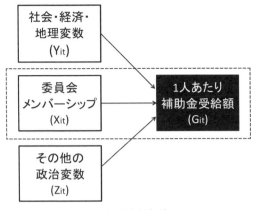

図 8-4 (a) 外生変数モデル

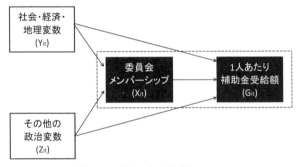

図 8-4 (b) 内生変数モデル

出所:著者作成

種類に分類できる。それらは，①4つのイデオロギー変数を被説明変数とする式，②4つのシニオリティ変数を被説明変数とする式，③8つの当期の委員会メンバーシップを被説明変数とする式，そして④1つの当期の1人あたり補助金受給額を被説明変数とする式である。このように，計量モデルには合計で17本の方程式が含まれている。①を第1階層，②を第2階層，③を第3階層，④を第4階層と呼び，以下で4種類の方程式について，例を挙げながら説明する。

まず，第1階層のイデオロギー変数を被説明変数とする式は以下のようなものである。

上院の民主党所属議員のイデオロギー（もっともリベラルな者のDW-NOMIN-

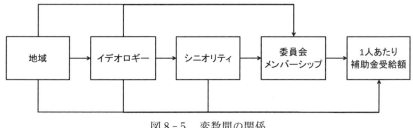

図 8-5 変数間の関係

ATE スコア）
= λ_1 北東部に含まれる州（地域ダミー変数）
+ λ_2 中西部に含まれる州（地域ダミー変数）
+ λ_3 南部に含まれる州（地域ダミー変数）

この階層では，3つの地域ダミー変数で，議院と政党によって区別されたイデオロギー変数を説明する。

　第2階層のシニオリティ変数を被説明変数とする式は，以下のようなものである。
上院の民主党所属議員のシニオリティ（最も長い者の年数）
= κ_1 上院の民主党所属議員のイデオロギー（もっともリベラルな者のDW-NOMINATE スコア）

この階層では，議院と政党によって区別されたイデオロギー変数で，対応するシニオリティ変数を説明する。

　第3階層の当期の委員会メンバーシップを被説明変数とする式は，議院によって若干の違いがあるので，上院の場合と下院の場合に分けて以下に例を挙げる。

（a）上院の場合　当期の民主党所属議員の上院の歳出小委員会のメンバーシップ
= ϕ （γ_1 前期の人口1人あたり補助金受給額
+ γ_2 前期の民主党所属議員の上院の歳出小委員会のメンバーシップ

$+ \gamma_3$ 上院の民主党所属議員のシニオリティ（最も長い者の年数）

$+ \gamma_4$ 上院の民主党所属議員のイデオロギー（もっともリベラルな者のDW-NOMINATEスコア）

$+ \gamma_5$ 州の労働人口に占める旅行業従事者シェア

$+ \gamma_6$ 州内の国立公園の数

$+ \gamma_7$ 民主党上院議席シェア

$+ \gamma_8$ 北東部に含まれる州（地域ダミー変数）

$+ \gamma_9$ 中西部に含まれる州（地域ダミー変数）

$+ \gamma_{10}$ 南部州に含まれる州（地域ダミー変数）

$+ \gamma_{11}$ 2006年度ダミー

$+ \gamma_{12}$ 2008年度ダミー

$+ \gamma_{13}$ 2010年度ダミー）

なお，上の式において，$\phi(\bullet)$ は非線形変換を表わす。$\phi > 0$ のとき，当期の民主党所属議員の上院の歳出小委員会のメンバーシップは1の値をとり，$\phi \leq 0$ のとき，0の値をとる。この式は，プロビット・モデルである。

（b）下院の場合　当期の民主党所属議員の下院の歳出小委員会のメンバーシップ

$= \phi(\delta_1$ 前期の民主党所属議員の下院の歳出小委員会のメンバーシップ

$+ \delta_2$ 下院の民主党所属議員のシニオリティ（最も長い者の年数）

$+ \delta_3$ 下院の民主党所属議員のイデオロギー（もっともリベラルな者のDW-NOMINATEスコア）

$+ \delta_4$ 州の労働人口に占める旅行業従事者シェア

$+ \delta_5$ 州内の国立公園の数

$+ \delta_6$ 民主党下院議員数

$+ \delta_7$ 北東部に含まれる州（地域ダミー変数）

$+ \delta_8$ 中西部に含まれる州（地域ダミー変数）

$+ \delta_9$ 南部に含まれる州（地域ダミー変数）

$+ \delta_{10}$ 2006年度ダミー

$+ \delta_{11}$ 2008年度ダミー

$+ \delta_{12}$ 2010年度ダミー)

なお，上の式において，$\phi(\bullet)$ は非線形変換を表わす。$\phi > 0$ のとき，当期の民主党所属議員の下院の歳出小委員会のメンバーシップは1の値をとり，$\phi \leq 0$ のとき，0の値をとる。この式もプロビット・モデルである。

最後に，第4階層の当期の1人あたり補助金受給額を被説明変数とする式は以下のようになる。

当期の人口1人あたり補助金受給額
$= \beta_1$ 当期の民主党所属議員の上院の歳出小委員会のメンバーシップ
$+ \beta_2$ 当期の民主党所属議員の上院の授権小委員会のメンバーシップ
$+ \beta_3$ 当期の共和党所属議員の上院の歳出小委員会のメンバーシップ
$+ \beta_4$ 当期の共和党所属議員の上院の授権小委員会のメンバーシップ
$+ \beta_5$ 当期の民主党所属議員の下院の歳出小委員会のメンバーシップ
$+ \beta_6$ 当期の民主党所属議員の下院の授権小委員会のメンバーシップ
$+ \beta_7$ 当期の共和党所属議員の下院の歳出小委員会のメンバーシップ
$+ \beta_8$ 当期の共和党所属議員の下院の授権小委員会のメンバーシップ
$+ \beta_9$ 前期の民主党所属議員の上院の歳出小委員会のメンバーシップ
$+ \beta_{10}$ 前期の民主党所属議員の上院の授権小委員会のメンバーシップ
$+ \beta_{11}$ 前期の共和党所属議員の上院の歳出小委員会のメンバーシップ
$+ \beta_{12}$ 前期の共和党所属議員の上院の授権小委員会のメンバーシップ
$+ \beta_{13}$ 前期の民主党所属議員の下院の歳出小委員会のメンバーシップ
$+ \beta_{14}$ 前期の民主党所属議員の下院の授権小委員会のメンバーシップ
$+ \beta_{15}$ 前期の共和党所属議員の下院の歳出小委員会のメンバーシップ
$+ \beta_{16}$ 前期の共和党所属議員の下院の授権小委員会のメンバーシップ
$+ \beta_{17}$ 各州における失業率
$+ \beta_1$ 州の労働人口に占める旅行業従事者シェア
$+ \beta_{19}$ 州内の国立公園の数
$+ \beta_{20}$ 北東部に含まれる州（地域ダミー変数）
$+ \beta_{21}$ 中西部に含まれる州（地域ダミー変数）

$+\beta_{22}$ 南部に含まれる州(地域ダミー変数)

$+\beta_{23}$ 2006 年度ダミー

$+\beta_{24}$ 2008 年度ダミー

$+\beta_{25}$ 2010 年度ダミー

$+\beta_{26}$ 前期の人口 1 人あたり補助金受給額

$+\beta_{27}$ 各州の人口規模

$+\beta_{28}$ 各州における委員会リーダーの有無

$+\beta_{29}$ 各州における選挙サイクルを迎える上院の小委員会のメンバーの有無

$+\beta_{30}$ 上院の民主党所属議員のシニオリティ(最も長い者の年数)

$+\beta_{31}$ 上院の共和党所属議員のシニオリティ(最も長い者の年数)

$+\beta_{32}$ 下院の民主党所属議員のシニオリティ(最も長い者の年数)

$+\beta_{33}$ 下院の共和党所属議員のシニオリティ(最も長い者の年数)

$+\beta_{34}$ 上院の民主党所属議員のイデオロギー(もっともリベラルな者の DW-NOMINATE スコア)

$+\beta_{35}$ 上院の共和党所属議員のイデオロギー(もっとも保守的な者の DW-NOMINATE スコア)

$+\beta_{36}$ 下院の民主党所属議員のイデオロギー(もっともリベラルな者の DW-NOMINATE スコア)

$+\beta_{37}$ 下院の共和党所属議員のイデオロギー(もっとも保守的な者の DW-NOMINATE スコア)

　さらに,計量モデルには,因果関係が特定されていないが,相関関係を仮定している変数の組み合わせが含まれている。それらは,①下院議員の政党別イデオロギー変数と州の人口規模,②旅行業従事者シェアと国立公園の数,③前期の人口 1 人あたり補助金受給額と前期の委員会メンバーシップの 3 組である。これらについて相関関係を仮定する理由は,以下のとおりである。

　まず,下院の所属政党別のイデオロギーと人口規模,旅行業従事者シェアと国立公園の数の 2 組については,事前のデータ分析において,これらの変数の間に比較的高い相関関係が見出された。具体的には,人口規模の多い州でよりリベラルなイデオロギー嗜好をもつ議員が選出される傾向があり,国

立公園の数が多い州で労働人口に占める旅行業従事者のシェアが高い傾向があった。したがって，計量モデルにおいてもそれを反映している。前期の委員会メンバーシップと前期の人口1人あたり補助金受給額の間に相関関係を仮定するのは，本来は前者が原因となり後者が結果となる因果関係があると考えられるが，モデルを単純化するためにそれを相関関係で置き換えたのである。

コラムF　地域とイデオロギー，イデオロギーとシニオリティ

ここでは，地域とイデオロギーの関係，イデオロギーとシニオリティの関係に関する分析結果を報告する。

1．地域とイデオロギー

本章の実証研究においては，イデオロギー指標は，その州で選出された民主党議員の中でもっともリベラルなイデオロギー嗜好をもつ者のDW-NOMINATEスコアの値とその州で選出された共和党議員の中でもっとも保守的なイデオロギー嗜好をもつ者のDW-NOMINATEスコアの値で測られている。イデオロギー変数は，上院議員と下院議員のそれぞれについて設けられるので全部で4つのイデオロギー変数があることになる（2つの議院×2つの政党）。

DW-NOMINATEスコアの値は，ある議員がイデオロギー的によりリベラルな投票行動をとっているのであれば小さくなり，より保守的な投票行動をとっているのであれば大きくなる。民主党議員のDW-NOMINATEスコアは通常正の値をとり，共和党議員のDW-NOMINATEスコアは通常負の値をとる。

次のページの表F-1は，議院と政党によって区別されたイデオロギー指標の値を，地域ダミー変数に回帰した結果を示したものである。有意水準5％を採用した場合に係数が有意ならばその符号が，有意でないならば

0 が記入されている。分析結果は，地域とイデオロギー指標の間に強いつながりがあることを示している。

表F-1　地域とイデオロギー指標

	イデオロギー			
	上院		下院	
	民主党	共和党	民主党	共和党
北東部	−	−	−	−
中西部	−	−	0	0
南部	+	+	+	0

出所：著者作成

　上院でも下院でも，北東部の州における民主党に所属するもっともリベラルな議員の DW-NOMINATE スコアの値あるいは共和党に所属するもっとも保守的な議員の DW-NOMINATE スコアの値は，参照地域である西部の州の対応する議員の DW-NOMINATE スコアの値に比べ小さい傾向がある。この結果は，北東部の州で選出される両院の議員のイデオロギー嗜好は，西部の州で選出される対応する議院の議員のイデオロギー嗜好よりもリベラルな傾向があることを表わしている。

　また，中西部の州における民主党に所属するもっともリベラルな上院議員と共和党に所属するもっとも保守的な上院議員の DW-NOMINATE スコアの値も，西部の州の対応する議員の DW-NOMINATE スコアの値に比べると小さい傾向がある。したがって，中西部の州で選出される上院議員のイデオロギー嗜好は，傾向的に西部の州で選出される上院議員のイデオロギー嗜好よりリベラルである。しかし，下院議員については，中西部の州の民主党に所属するもっともリベラルな議員の DW-NOMINATE スコアの値あるいは共和党に所属するもっとも保守的な議員の DW-NOMINATE スコアの値は，参照地域である西部の州の対応する議員の DW-NOMINATE スコアの値と有意な差がない。つまり，中西部の州で選出された下院議員のイデオロギー嗜好は，西部の州で選出された下院議員のイデオロギー嗜好と変わらない。

　南部の州の民主党に所属するもっともリベラルな議員の DW-NOMIN-

ATE スコアの値あるいは共和党に所属するもっとも保守的な議員の DW-NOMINATE スコアの値は，西部の州の対応する議院の議員の DW-NOMINATE スコアの値よりも大きな傾向がある。この結果は，南部の州で選出される議員のイデオロギー嗜好が西部の州で選出される議員のイデオロギー嗜好よりも保守的であることを示している。ただし，共和党に所属するもっとも保守的な下院議員の DW-NOMINATE スコアの値については，西部の州と南部の州との間に有意な差はない。

2．イデオロギーとシニオリティ

イデオロギーとシニオリティ（議院レベルの連続勤続年数）の間にも強いつながりがある。表F-2は，州レベルのシニオリティを州レベルのイデオロギー指標の値に回帰したものである。州レベルのシニオリティは，議院と政党によって区別され，1つの州につき4つのシニオリティ変数がある（2つの議院×2つの政党）。これらのシニオリティ変数は，その州で選出された民主党に所属する上院議員の中でもっともシニオリティが長い者のそれ，共和党に所属する上院議員の中でもっともシニオリティが長い者のそれ，民主党に所属する下院議員の中でもっともシニオリティが長い者のそれ，共和党に所属する下院議員の中でもっともシニオリティが長い者のそれで，それぞれ測られている。

上院についても下院についても，よりリベラルな民主党議員がいる州ほど民主党議員のシニオリティが長い傾向がある。同様に，上院についても下院についても，より保守的な共和党議員がいる州ほど共和党議員のシニオリティがより長い傾向がある。支持基盤である選挙民の選好と議員たちの適応的な投票行動がこのようなイデオロギーとシニオリティの関係を生むのだろうと推察される。なお，われわれが採用した州ではなく，下院選挙区を観察単位とした場合，つまり下院議員のそれぞれについて彼らのイデオロギーとシニオリティの関係を見た場合には，両者の間に有意な関係はない。イデオロギーとシニオリティの関係は，長期的な淘汰によって生じるものであり，スナップショットでは捉えられないものだと考えられる。

表F-2　シニオリティとイデオロギー指標

	シニオリティ			
	上院		下院	
	民主党	共和党	民主党	共和党
イデオロギー	−	＋	−	＋

出所：著者作成

（2）委員会メンバーシップ変数を内生変数として扱う技術的な理由

　分析モデルあるいはそれを作業化した計量モデルにおいて，委員会メンバーシップ変数を内生変数として扱うのは，そうすることが理論と整合的であるからである。分配理論によれば，委員会メンバーシップはシステム内で決まる変数である。また，既述のように，この取り扱いは実証的にも正当である。委員会メンバーシップ変数を内生変数として扱うことによって，分配理論から導出される3つの仮説を統合的に検証でき，それによって理論の説明力や予測力の総合的な評価が可能になるからである。

　委員会メンバーシップ変数を内生変数として扱うことが正当である理由はもう1つある。それは計量経済学的問題に対する解決策なのである。分配理論が予測するように，委員会メンバーシップが本来選挙区や選挙民の特性に応じてシステム内で決まるものであるのならば，それを外生変数として扱うことは，サンプル・セレクション・バイアスを生じさせることになる。サンプル・セレクション・バイアスがある場合は，OLSでパラメータを推定すると，推定量は不偏でも効率的でもない。したがって，パラメータの推定値の正確性や有意性の検定に問題が生じる。

　OLSと本章で採用する共分散構造分析（この分析方法については，後で詳しく述べる）によるパラメータの推定値を比較したところ，ほぼすべての変数について係数の推定値が少数点第3位まで一致しており，ほとんど違いがないが，有意性には差があった。共分散構造分析を用いた方が有意になる委員

会メンバーシップ変数の数は多かったのである。これは共分散構造分析の推定量の方が効率的である（より小さな分散あるいは標準誤差の推定量が得られた）ことを意味している。なお，OLSと共分散構造分析とでパラメータの推定値にほとんど差がなかったのは，本章の計量モデルが下の階層の方程式で用いた変数を上の階層の方程式でほぼすべて用いるような入れ子型の構造をしていること[25]，観察数192と標本規模が比較的小さいことによると考えられる[26]。

（3）ランドクイストとカーシーのモデルとの共通点と相違点

ほとんどの先行研究では委員会メンバーシップを外生変数として扱っているが[27]，ランドクイストとカーシーによる2つの研究（Carsey and Rundquist, 1999 ; Rundquist and Carsey, 2002）では，それを内生変数として扱っている。本章の計量モデルは，彼らのモデルの拡張であるが，重要な相違点が3つある。

第1の相違点は，彼らのモデルが3本の方程式で構成される比較的単純なものであるのに対して，本章のモデルは17本の方程式で構成される非常に複雑なモデルだということである。ランドクイストとカーシーのモデルは，各州の人口1人あたり防衛関連公共調達額，上院の委員会のメンバーシップ，下院の委員会のメンバーシップをそれぞれ被説明変数とする3本の方程式で構成されている。委員会メンバーシップは，本章のモデルと同じく2値しかとらないダミー変数であるが，彼らのモデルでは，被説明変数としてそれを用いる場合には，議院による区別しかされておらず管轄や政党による区別がない（委員会メンバーシップを説明変数として用いるときには政党による区別がされている）。また，本章のモデルと同じく，イデオロギーを表わす指標を説明変数として用いているが[28]，それらは外生変数であり，システム内で決定される内生変数ではない。さらに，彼らのモデルでは，説明変数としてシニオリティを用いていない。本章のモデルでは，当期の委員会メンバーシップや1人あたり補助金受給額を説明するのに，議院と政党によって区別された4つのシニオリティ変数が用いられており，それらはすべて内生変数とし

て扱われる。

　第2の相違点は，ランドクイストとカーシーが委員会メンバーシップの影響が時間的ラグをもって発生する（前期の委員会メンバーシップから当期の1人あたり公共調達額への影響がある）と考えたのに対して，本章のモデルにおいてはそれに加えて即時的な影響も考慮したことである。ランドクイストとカーシーのモデルでは，当期の委員会メンバーシップから当期の人口1人あたり防衛関連公共調達額への影響はないと仮定されている。しかし，なぜ議員が当期にその委員会に所属しようとするのかを考えると，この仮定は奇妙である。議員たちは，当期に超過的な便益を獲得したいからこそ，当期にその委員会のメンバーになろうとするのではないだろうか。したがって，本章では当期の委員会メンバーシップを当期の人口1人あたり補助金受給額を説明する変数として採用する。同時に，ランドクイストとカーシーと同じく，前期の委員会メンバーシップも当期の人口1人あたり補助金受給額を説明する変数として採用する。なぜなら，公園事業補助金は，2年から3年の間に分割して支払われるので，当期の1人あたり補助金受給額には当期の委員会メンバーシップの影響だけでなく，前期の委員会メンバーシップの影響も及んでいると考えられるからである。

　第3の相違点は，内生性の表現に関するものである。ランドクイストとカーシーは，システム内で委員会メンバーシップ変数の内生性を表現するときに，委員会メンバーシップを被説明変数とする方程式の誤差項と，人口1人あたり防衛関連公共調達額を被説明変数とする方程式の誤差項の相関を仮定するという方法をとった。これに対して，本章の計量モデルでは，関連する小委員会のメンバーシップと人口1人あたり補助金受給額が潜在変数を介してむすびついていると仮定する。この潜在変数は非線形変換されて2値の値を採る委員会メンバーシップ変数になる。

　ランドクイストとカーシーは，委員会メンバーシップの決定を記述するのに線形確率関数を用いた。彼らの主張によれば，これは分析に用いたデータの特質から許容でき，また技術的な問題から必要であったからだという（Rundquist and Carsey, 2002, Appendix A）。しかし，線形確率関数を用いることは技術的な観点からも問題があるし[29]，また他のデータの分析において一

般的に使える方法でもない。非線形の確率関数を用いた方が技術的により適切であり，またデータの特質にかかわらず一般的に使える。

本章の実証研究においては，パラメータの推定に3段階最小2乗法という推定法が用いられている。この推定法では，離散変数の背後に連続量の潜在変数があると考える。そして，この連続量の潜在変数の値と，連続量の被説明変数（潜在変数が非線形変換された離散変数で説明しようとする変数）の値の間に共変関係があると考えるのである。本章の計量モデルに則して言うのであれば，離散変数である委員会メンバーシップ変数が背後に連続量の潜在変数をもっており，それと連続量の被説明変数である人口1人あたり補助金受給額の間に共変関係があると考えるのである。

なお，図8-6(a)と図8-6(b)は，以上で説明したランドクイストとカーシーのモデルと本章の計量モデルの相違点を図示したものである。

(4) よく似た他のモデルや方法との共通点と相違点

本稿で用いられている分析方法は，構造方程式モデリング（Structural Equation Modeling），あるいは共分散構造分析（Covariance Structure Analysis）と呼ばれる。前者はモデルの構築方法に，後者は推定法に着目した名称である。

構造方程式という用語は，計量経済学において広く使われている。例えば，マクロ計量モデルは複数の構造方程式（と定義式）によって構成されている。また，特定の市場における価格と取引量の決定を記述する同時方程式システムも，供給行動と需要行動を記述する構造方程式によって構成されている。本章のモデルは，複数の方程式から構成されているという点ではマクロ計量モデルや同時方程式システムに似ている。しかし，質的な内生変数（0か1の2値しかとらない委員会メンバーシップ変数）を含んでいる点が，一般的なマクロ計量モデルや同時方程式モデルとは異なっている。また，一般的な同時方程式モデルにおいては，ある方程式の被説明変数が別の方程式では説明変数になっているという相互的な関係があるが，本章のモデルにおいてはそうなっていない。4つの階層の方程式は，上位の階層の方程式の説明変数に

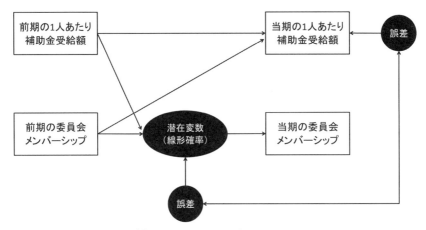

図8-6(a)　ランドクイストとカーシーのモデル

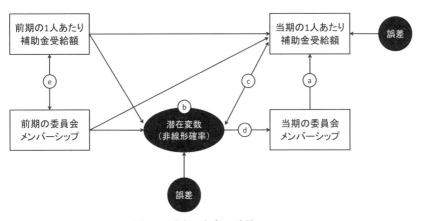

図8-6(b)　本章の計量モデル

a：当期の委員会メンバーシップ変数から当期の1人あたり補助金受給額への影響
b：潜在変数の導入
c：潜在変数と当期の1人あたり補助金受給額の相関
d：潜在変数を非線形変換することで決まる委員会メンバーシップ変数
e：前期の委員会メンバーシップ変数と前期の1人あたり補助金受給額の相関

下位の階層の方程式の説明変数がほぼすべて含まれるという入れ子型の構造になっている。

　構造方程式という用語は，ヘックマンの二段階推定法でも用いられている。ヘックマンの二段階推定法は，職業訓練への参加の選択，学校教育年数の選択など，労働者がその費用と便益を考えて行なった経済的な選択がその後の

彼らの所得にどのような影響を与えたかを検証する（いわゆる内生的処置効果を検証する）ときによく用いられる方法である（Heckman and Vytlacil, 2007）。上の例では労働者による経済的な選択を記述した式を構造方程式と呼ぶ。本章でとられる分析方法は，観察データを利用する実証研究において，サンプル・セレクション・バイアスを克服するのに質的内生変数を使うという点では，ヘックマンの二段階推定法に似ているが，質的内生変数がモデルの中に複数含まれているという点において，それとは異なっている。

　構造方程式モデリングは，これまでに心理学，社会学，教育学，経営学などにおいてよく用いられてきた。また，最近では会計学や生態学においても用いられるようになっている。政治学においても，候補者の選挙活動への支出と獲得した票数の関係や対立する2つの国の防衛支出の関係の研究に用いられてきた。一般に，複数の方程式で構成されるシステムによって現象が起こるメカニズムを記述することを構造方程式モデリングといい，システム内の個々の方程式を構造方程式と呼ぶ。システムを構成する方程式のパラメータの推定は最尤法で行なうのが標準的であるが，本章の計量モデルのように質的な内生変数を含む場合は他の推定法が用いられる。既に述べたが，本章では，推定法として3段階最小2乗法を用いる。

　構造方程式モデリングにおいては，システム内のパラメータは，あらかじめ分析者が設定したモデルから導出される分散・共分散行列（厳密にはそのうちの観察できる変数についての部分行列）と，実際に観察されたデータの分散・共分散行列のギャップがもっとも小さくなるように推定される。共分散構造分析という名称はこのような推定法に由来する（朝野・鈴木・小島, 2005；小島・山本, 2013；小杉・清水, 2014；豊田, 2014；Schumacker and Lomax 2010；Kuline 2011；Garson 2012）。

　構造方程式モデリングを，いわゆるパス分析（path analysis）が潜在変数を含むように拡張されたものだと解釈することもできる。古典的なパス分析との違いは，各経路のパラメータを個別に推定するのではなく，まとめて推定する点にある。また，潜在変数の導入による自由なモデリングと多重共線性に対する相対的な頑健性も古典的なパス分析とは異なる特徴である。

　本章の計量モデルの場合，構造方程式モデリングを採用したことで，地域

ダミー，イデオロギー，シニオリティ，委員会メンバーシップ，人口1人あたり補助金受給額という複数の変数の間にある多階層の複雑な関係を記述することができた。また，後述するように，ある変数から別の変数への直接効果と第3の変数を媒介とする間接的な効果を分離することもできた。

さらに，多重共線性の影響に頑健な構造方程式モデリングを採用したことで，比較的高い相関を示す変数を同時にシステムに組み入れて分析することができた。われわれのデータにおいては，イデオロギー変数とシニオリティ変数が高い相関をもっていた（例えば，よりリベラルなイデオロギー嗜好をもつ民主党議員が選出された州に，より長いシニオリティをもつ民主党議員がいるという傾向がある）。したがって，単一方程式システムを採用し，OLSによってそのパラメータを推定するという方法をとるときは，どちらかを回帰式から落とさなければならない。しかし，構造方程式モデリングを採用すれば，両者を同時にシステムに組み入れることができる。

実は，先に紹介したランドクイストとカーシーも，共分散構造分析によってパラメータの推定を行なっている。しかし，彼らが用いた統計ソフトは，本章の実証研究で用いたものとは異なる。パラメータの推定に彼らが用いたのは，LISRELという共分散構造分析に特化したソフトウエアである。これに対して，本章の実証研究においては，統計分析ソフトRと追加パッケージlavaanを用いる。lavaanは，共分散構造分析に特化した追加パッケージである。また，lavaanは，Rで共分散構造分析を実行できる代替的な追加パッケージとは異なり，システム内で2値の内生変数を簡単に取り扱うことができる[30]。

9 分布と相関

共分散構造分析でパラメータの推定を行なう前に，データの分布と説明変数間の相関についてチェックする。分布の非正規性と多重共線性は，共分散構造分析においても，パラメータの推定と有意性の検定に影響を及ぼすからである。

（1）分布の正規性

 分布の正規性は，正確なパラメータの推定と有意性の検定を行なう前提である。OLSの場合とは異なり，共分散構造分析では結合分布の正規性が問題となる。複数の変数の間の結合分布の正規性を直接知ることは難しいが，各々の変数の分布を知ることで，結合分布の正規性が成立しているか否かをある程度推察できる。
 表8-2に連続変数（当期と前期の公園事業補助金の人口1人あたりの受給額，失業率，旅行業従事者シェア，国立公園の数，人口規模，シニオリティ，イデオロギー指標）について，対数変換したものの基本統計量を示している。これらの連続変数の生のデータの分布は歪んでいるので，対数変換したものを分析に用いる。対数変換を施すことで分布の歪みは抑制されているが，シニオリティのように対数変換した後も中央値と平均値が乖離し分布に大きな歪みが見られるものもある。これらの分布の歪みについては，これ以上対処できない。3段階最小2乗法は分布の歪みに対して比較的頑健な推定法であるが，それを用いることによってパラメータの推定値や有意性の検定への影響が完全に解消されるわけではない。このようなデータの分布の歪みは，分析結果に影響する方法上の弱点である。
 0か1の2値しかとらない変数（委員会メンバーシップ，地域ダミー，年度ダミーなど）については，本来はそれらの割合がほぼ半々であることが望ましい[31]。しかし，本稿で用いるデータでは，この条件は満たされていない。やむを得ず，2値変数については，そのまま分析に用いた。

（2）説明変数間の相関

 共分散構造分析は，多重共線性の影響に対してOLSよりも頑健だとされる（Garson, 2012）。しかし，あまりに説明変数間の相関が高いとやはり多重共線性が問題となる。説明変数のデータを対数変換した後にそれらの相関行列をチェックしたところ，相関係数が0.85を超えるものがいくつかあることが分かった。特に，政党別に設けたイデオロギー変数やシニオリティ変数

表8-2　対数変換した後の連続変数のデータの記述統計

	平均	中央値	標準偏差	分散	最小	最大
当期の1人あたり補助金受給額	−0.77	−0.81	0.76	0.58	−2.66	1.23
前期の1人あたり補助金受給額	−0.72	−0.81	0.82	0.67	−3.22	1.22
失業率	1.72	1.67	0.34	0.12	1.06	2.67
旅行業従事者シェア	1.83	1.81	0.37	0.13	1.22	3.40
国立公園の数	−0.86	0.00	1.46	2.13	−2.30	2.08
人口規模	8.28	8.41	0.99	0.98	6.23	10.53
上院の民主党所属議員のシニオリティ	0.85	2.08	2.44	5.94	−2.30	3.95
上院の共和党所属議員のシニオリティ	0.69	1.79	2.40	5.74	−2.30	3.58
下院の民主党所属議員のシニオリティ	2.14	2.77	1.81	3.29	−2.30	4.01
下院の共和党所属議員のシニオリティ	1.98	2.64	1.83	3.34	−2.30	3.69
上院の民主党所属議員のイデオロギー	−0.31	−0.32	0.28	0.08	−1.40	0.11
上院の共和党所属議員のイデオロギー	0.22	0.23	0.20	0.04	−0.05	0.64
下院の民主党所属議員のイデオロギー	−0.53	−0.57	0.34	0.11	−1.31	0.25
下院の共和党所属議員のイデオロギー	0.46	0.53	0.21	0.05	−0.25	0.80
上院の民主党議席シェア	−1.88	−0.69	2.09	4.37	−4.61	0.00
下院の民主党議席数	0.80	1.10	1.44	2.07	−2.30	3.53
下院の共和党議席数	0.77	1.10	1.47	2.16	−2.30	3.04

観察数 = 192
出所：著者作成

は，各州における上院議席シェアや下院議席数と非常に高い相関を示す[32]。本章の分析においては，これらの変数のパラメータの値や有意性が主要な関心の対象ではないので，ひとまずすべての説明変数を回帰式に含んだ推定を行なった。今後，より厳密な推定を行なうには，相関の高い変数のうち重要でないものをモデルから落とすことが必要になる。分布の歪みと同様に，説明変数間の高い相関は，分析結果に影響する方法上の弱点である。

10 | 結果

　以下では，委員指名過程の分析結果（委員会メンバーシップの決定要因），政策決定過程の分析結果（人口1人あたり補助金受給額の決定要因）の順に報告し，最後にそれらを総合する。なお，すべての変数について結果を報告するのではなく，前期の人口1人あたり補助金受給額，当期の委員会メンバーシップ，当期の人口1人あたり補助金受給額の3つの変数の関係に議論の焦点を絞る。人口1人あたり補助金受給額の決定については，関連する小委員会のメンバーシップ以外の変数のパラメータの推定結果はコラムGで報告する。同様に，イデオロギー変数を地域ダミー変数で説明する式のパラメータの推定結果と，シニオリティ変数をイデオロギー変数で説明する式のパラメータの推定結果に関しては，コラムFで報告する。

（1）委員指名過程：委員会メンバーシップの決定要因

　表8-3は，委員会メンバーシップの決定要因の分析結果について，議院別・管轄別・政党別にまとめたものである。この表では係数の有意性と符号のみが示されている[33]。0は有意でないという結果を，＋と－は有意水準5％を採用したときに有意であり，かつ係数が記号の表わす符号をとることを表している。符号が括弧で囲まれている場合は有意水準10％を採用したときのみに有意となることを，また符号が二重括弧で囲まれている場合は有意水準15％を採用したときのみに有意となることを表している。なお，15％という有意水準は慣習的な有意水準である5％あるいは10％よりも緩いが，これを採用する理由は，サンプル・サイズに対してモデルが複雑であり，有意な結果を得にくい（検出力が弱い）と考えられるからである。

　もし既得権益が委員会メンバーシップとむすびついているならば，前者を表わす前期の人口1人あたり補助金受給額と当期の委員会メンバーシップの間に有意な正の関係があるはずである。分析結果は，この予測されたパターンに当てはまるのが，民主党に所属する上院と下院の歳出小委員会のメンバ

表8-3　議院別・管轄別・政党別の委員会メンバーシップの決定要因

	上院				下院			
	歳出		授権		歳出		授権	
	民主党	共和党	民主党	共和党	民主党	共和党	民主党	共和党
前期の1人あたり補助金受給額	((+))	0	0	0	+	−	0	−
前期の委員会メンバーシップ	+	+	+	+	+	(+)	+	0
シニオリティ	0	+	0	0	0	0	0	0
イデオロギー	0	0	0	0	−	0	−	+
国立公園の数	0	0	0	0	(+)	0	0	+
旅行業従事者シェア	0	0	0	0	0	(−)	0	0
民主党上院議席シェア	0	−	+	−				
民主党下院議員数					0		0	
共和党下院議員数						+		0
北東部	((+))	0	0	0	+	0	0	0
中西部	(+)	0	0	0	0	(−)	((−))	−
南部	0	0	0	0	0	0	−	0
2006年度	0	0	0	0	0	0	0	0
2008年度	0	0	0	0	(+)	0	+	0
2010年度	0	0	0	0	0	0	+	0

+，−…有意水準5％で有意，(+)，(−)…有意水準10％で有意，((+))，((−))…有意水準15％で有意，0…有意でない
出所：著者作成

ーだけであることを示している（ただし，前者については有意水準15％を採用したときのみ有意となる）。

　驚いたことに，共和党に所属する下院の歳出小委員会と授権小委員会のメンバーについては，前期の人口1人あたり補助金受給額が相対的に少ない州から選ばれる傾向があるという結果を得た。これらは，分配理論の予測とはまったく逆の結果である。このアノマリーについては，後で説得力のある説明を提示する。

表8-4 1人あたり補助金受給額の分析結果（委員会メンバーシップ変数のみ）

上院	歳出	民主	+
		共和	0
	授権	民主	0
		共和	0
下院	歳出	民主	((+))
		共和	0
	授権	民主	0
		共和	0

出所：著者作成

（2）政策決定過程：1人あたり補助金受給額の決定要因

次に，政策決定過程（1人あたり補助金受給額の決定要因）について，分析結果を報告する。関心の対象である当期の委員会メンバーシップが当期の1人あたり補助金受給額に与える影響を示したものが表8-4である。

議院別・管轄別・政党別に設けた8つの当期の委員会メンバーシップ変数のうち，有意水準5％で有意となったのは，民主党に所属する上院の歳出小委員会のメンバーがその州にいるか否かを表わす変数のみであった。その係数の符号は予測どおり正であった。他の7つの委員会メンバーシップを表す変数は，有意水準を10％まで緩めても有意な変数にはならなかった。もし有意水準を15％まで緩めることが許されるのであれば，民主党所属の下院の歳出小委員会のメンバーの有無を表わす変数の係数も有意である（p値は0.14）。その符号は予測どおり正であった[34]。

コラムG 各州の人口1人あたり補助金受給額への委員会メンバーシップ変数以外の変数の影響

ここでは，人口1人あたり補助金受給額を被説明変数としたとき，委員会メンバーシップ変数以外の説明変数について得られた結果を報告する。(1)シニオリティ変数，イデオロギー変数，上院議員シェア，下院議員数，(2)人口規模，委員会リーダー，上院選挙サイクル，(3)地域ダミー，年度ダミー，(4)その他の変数に分けて，以下で報告する。

1. シニオリティ変数，イデオロギー変数，上院議員シェア，下院議員数

　有意水準5％を採用した場合，シニオリティについては，表G-1に示しているように，議院別・政党別に設けた4つの変数のうち，共和党所属の上院議員のシニオリティを除くすべての変数の係数が統計的に有意となった（他方で，共和党所属の上院議員のシニオリティを表わす変数は，有意水準10％でも有意な説明変数にはならなかった）。しかし，有意になったこれらの変数の係数の符号は，予測された正ではなく負だった。つまり，同じ議院の，同じ政党においてよりシニオリティの長い議員のいる州ほど，人口1人あたりの補助金受給額がより少ない傾向があるということになる。

　この一見奇妙な結果は，以下のように説明できる。もしシニオリティのより短い，したがって経験のより浅い議員ほど，選挙上脆弱である（選挙において苦戦しやすい）のならば，彼らには，補助金を獲得して功績を主張し選挙民の支持を得ようとする強いインセンティブがあることになる。

表G-1　1人あたり補助金受給額の分析結果（シニオリティ，イデオロギー，議員数）

上院イデオロギー（民主）	−0.28 (0.21)
上院イデオロギー（共和）	−0.76 * (0.37)
下院イデオロギー（民主）	0.17 (0.26)
下院イデオロギー（共和）	0.03 (0.60)
上院議員シェア（民主）	0.01 (0.02)
下院議員数（民主）	0.12 *** (0.04)
下院議員数（共和）	0.16 *** (0.05)

Signif. codes : '***' 0.001 '**' 0.01 '*' 0.05 '.' 0.1
（　）内は標準誤差
出所：著者作成

他方で，シニオリティのより長い議員というのは，選挙上より頑健な，すなわち再選がより容易な議員でもある。補助金を獲得して支持を得ようとするインセンティブは，彼らにとってはそれほど強いものではないのかもしれない。特に公園事業補助金のような連邦支出の中でも比較的少額の補助金については，なおさらそうだと言えそうである。このように，選挙上の頑健性あるいは脆弱性によってインセンティブの程度に差があることを考慮すると，シニオリティのより短い議員がいる州ほど人口1人あたりの補助金受給額が多くなり，逆にシニオリティのより長い議員がいる州ほど人口1人あたりの補助金受給額が少なくなるというのも不思議ではない。

この現象については，議員個人ではなく，政党に着目した代替的な説明も可能である。もし政党が補助金の分配を自由に操作できるのであれば，再選がより容易だと見込まれるシニオリティの長い議員よりも，再選がより難しいと考えられるシニオリティのより短い議員に，傾斜的に補助金を配分しようとするだろう。なぜなら，その方がより資源節約的に議席を獲得することができるからである。このように，シニオリティのより短い議員がいる州ほど人口1人あたりの補助金受給額が多くなるという現象は，組織的な目的を追求する政党の行動によっても説明できる。

イデオロギー変数についての結果は以下のとおりである。表G-1に示しているように，有意水準5％を採用した場合，議院別・政党別に設けた4つの変数のうち，共和党に所属する上院議員のイデオロギー指標の係数のみが有意となり，その符号は負になった。イデオロギー指標はより大きな値ほどイデオロギー嗜好が保守的であることを表わしているから，この結果はよりリベラルなイデオロギー嗜好をもつ共和党所属の上院議員がいる州あるいは共和党所属の上院議員がまったくいない州（われわれの定義によれば，そのときの議院別・政党別のイデオロギー指標の値は0である）ほど，人口1人あたりの補助金受給額がより多くなる傾向があることを示している。なお，他の3つのイデオロギー指標を表わす変数は，有意水準を10％まで緩めても有意な説明変数にはならなかった。

各州に割り当てられた議席に占める政党のシェアや占有議席数は，補助金の分配にどのような影響を与えているのだろうか。上院の民主党議席シ

ェアは,有意水準10％でも有意な説明変数にはならなかった。下院については,各州で選出された民主党に所属する下院議員の数は,有意水準5％で有意な説明変数になり,その係数の符号は正であった。つまり,民主党に所属する下院議員がより多く選出された州ほど,人口1人あたりの補助金受給額が多い傾向があった。同様に,共和党に所属する下院議員の数も有意水準5％で有意な変数になり,その係数の符号は正であった。これは,共和党に所属する下院議員がより多く選出された州ほど,人口1人あたりの補助金受給額がより多い傾向があることを表わしている。

2．人口規模,委員会リーダー,上院選挙サイクル

表G-2に示されているように,1票の較差の代理変数である人口規模も,人口1人あたりの補助金受給額に有意な影響を及ぼしていた。有意水準5％を採用した場合,各州の人口規模を表わす変数は,予測されたとおり有意な負の係数をもつ。すなわち,人口の少ない,したがって上院における1票が重い州ほど,人口1人あたりの補助金受給額がより多くなる傾向があった。委員会のリーダーがいることやその年に選挙サイクルをむかえる上院の小委員会のメンバーがいることは,人口1人あたり補助金受給額に正の影響を与えることが予測されたが,これらの変数は有意水準を10％まで緩めても有意な説明変数にはならなかった。

表G-2 1人あたり補助金受給額の分析結果(一票の較差,委員会リーダー,上院選挙サイクル)

人口	-0.57 *** (0.10)
委員会リーダー	0.05 (0.10)
上院選挙サイクル	-0.01 (0.10)

Signif. codes: '***' 0.001 '**' 0.01 '*' 0.05 '.' 0.1
( )内は標準誤差
出所：著者作成

3. 地域ダミー,年度ダミー

　表G-3は,地域ダミー変数と年度ダミー変数についての分析結果を示したものである。地域ダミー変数については,3つの変数のうち南部の州であることを表わす変数のみが有意水準10％で有意となり,その係数の符号は正であった。この結果は,参照地域になっている西部の州よりも,南部の州の方が人口1人あたりの補助金受給額が多い傾向があることを表わしている。北東部と中西部の地域ダミー変数については,有意水準を10％まで緩めても有意な説明変数にはならなかったので,観察期間中において,参照地域である西部の州とこれらの地域の州の人口1人あたりの補助金受給額には有意な差がなかったと言える。

　年度ダミー変数については,3つの変数のうち,2006年度と2010年度のみが有意な説明変数であった(ただし,2006年度については有意水準10

表G-3　1人あたり補助金受給額の分析結果(地域ダミー,年度ダミー)

北東部	−0.16 (0.17)
中西部	0.16 (0.14)
南部	0.17 . (0.11)
2006年度	0.16 . (0.10)
2008年度	−0.10 (0.09)
2010年度	−0.56 *** (0.18)

Signif. codes : '***' 0.001 '**' 0.01 '*' 0.05 '.' 0.1
(　)内は標準誤差
出所:著者作成

%でのみ有意となる)。2006年度ダミーの係数の符号は正，2010年度ダミーの係数の符号は負であった。2004年度の補助金支給総額をベースとした場合，実質額で見て2006年度の支給総額はそれよりも多く，2010年度の支給総額はそれよりも少なかった。われわれが得た結果は，補助金の支給総額と人口1人あたりで見た各州への分配額とが傾向的にリンクしていることを示している。つまり，補助金の支給総額が多い年は人口1人あたりで見た各州への分配額も多くなり（2006年度の場合），補助金の支給総額が少ない年は人口1人あたりで見た各州への分配額も少なくなる（2010年度の場合）。他方で，実質額で見た場合，2008年度については補助金の支給総額が参照年度である2004年度よりも少なかったが，有意水準10％を採用したとしても，人口1人あたりの補助金受給額に対する有意な負の影響は確認できなかった。

4．その他の変数

表G-4に示されているように，前期の人口1人あたり補助金受給額は，有意水準0.1％で有意な正の係数をもつ。この結果は，前期（われわれの定義では，前の連邦議会期の第2会期）に人口1人あたり補助金受給額がより多かった州ほど，当期（われわれの定義では，今の連邦議会期の第2会期）も人口1人あたり補助金受給額がより多いという傾向があることを

表G-4　1人あたり補助金受給額の分析結果（過去の補助金受給額，失業率，旅行業従事者シェア，国立公園の数）

過去の1人あたり補助金受給額	0.20 *** (0.05)
失業率	0.32 (0.30)
旅行業従事者	0.15 (0.11)
国立公園の数	−0.04 (0.03)

Signif. codes : '***' 0.001 '**' 0.01 '*' 0.05 '.' 0.1
（　）内は標準誤差
出所：著者作成

表わしている。各州における当期の失業率，労働人口に占める旅行業従事者のシェア，国立公園の数については，有意水準を10％まで緩めても有意な説明変数にはならなかった。

(3) 分析結果の総合と解釈

　委員指名過程に関する分析結果と政策決定過程に関する分析結果を合わせて図示したのが図8-7である。実線は有意水準5％で有意な関係，破線は有意水準15％で有意な関係を表わしている。円の中の符号は，矢印の根にある変数が矢印の先にある変数に及ぼしている影響の方向を表わしている。
　検証したい仮説は，「前期の1人あたり補助金受給額と当期の委員会メンバーシップの間に有意な正の関係があるときかつそのときのみに，当期の委員会メンバーシップと当期の1人あたり補助金受給額にも有意な正の関係がある」というものだった。15％というやや緩い有意水準の下ではあるが，この仮説を支持する分析結果が得られた。
　しかし，一見奇妙な結果も同時に得られた。共和党に所属する下院の歳出小委員会と授権小委員会のメンバーについては，前期の人口1人あたりの補助金受給額から当期の委員会メンバーシップへの有意な負の影響がある，という結果を得たのである。すなわち，共和党に所属する下院の歳出小委員会と授権小委員会のメンバーは，前期の人口1人あたりの補助金受給額が相対的に少ない州から選ばれる傾向があるという，分配理論の予測とはまったく逆の結果が得られたことになる。
　このアノマリーをどのように説明すればよいのだろうか。説得力のある1つの説明は，共和党に所属する下院の歳出小委員会と授権小委員会のメンバーは，補助金の獲得とは別の動機で，これらの委員会のメンバーになったというものである。
　一般に，選挙民志向の委員会は，再選のための超党派の互恵組織だと考えられている。つまり，選挙民志向の委員会において，メンバーの所属動機は，

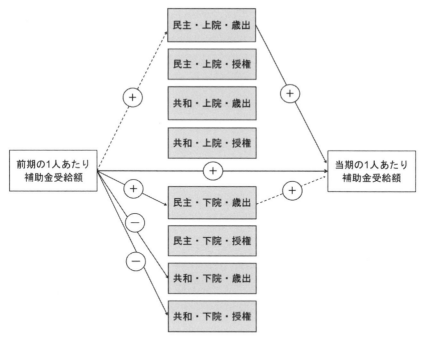

図8-7　前期の1人あたり補助金受給額，当期の委員会メンバーシップ，当期の
　　　　1人あたり補助金受給額の関係
出所：著者作成

　党派にかかわらず便益の獲得によって選挙民に功績を主張すること，そしてそれによって再選を容易にすることだというのが理論にもとづく理解である。しかし，公園事業を管轄する下院の小委員会に関しては，このような理解は誤りであるかもしれない。
　共和党に所属する下院議員がこれらの小委員会に所属している動機は，地元の既得権益の維持や向上ではなく，他の議員による利益誘導を糾弾することなのかもしれない。彼らは，功績の主張ではなく，宣伝や立場の表明によって選挙民の支持を獲得しようとして，これらの小委員会に所属しているのかもしれない。連邦議会には，「ポーク・バスター」("pork buster")と呼ばれる議員がいる[35]。彼らは，その名のとおり利権の潰し屋として，財政責任を強調し彼らが浪費的だと考える政府支出を削減することで，保守的なイデオロギー嗜好をもつ選挙民の支持を得ようとする。彼らが選出された州の利

益と小委員会が管轄する便益との関連が弱ければ，他の議員による利益誘導を糾弾する行為によって，彼らが選挙上のリスクを負うことはない。なぜなら，その政策領域においては，彼らが発案者や賛同者となる事業が他の者に糾弾される状況になることはあまり考えられないからである[36]。共和党に所属する下院の歳出小委員会と授権小委員会のメンバーが，前期の人口1人あたりの公園事業補助金の受給額が相対的に少ない州から選ばれる傾向があるという現象は，このように説明できる。公園事業を管轄する下院の2つの小委員会では，政党のラインに沿って議員が採用する再選戦略あるいはそれを反映した委員会への所属動機が異なっていると考えると，既得権益の多寡を表わす前期の人口1人あたり補助金受給額が相対的に少ない州で選出された共和党議員から公園事業を管轄する委員会のメンバーが選ばれるということも不思議ではない。選挙民の支持を得るための再選戦略は，便益の獲得とそれによる功績の主張に限られない。多様な選挙民の選好に応じて，議員たちが採用する再選戦略も多様であり得るし，それを反映して1つの委員会の内部においても所属動機は多様でありうる。

　米国には，「赤い州」・「青い州」という言葉があり，それぞれ共和党の強力な支持基盤となっている州，民主党の強力な支持基盤となっている州を表わす。青い州で選出された民主党議員は，地元に利益を誘導することで選挙民の支持を得ようし，赤い州で選出された共和党議員は，それを糾弾することで選挙民の支持を得ようとするということは十分考えられる。下院の授権小委員会のメンバーについては，より保守的な共和党議員がいる州から選ばれる傾向があるという結果が同時に得られている（表8-3）。このことは以上の説明を支持する補助的なエビデンスであると考えられる。

　しかし，共和党に所属する下院の授権小委員会のメンバーが，国立公園の数がより多い州から選ばれる傾向があるという結果も同時に得られている（表11-2）。このような結果は，提示された説明と矛盾しないだろうか。

　公園事業補助金は，基本的に既存の公園を維持するために支給されるものではない。それらは主に州政府が歴史保存やアウトドア・レクリエーションのために新しい土地を獲得するのを支援するために支給されている。新しい土地の獲得を支援する補助金支出と既存の公園の維持運営費は，どちらも国

庫に設けられた「土地と水域の保全のための基金」から支出される。したがって，これらの支出目的はトレード・オフの関係にある。

　州内に既に多くの国立公園を保有している選挙民にとっては，新たな補助金支出は望ましくないものなのかもしれない。補助金への支出が膨らむことによって，連邦政府が彼らの州の公園の維持のために支出する額が減ってしまうからである。このように，財源を共有することから生じるトレード・オフという事情を考慮すれば，共和党に所属する下院の授権小委員会のメンバーが国立公園の数がより多い州から選ばれる傾向があるという結果と，彼らが他の議員による利益誘導を糾弾することで選挙民の支持を得ようとしてこの小委員会のメンバーになるという説明は矛盾しない。

11 ｜ 結論：委員会への所属動機が便益の分配に及ぼす影響

　本章では，「委員会に便益の獲得を目的として所属する者のみが，そのメンバーシップによって超過的な便益を得る」という仮説について検証し，15％というやや緩やかな有意水準の下ではあるが，この仮説を支持する分析結果を得た。分配理論が予測する行動パターンにあてはまるのは，民主党に所属する上院と下院の歳出小委員会のメンバーのみであった。つまり，予測と整合的な行動をとっていたのは，関連する小委員会のメンバーの一部だけだったのである。

　委員会への所属動機は多様であり，便益の獲得とそれによる功績の主張に限定されない。他の議員による利益誘導を糾弾することをつうじた宣伝や立場の表明も有効な再選戦略である。選挙民志向とされる委員会でも，一枚岩ではなく，その内部には所属動機の異なる派閥がある。そして，これらの派閥のメンバーは，概ね政党のラインに沿って分かれている[37]。

　本章の分析結果から得られる，理論に対するインプリケーションは，補助金の分配をめぐる現実の議会政治の説明や予測を行なうには，分配理論の枠組みは単純すぎるというものである。分配理論は，選挙民はみな彼らの好む特定の便益の獲得を議員に望んでいると仮定する。したがって，分配理論の

枠組みにおいては，委員会への所属動機は便益の獲得とそれによる功績の主張に限られる。そこから，委員会メンバーシップと獲得される便益の間に普遍的な正の関係があるという予測が導出されるのである。

しかし，実際には1つの委員会の内部においてもメンバーの所属動機は多様である。そして，委員会への所属動機によって，委員会メンバーシップと獲得される便益の関係も多様である。言いかえれば，委員指名過程における動機が政策決定過程において議員がどのようにふるまうかを規定している。

したがって，委員会メンバーシップと獲得される便益の関係を理解するには，委員指名過程まで遡り，議員が特定の委員会に所属しようとする動機を知る必要がある。先行研究で採られてきたような，委員指名過程を捨象し，委員会メンバーシップを外生変数として，それと獲得される便益との関係を検証するだけでは不十分なのである。このような方法では委員会のメンバーの所属動機を知ることができないからである。委員会メンバーシップと獲得される便益の関係を明らかにするには，委員指名過程と政策決定過程を統合した分析が必要なのである。そして，そのような分析は委員会メンバーシップをシステム内で決まる内生変数として扱うことで可能になる。

委員会メンバーシップを内生化したシステムを用いた分析には，メンバーの所属動機を解明し，それによって委員会メンバーシップと獲得される便益との関係の多様性を説明できるという以外にも利点がある。委員会メンバーシップを内生変数として扱うと，便益の分配への委員会メンバーシップの影響に新しい解釈を与えることができるのである。構造方程式モデリングがパス分析の拡張であると考えると，委員会メンバーシップは前期の人口1人あたり補助金受給額から当期の人口1人あたり補助金受給額への間接効果を媒介する変数であると解釈できる。図8-8において，左側にある前期の人口1人あたり補助金受給額は，右側にある当期の人口1人あたり補助金受給額に直接的に正の影響を及ぼしている（経路1）。また，前期の人口1人あたり補助金受給額は，図の下部にある当期の民主党に所属する議員の上院歳出小委員会のメンバーシップにも正の影響を及ぼしている（経路2）。さらに，当期の民主党に所属する議員の上院歳出小委員会のメンバーシップが，当期の人口1人あたり補助金受給額に正の影響を及ぼしている（経路3）。

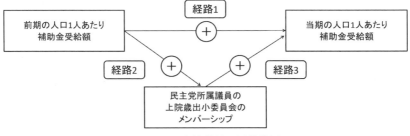

図8-8　直接効果・間接効果

出所：著者作成

　この図において，経路2と経路3は，当期の民主党に所属する議員の上院歳出小委員会のメンバーシップを媒介とした，前期の人口1人あたり補助金受給額から当期の人口1人あたり補助金受給額への間接効果を表わしている。つまり，経路1で表わされる直接効果のほかに，民主党に所属する議員の上院歳出小委員会のメンバーシップを媒介とする間接効果がある。前期の人口1人あたり補助金受給額は，委員会メンバーシップを介して当期の人口1人あたり補助金受給額に追加的な正の影響を及ぼしている。委員会メンバーシップを外生変数とした単一方程式システムによる分析では，このように委員会メンバーシップ変数を媒介変数と解釈することはできない。このような解釈は，構造方程式モデリングを用いたからこそ可能なのである[38]。なお，経路2と経路3のそれぞれの有意性ではなく，それらを接合した間接効果の有意性の検定については，コラムHを見ていただきたい。

　ここまで見たように，委員会メンバーシップを内生変数とし，構造方程式モデリングを採用した分析方法には，①政党によって区別された委員会メンバーシップ変数の補助金の分配への影響に多様性がある理由を説明できる，②分配理論の生む3つの仮説を統合的に検証できるので，理論の説明力や予測力を評価できる，③委員会メンバーシップ変数の影響をこの変数を媒介変数とした間接効果の構成要素として解釈できるという利点がある。本章の実証研究において採用した，委員会メンバーシップを内生変数とする構造方程式モデリングは，まだかなり試行的なものであり解決すべき課題も多いが，分配政治の研究において非常に有用な分析方法だと言えよう[39]。

コラムH　間接効果の有意性検定[40]

　共分散構造分析において，モデルの経路（パス）のそれぞれの係数の有意性，すなわち直接効果の有意性を知ることは簡単である。しかし，間接効果の有意性を知ることは難しい。図8-8で言うならば，間接効果とは経路2と経路3の係数の積で表わされる効果である。間接効果の値自体は単純に係数を掛け合わせれば求められるが，有意性の検定に必要な標準誤差を計算することは簡単ではない。間接効果はパス係数の積であるため，一般に標本分布が正規分布にならないからである。

　間接効果の有意性を検定するには，2つの方法がある。1つは，間接効果の標本分布が大標本では正規分布に近似できることを利用する検定方法であり，ソベル検定（Sobel's Test）と呼ばれる。もう1つは，分布の正規性を仮定しない検定方法であり，ブートストラップ信頼区間を用いる。本章のサンプルのように，小標本の場合には間接効果は一般に正規分布に従わないので，以下ではブートストラップ法による検定を行なう。

　ブートストラップ法では，元のサンプルからデータを抽出し何度も同じサイズの標本を作り出す。この作業はリサンプリングと呼ばれる。同じデータを2回以上抽出することもあるので，小さな値ばかりの標本ができたり，大きな値ばかりの標本ができたりもする。これらの標本にモデルを当てはめて係数の推定値を求めると，標本の数だけ係数の推定値が得られる。ブートストラップ法では，リサンプリングによって得られた推定値の分布が標本分布の近似として使えると考える。例えば1000回の試行の場合，1000個の回帰係数の平均値が回帰係数の点推定値であり，1000個の回帰係数の標準偏差が回帰係数の標準誤差であると考える。

　われわれは，8つの委員会メンバーシップ変数を媒介とする間接効果のそれぞれについて2,000回のリサンプリングを行なった。ブートストラップ法による検定の結果は，表H-1に示されている。公園事業に関連する両院の小委員会のメンバーシップを介した前期の1人あたり補助金受給額

から今期の1人あたり補助金受給額への間接効果は，5％有意水準を採用した場合にはすべて有意でなかった。しかし，直接効果とそれらをあわせた総合効果は5％有意水準で有意であった。

表H-1　間接効果と総合効果の有意性検定

		上院		下院	
		民主党	共和党	民主党	共和党
間接効果	歳出小委員会	0.06 (0.04)	0.03 (0.04)	0.05 (0.04)	0.02 (0.03)
	授権小委員会	0.03 (0.03)	0.01 (0.03)	-0.01 (0.03)	0.02 (0.03)
総合効果			0.41* (0.20)		

出所：著者作成
＊（　）内の値はt値である。

註

[1] Mayhew（2001）を見よ。
[2] 2011年に下院の多数党となった共和党は，保守派の議長ジョン・ベイナーに率いられて，2年間のイヤーマークのモラトリアム（一時停止）を実行した。これによって，2010年度に165億ドルであったイヤーマークへの支出は，2011年度には0ドルとなった。選挙のあった2012年度にはイヤーマークに33億ドルが支出されたが，党内からの反発を受けながらもモラトリラムは次の連邦議会期においても適用された。このため，2013年度にイヤーマークへの支出は再び0ドルとなった。このように，共和党が下院で多数党となった後の第112回連邦議会（2011年～2013年）と第113回連邦議会（2013年～2014年）では，イヤーマークへの支出額は著しく減少した（CAGW, 2014）。ちなみに，ジョン・ベイナー議長の支持者たちは，ティー・パーティー運動の1つの中心的存在である。
[3] 立場の表明と得票数，得票率，得票差の関係について分析したものに，Ansolabehere, Snyder and Stewart（2001），Canes-Wrone, Brady and Cogan（2002），Bovitz and Carson（2006）がある。
[4] 近年の米国では，パルティザン・ソーティングが起こっていると言われる。パルティザン・ソーティングとは，イデオロギーによる支持政党の分化のことをいう（Levendusky 2009；Erikson and Wright 2000）。
[5] 過剰代表仮説は，リクルートメント仮説と自己選出の仮定から導き出される論理的帰結であるから，本章の実証研究においては過剰代表仮説の立証によってリクルートメント仮説も間接的に立証されると考える。
[6] 2010年度の場合，「土地と水域の保全のための基金」から総額155億ドル

の歳出が承認された。このうち97億ドルが連邦政府機関による土地の獲得にあてられた。国立公園局への割当額は42億ドルであり，これは連邦政府による土地の獲得のためにこの基金から支出された額の約43％にあたる。他方，この基金から2010年度に州政府に支給された補助金の総額は41億ドルである。この額はメキシコ湾エネルギー安定法にもとづいて供給された資金を含む。

[7] ただし，この財源からの支払額は，年度を追うごとに減少している。

[8] 支出されずに蓄積された分に利子はつかない。この基金はそもそも回転基金として企図されたものであり，分離された勘定として維持され利子支払いを受けるべきだという主張もあるが，実際にはそうなっていない。

[9] ただし，一定額については繰り越しが認められている。詳細については第6章を見よ。

[10] 「他の目的」への支出に関しては，議会は行政府が要求した額よりもかなり少ない額しか歳出を認めない傾向がある（CRS, 2010a, p. 9）。

[11] 「土地と水域の保全のための基金」から支出される州政府への補助金の額は，創設されてからしばらくは連邦政府の活動への支出額を上回ることが多かった。1965年度から1980年度の16年間では，州政府に支給する補助金への支出額が連邦政府の活動への支出額よりも多かった年度が12回もあった。しかし，1980年代初頭から補助金の支出額は「土地と水域の保全のための基金」の支出総額の中でシェアを落とし，1996年度から1999年度の4年間には，プログラム管理への支出を除くと，歳出がまったく承認されなかった。2000年度以降，再び補助金の支出が認められるようになったが，2006年度以降はこの基金からの支出総額の中で補助金の支出額が占めるシェアは10％未満にすぎない。

[12] 生態系システム，眺望，湿地などの保全のためには，広い地域を包括的に管理することが必要になる。多くの場合，連邦政府は一部の土地についてしか所有権を有していないため，保全を成功させるためには複数の土地所有者と提携しなければならない。

[13] Krehbiel (1998) を見よ。

[14] よりフォーマルに言うのであれば，議院と委員会のそれぞれの中位投票者の選好は合致し，2つの集団における選好の分散も同じになる。

[15] この結果は，Ray (1980) への反論でもある。レイは，軍事委員会は空き議席を保守的なイデオロギー嗜好の議員で埋める傾向があり，経時的な下院全体のイデオロギー的構成の変化に軍事委員会のイデオロギー的構成があまり感応的でないことを発見した。

[16] Shepsle (1978) は，委員指名過程の研究において1つの画期をなすものだった。というのも，それまで委員指名に関する研究が帰納的なアプローチを採用していたのに対して，彼は演繹的なアプローチをとったからである。シェプスルは，「委員会のための委員会」を，空き議席の数や兼務の制限規則などの制約の下で，下院民主党という所属議員で構成される「社会」の厚生を最大化している意思決定主体（社会計画者）だと考えた。そして，この理論モデルから導出される仮説を検証したのである。

[17] この点に関しては，議員の選好を表わすのに選挙区の地理的・人口的・産業的な特徴を表わす変数を用いることは適切でないと論じたKrehbiel (1993) も見よ。

［18］Groseclose（1994a）には，それまでの研究とは大きく異なる2つの特徴がある。1つは，対照集団を実際の議院ではなくシミュレーションによって発生させた仮想的な委員会の集団に変えたことである。もう1つは，中位投票者理論を論拠として，平均値ではなく中位値を比較したことである。

［19］Hall and Grofman（1990）は，以下のような理由で，クレーブルの主張の根拠になっている結果を批判した。クレーブルは，「委員会の選好分布は議院を代表するものでない」という対立仮説を検証しようとした。この場合，帰無仮説として採用されるべきなのは，「委員会の選好分布は議院を代表するものである」という仮説である。しかし，クレーブルが実際に行なったのは，「委員会の選好分布は議院を代表するものである」という仮説を対立仮説として，「委員会の選好分布は議院を代表するものでない」という帰無仮説が，慣習的な有意水準の下で棄却できるかという検証だった。これは「～でない」という形式の仮説を支持しやすくなる誤った検証方法である（Julnes and Mohr, 1989 も見よ）。

［20］Kanthak（2004）は，議員の選好が政党の中位投票者の選好に近づくほど，規則委員会，歳入委員会，歳出委員会などの重要な委員会のメンバーである確率が高まることを，プロビット分析によって発見した。

［21］コックスとマッキャビンは，特定の政策領域とむすびついた様々な利益団体スコアと一般的なイデオロギー指標であるNOMINATEの両方を用いて分析を行ない，概ねこれらの間で似たような結果を得た（Cox and McCubinns, 1993 ; 2007）。

［22］ピーターソンとライトは，委員指名への政党の影響について，委員会レベルではなく，小委員会レベルに着目した分析も行なっている。小委員会のメンバーの指名に対する政党の影響は，委員会レベルよりも弱くなる。なぜかというと小委員会の指名は委員会のメンバーの自治によって行なわれているからである。したがって，小委員会のメンバーの指名過程は，委員会のメンバーの指名過程よりも自己選出的であると考えられる。また，小委員会の管轄は委員会の管轄よりも限定されているという事情も，外れ値選好の持ち主を引き付けやすい要素である。実際に，彼らは，利益団体スコアを用いたモンテカルロ・シミュレーションによって，多くの小委員会がランダムに生成されるものとは有意に異なる偏ったイデオロギー構成をもつこと，そして多くの連邦議会期において偶然に観察されると期待されるよりもかなり多い数のイデオロギー的に偏った小委員会が観察されることを発見した。また，概ね多数党の交代は小委員会の選好分布の偏りに影響をあたえないこと，すなわち外れ値選好の持ち主によって構成されている小委員会の多くは，多数党の交代にもかかわらず，そのような構成を維持し続けることを発見した（Wrighton and Peterson, 2003）。

　アドラーも小委員会レベルに着目し，下院の歳出委員会に設置されている小委員会の構成に関する分析を行なった。彼は，Wrighton and Peterson（2003）とは異なり，政党の中位投票者ではなく，議院の中位投票者と小委員会の中位投票者の選好のギャップに着目した（彼の分析の理論的枠組みは分配理論によって提供されている）。また，イデオロギー指標ではなく，選挙区の特性を表わす変数を利用した。1960年代初頭から1990年代後半までを観察期間とする長期のデータを用いた分析によって，彼は歳出小委員会の中に多くの偏った選好分布をもつものがあることを発見した。委員会レベルではなく小委員会レベ

ルでは，政策決定に大きな影響力をもつサブグループのメンバー構成は偏っていたのである（Adler, 2000）．

[23] マルツマンとは異なる軸だが，Young and Heitshusen（2003）も状況依存的な仮説を立てた．彼らは，時点間における政党の議席シェアや政策問題の重要性の変化が，政党が委員会のメンバー構成をコントロールするインセンティブを変えると主張し，実証研究によってそれを確かめた．

[24] 再選した議員には，前の連邦議会期でメンバーを務めていた委員会の議席が保証されるという規範（いわゆる所有権規範）がある．したがって，委員会の空き議席の数は，政党に割り当てられた議席数の増減（連邦議会期ごとに変動する）と，他の委員会に異動した者の議席数によって決まる．

[25] Breen（1996）の Chapter 5 を見よ．

[26] Schumacker and Lomax（2010）の Chapter 5 を見よ．

[27] Svorny（2002）は，委員会メンバーシップの内生性について指摘しているが，彼自身の研究対象は受給の予測が難しいプログラム（大量解雇，自然災害，連邦施設の移転・閉鎖に対処するための失業者の職業訓練プログラム）の補助金であるから，管轄する委員会のメンバーシップの内生性は考えにくいとして，その補助金の分配について分析する際に委員会メンバーシップを外生変数として扱った．

[28] ただし，ランドクイストとカーシーが用いたイデオロギー指標は，Congressional Quarterly が公開している Conservative Coalition Score であり，われわれが用いた DW-NOMINATE とは異なる．

[29] この点については，Angrist and Pischke（2009）を見よ．

[30] lavaan は，latent variable analysis の略称である．lavaan では，システムに含まれている離散変数を内生変数として定義すると，推定法がデフォルトの最尤法から自動的に 3 段階重みつき最小二乗法に切り替わる（Rosseel 2012）．3 段階重みつき最小二乗法に関する技術的な解説については，Muthen（1983）を見よ．

[31] 離散変数の背後にある潜在変数が正規分布している場合に，0 と 1 の割合はちょうど半々になる．しかし，離散変数の 0 と 1 の割合が半々であることは，この変数の背後にある潜在変数が正規分布していることを必ずしも意味しない．

[32] 紙幅の節約のため相関行列は掲載しないが，著者に請求すれば手に入れられる．

[33] より詳細な分析結果は，著者に請求すれば手に入れられる．

[34] 前の連邦議会期における委員会メンバーシップを表わす変数は，有意水準を 10％まで緩めても 8 つとも有意な説明変数にはならなかった．有意水準を 15％まで緩めてもよいならば，民主党に所属する下院の授権小委員会のメンバーの有無を表わす変数が有意な説明変数となる（p 値は 0.13）．その係数の符号は予測どおり正である．

[35] 2008 年の大統領選挙の共和党候補にもなったジョン・マケイン上院議員は，有名なポーク・バスターである．

[36] この部分の論述は，Bovitz（2002）における議論を参考にしている．

[37] Fenno（1973）は，下院の内務委員会の中に派閥があるのを発見した．しかし，それは，われわれが考えたような政党のラインに沿って分かれたものではなく，地理によって分かれたものだった．内務委員会のメンバーは，西部の

資源利用者をクライアントとする議員で構成される派閥と東部の自然保全主義者をクライアントとする議員によって構成される派閥に分かれていた。内務委員会は，公園事業を管轄する小委員会が設置されている授権委員会である。

[38] 構造方程式モデリングによって，ある変数の別の変数への影響を直接効果と間接効果に分け，各経路の有意性を検証するという方法は，委員会メンバーシップと獲得される便益の関係の検証に限らず，分配政治の実証研究に一般的に適用できる。例として，人口規模が連邦支出や補助金の分配に及ぼしている影響について考えてみよう。各州の人口規模は，1票の較差から生じる州の間の政治的影響力の不均質性を表わしている。この変数は，連邦支出や補助金の分配に直接効果を与えている。先行研究で得られた知見によれば，人口規模が小さいほど人口1人あたりの連邦支出や補助金の分配額が多いという傾向がある（第4章の人口規模に関する解説を見よ）。このような直接効果の他にも，人口規模には他の変数によって媒介された間接効果がある。例えば，人口規模は下院議席の割当数（下院においてその州がもつ票数）にも影響する。下院議席の割当数が多い州ほど，下院の議決において投じられる票も多い。さらに，下院議席の割当数が多いほど，特定の委員会においてその州で選出された議員がメンバーを務めている確率が高まる。もし委員会メンバーシップによる超過的便益があるのならば，人口規模は1票の較差による直接効果のほかに，下院における票数と委員会メンバーシップを介して，人口1人あたりの連邦支出や補助金の受給額に間接効果をもっていると考えられる。このように，構造方程式モデリングは，複雑な構造をもつ変数間の関係を記述し，ある変数が複数の経路を通って（複数の変数に媒介されて）最終的な被説明変数に影響する様子を表現できる。そして，各々の経路についてそれらが有意であるか否かを判断できるのである。分配政治の実証研究に構造方程式モデリングを用いれば，現在別個に扱われている様々なトピックを統合的に議論し検証することができ，より正確なメカニズムの解明とそれによる理論の発展が期待できる。

[39] 構造方程式モデリングは複雑なモデルを構築することを可能にするが，より複雑なモデルを分析に用いることが常に良いわけではない。構造方程式モデリングには，モデルの適合度を表わす指標（OLSにおける決定係数のようなもの）が複数あるが，本章の計量モデルの適合度を表わす指標の値のはのきなみ悪い。例えば，CFI（Comparative Fit Index）は，独立モデル（まったくランダムに決定されるモデル）を0とし，飽和モデル（すべての変数の間に相関を仮定したモデル）を1とした場合の相対的な位置を表す適合度指標である。一般にはこの値が0.9未満であると悪いモデルだとされるが，本章のモデルの場合はその値が0.53であった。本来，構造方程式モデリングでは，まずモデルの適合度が問題となり，各経路の有意性はモデルの適合度が良いときに初めて問題となる。モデルの適合度が良くないと，代替的なモデルとの比較も意味がない。適合度の悪い2つのモデルの指標を比べてどちらかの値がわずかに良かったとしても，それが相対的に優れたモデルであることを表わしているわけではない。本章のモデルの場合，適合度指標の値が悪い原因は，サンプルサイズに対してモデルが複雑すぎること（変数および経路の数が多いこと）にあると考えられる。

　モデルの適合度を向上させる方法は2つある。サンプルサイズを増やすか，モデルを単純化すればよい。サンプルサイズを増加させるには，観察期間を増

やすか，観察単位を州から下院選挙区に変更すればよい．後者の方法をとれば，毎年度最大435個の観察数が得られる．しかし，補助金のデータを下院選挙区ごとに編成し直すことは大変な作業である．Evans（2004）によれば，それは「労働集約的な作業」であり，かなりの時間と労力を要する．下院選挙区を観察単位としている多くの先行研究では，Bickers and Stein（1991）がまとめたデータあるいはそれを拡張したものが使用されている．州レベルのデータを下院選挙区レベルに編成し直すときにもっとも難しいのは，複数の選挙区が1件の事業について補助金を受給している場合に，その額をどのようにそれぞれの選挙区に分割すればよいかという問題である．人口比で割り当てるというのが1つの手だが，そのような処理によって説明変数との間の相関が高くなってしまう場合が多い．言いかえれば，人工的に説明変数と相関の高い被説明変数を作ることになってしまう．

　モデルを単純化する方が，有望な解決策なのかもしれない．試行的な分析で有意でないという結果を得た経路を削除していくことで，モデルは単純化できる．例えば，われわれは，委員会メンバーシップの決定要因が議院・管轄・政党によって多様であることを発見した．それを反映するようにモデルを修正する（余計な経路を省く）ことで適合度指標の値は変わる．ただし，複数の経路を同時にモデルから削除した場合に，一様に指標の値が改善されるとは限らない．

［40］間接効果の有意性検定に関する，より詳細な解説については，小杉・清水（2014）の第11章を見よ．

第 **3** 部

結論と展望

第 9 章

委員会研究の重要性と可能性

1 │ 問題の再訪とそれらへの解答

　序論で提示した本書の目的は2つあった。1つは，委員会メンバーシップにもとづく超過的な便益が存在するか否かを検証することであった。問題だとされている両者の関係が本当に存在するのかを確かめなければ，議論は無為に帰してしまう。もう1つの目的は，委員会メンバーシップと獲得される便益の関係を多様にしたり変化させたりする要因を特定することであった。委員会メンバーシップと獲得される便益の関係が条件に依存するものであれば，それを操作することで委員会制度の副作用あるいは弊害の統御が可能である。操作できる政策変数を同定するために，この問題に対する解答が必要なのであった。

　1つめの問題については，第5章の実証研究の結果がそれに解答を与える。10％というやや緩い有意水準の下ではあるが，公園事業を管轄する連邦議会の4つの小委員会のうち，3つの小委員会のメンバーシップが補助金の分配における超過的な便益の獲得にむすびついていた（表9-1）。すべての小委員会についてではないが，委員会メンバーシップと獲得される便益の間に有意な正の関係があることが確められた。

　2つめの問題について，本書では委員会メンバーシップと獲得される便益の関係を多様にしたり変化させたりする要因の候補として，制度に起因する補助金の配分過程の特性の差異（第6章），多数党のアイデンティティ（第7章），多様な選挙民の選好とそれを反映した議員の再選戦略（第8章）を挙げ，それぞれの章で検証した。

　第6章では，歴史保存補助金とアウトドア・レクリエーション補助金という，配分過程の特性が異なる2つの政策カテゴリーの補助金の分配への委員

表9-1　第5章の結果

	公園事業
上院・歳出	＋
上院・授権	（＋）
下院・歳出	（＋）
下院・授権	0

＊＋は，有意水準5％で，委員会メンバーシップと獲得された便益の間に有意かつ正の関係があることを表わす。＋が括弧で囲まれている場合は，有意水準10％で有意かつ正の関係があることを表わす。0は有意な関係がないことを表わす。

表9-2　第6章の結果

	歴史保存	アウトドア・レクリエーション
上院・歳出	0	＋
上院・授権	0	＋
下院・歳出	0	＋
下院・授権	0	0

＊＋は，有意水準5％で，委員会メンバーシップと獲得された便益の間に有意かつ正の関係があることを表わす。0は有意な関係がないことを表わす。

会メンバーシップの影響を比較した。そして，配分過程の透明性と競争性の差が，補助金の分配への委員会メンバーシップの影響に差を生じさせていることを明らかにした。配分過程がより不透明でより非競争的なアウトドア・レクリエーション補助金の分配には，委員会メンバーシップの有意な影響が見られたが，配分過程がより透明でより競争的な歴史保存補助金の分配には，委員会メンバーシップの有意な影響が見られなかったのである（表9-2）。この結果から，配分過程の透明性や競争性は，委員会メンバーシップと獲得される便益の関係を多様にする要因だと言える。

　第7章の実証研究では，政党が委員会メンバーシップと獲得される便益の関係に与える影響を検証した。その際に，先行研究では峻別されていなかった複数のメカニズムの効果を識別する方法を提案し実行した。多数党の交代があった時期のデータを用いて，共和党が多数党であった時期と民主党が多数党であった時期のサブサンプルを分析し，多数党の交代によって委員会メンバーシップと獲得される便益の関係が変化するか否かを観察したのである。

　表9-3にその分析結果がまとめられている。共和党が連邦議会の両院で多数党であった時期には，所属政党にかかわらず，公園事業に関連する小委員会のメンバーに補助金が厚く配分されるようなことはなかった。委員会メンバーシップにもとづく超過的な便益が観察されないのは，政党が委員指名

表 9-3　第 7 章の結果

	共和党多数議会	民主党多数議会
民主・上院・歳出	0	+
共和・上院・歳出	0	+
民主・上院・授権	0	+
共和・上院・授権	0	0
民主・下院・歳出	0	0
共和・下院・歳出	0	0
民主・下院・授権	0	0
共和・下院・授権	0	0

＊＋は，有意水準 5％で，委員会メンバーシップと獲得された便益の間に有意かつ正の関係があることを表わす。0 は有意な関係がないことを表わす。

過程において慎重に便益の分配を操作しそうな者を避けているか，政策決定過程で便益の分配の操作を抑圧しているかのどちらかだと考えられるが，いずれにしろ便益の分配に政党の影響があることを表わしている。分配理論によれば，高い需要をもつ者が委員会に集い，付与された議題設定権を用いて便益の分配を彼らに有利なように操作することが，多数党がどちらであってもできるはずだが，そうではなかったのである。

　民主党が両院で多数党であった時期には，上院で委員会メンバーシップにもとづく超過的な便益が観察された。民主党に所属する上院の歳出小委員会と授権小委員会のメンバーのいる州は，人口 1 人あたりで見て同じ条件の州よりも多い額の補助金を得ていたのである。また，上院の歳出小委員会については，少数党であった共和党に所属するメンバーのいる州も超過的な便益を得ていた。この結果は，民主党が多数党であるときには，上院の歳出小委員会のメンバーが超過的な便益を得られるか否かは，所属政党の多数党ステイタス・少数党ステイタスに関係がないということを示している。彼らが補助金に対して高い需要をもっていること，すなわち選好だけが問題なのである。

　下院については，共和党が連邦議会の両院で多数党であった時期と同様に，民主党が両院で多数党であった時期にも，所属政党にかかわらず，委員会メンバーシップにもとづく超過的な便益は観察されなかった。この結果も，分

配理論の予測から外れており便益の分配に政党の影響があるということを表わしている。

以上で見たように，多数党の地位にあるときの政党の行動は対称ではない。先行研究においては，明示的あるいは暗黙的に，便益の分配において多数党が自党の議員を優遇するようにふるまうことが仮定されており，そのような仮定を支持するような結果も得られていた。例えば，Rundquist and Carsey (2002) は，防衛関連の公共調達額のデータを用いて分析を行ない，下院において観察期間中に多数党であった民主党に所属する委員会のメンバーのみが超過的便益を獲得しているのを発見した。そして，共和党が多数党である時期には，これとは逆の現象，すなわち共和党に所属する委員会のメンバーのみが超過的便益を獲得するだろうと予測した。しかし，少なくともわれわれの観察期間中の公園事業補助金の分配については，このような予測は外れていた。

第7章の実証研究の結果は，公園事業を管轄する小委員会のメンバーへの傾斜的な補助金の配分に寛容な政党（民主党）とそうでない政党（共和党）があることを示している。多数党が交代すると，便益の分配に関する非対称な政党の行動によって，委員会メンバーシップと獲得される便益の関係が変化する。つまり，政党は委員会メンバーシップと獲得される便益の関係を変化させる要因なのである。

第8章の実証分析では，代表の影響を検証した。分配理論においては，メンバーが特定の委員会に所属する動機は，便益の獲得とそれをつうじた功績の主張に限られている。また，選挙民志向の委員会は，再選のための非党派的な互助組織だと考えられており，このような動機をもつメンバーで構成されていると考えられている。しかし，選挙民の選好によっては，便益の獲得による功績の主張よりも，他の議員による利益誘導を糾弾することの方が有効な再選戦略であるのかもしれない。公園事業補助金のような典型的な利権を管轄する小委員会では，便益の獲得によって功績を主張できる機会が多い。それは，利益誘導を糾弾する機会も多いことを意味する。もし委員会のメンバーの所属動機が多様であるのならば，委員会メンバーシップと獲得される便益の関係も多様でありうる。

表9-4　第8章の結果

	前期の1人あたり補助金受給額 ↓ 当期の委員会メンバーシップ	当期の委員会メンバーシップ ↓ 当期の1人あたり補助金受給額
民主・上院・歳出	((+))	+
共和・上院・歳出	0	0
民主・上院・授権	0	0
共和・上院・授権	0	0
民主・下院・歳出	+	((+))
共和・下院・歳出	−	0
民主・下院・授権	0	0
共和・下院・授権	−	0

＊＋は有意水準5％で，((＋))は有意水準10％で，委員会メンバーシップと獲得された便益の間に有意かつ正の関係があることを表わす。0は有意な関係がないことを表わす。

　分析結果は，そのような推論を支持するものであった。議員たちが選挙民の支持を得るために彼らが好む便益を管轄している委員会に所属し，そのメンバーシップによって超過的な便益を得るという分配理論が予測するような関係は，一部にしか見られなかったのである。表9-4は，既得権益の水準の代理変数である前期の1人あたり補助金受給額と当期の委員会メンバーシップの間に有意な正の関係があるときのみに，当期の委員会メンバーシップと当期の1人あたり補助金受給額の間にも有意な正の関係があることを表わしている。

　民主党に所属する上院と下院の歳出小委員会のメンバーは，過去の人口1人あたりの公園事業補助金受給額が多い州から選出される傾向があり，またこれらのメンバーを抱える州の当期の人口1人あたりの公園事業補助金受給額は，そうでない州の当期の人口1人あたりの公園事業補助金受給額よりも多い傾向があった。しかし，議院・管轄・所属政党で区別された他の6つの委員会メンバーシップ変数と，彼らが代表する州の人口1人あたりの公園事業補助金受給額の間には，このような関係は見られなかった。

　最も興味深い結果は，共和党に所属する下院の歳出小委員会と授権小委員会のメンバーが，前期の人口1人あたりの公園事業補助金受給額が少ない州から選出される傾向があるということであった。これは，分配理論の予測と

は正反対の結果である。このような関係が観察される理由は，共和党に所属する下院の歳出小委員会と授権小委員会のメンバーは利益誘導を糾弾することによって支持を得ようとする者であり，そのような動機をもつ者にとっては彼らの代表する選挙民の利益と小委員会の管轄する便益の関連が薄いことが望ましいからだと考えられる。選挙民の利益と小委員会の管轄する便益の関連が薄いのであれば，小委員会において利益誘導を糾弾したとしても，後で自分が糾弾される側に回るようなことはない。

このように分配理論の仮定を緩めて，議員たちが選挙民の選好に適応した再選戦略を選択することを許容すると，委員会メンバーシップと獲得される便益の関係の多様性をうまく説明できる。選挙民志向の委員会に所属するメンバーでも所属動機は多様性であり，その多様な所属動機が委員会メンバーシップと獲得される便益の関係を規定しているのである。したがって，代表は委員会メンバーシップと獲得される便益の関係を多様にする要因だと言える。

以上の分析結果の要約から，2つめの問題に解答が与えられたことになる。委員会メンバーシップと獲得される便益の関係を多様にしたり変化させたりする要因として，制度に起因する配分過程の特性，多数党のアイデンティティ，委員会のメンバーの所属動機が特定されたのである。

2 インプリケーション

以下では，前節で要約した分析結果から，どのようなインプリケーションが引き出せるかについて述べる。まず，理論的インプリケーションについて述べ，その後に政策的インプリケーションについて述べる。

（1）理論的インプリケーション

特定の委員会のメンバーに代表されている選挙民がそうでない選挙民に比べて超過的な便益を獲得しているという仮説は，本書におけるすべての実証

研究において，少なくとも部分的には支持された。どの実証研究においても，補助金の分配への委員会メンバーシップの影響が完全に否定されるということはなかったのである（表9-1〜表9-4）。このような結果は，分配理論が便益の分配をめぐる政治，すなわち分配政治の一側面を記述し説明する力のある理論であることを示している。

しかし，実証研究で得られた結果は，同時に，分配政治を記述し説明するのに分配理論が不十分なものであることも示している。分配理論は単純な仮定群から成り，委員会メンバーシップが普遍的に超過的な便益とむすびついているという予測を生みだす。しかし，実証研究で得られた結果が示しているように，委員会メンバーシップと獲得される便益の関係は様々な要因に依存して多様であり変化もする。

分配理論の予測は，その仮定の単純さゆえに硬直的なのである。言いかえるならば，分配理論は委員会メンバーシップと獲得される便益の関係について，包括的な説明ができる一般理論ではない。委員会やそのメンバーが影響力を発揮できる制度的な前提が整っているとき，政党による委員会への干渉がないとき，委員会のメンバーが代表している選挙民が便益の獲得を望むときにのみ成立する特殊理論なのである。分配理論をより柔軟で条件依存的な予測を生みだすものに拡張するには，研究の目的と対象の性質に合わせて，より複雑な仮定を採用しなければならない。

（2）政策的インプリケーション

本書の実証研究の結果から3つの政策的インプリケーションが引き出せる。第一に，第6章の実証研究の結果が示しているように，適切な制度の設計によって，委員会のメンバーによる便益の分配の操作を防ぐことができる。配分過程を透明で競争的なものにすれば，関連する委員会による補助金の分配の政治的な操作を防ぐことができるのである。しかし，配分過程を規定する制度を選択する過程においても委員会が中心的な役割を果たしているため，どのようなときに政治的な操作に対して頑健な配分過程を実現する制度を委員会に選択させられるのかを解明しなければならない[1]。

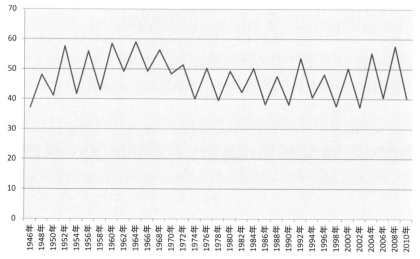

図9-1 戦後の連邦議会選挙における投票率
出所：著者作成（データはVital Statistics on Congress 2013による）
＊一般に中間選挙と呼ばれる大統領の任期の途中で行なわれる選挙において，投票率が低くなる傾向がある。また，中間選挙の年に議院や議会の多数党の交代が起こりやすい傾向がある。

　第二に，第7章の実証研究の結果が示しているように，政党は委員会を統御する手段になりうる。しかし，それは政党をどのように統御すればよいかという新たな問題について考えなければならないことを意味している。政党が委員会を統御する手段になるには，その前提として選挙民に対して説明責任をしっかりと果たし，かつ選挙民の選好の変化に対して感応的であることが必要である。そのような前提をどのようにして整えればよいのかを議論しなければならない。
　第三に，第8章の実証研究の結果が示しているように，委員会メンバーシップと超過的な便益のむすびつきは必然のものではない。委員会メンバーシップと獲得される便益の関係は，委員会のメンバーが代表する選挙民の選好に依存しているのである。このことから言えるのは委員会のメンバーによる利益誘導を抑制するには，選挙民が果たす役割が重要だということである。議員たちが特定の委員会に所属し，そのメンバーシップにもとづいて超過的な便益を得ようとするのは，選挙民がそれを望むと考えているからであるが，

このような利益誘導を望む選挙民は，実は少ないのかもしれない。戦後の米国の連邦議会選挙の投票率は，概ね40％から60％の範囲にあり非常に低いと言える（図9-1）。したがって，選挙の結果は少数の活動的な選挙民に左右されやすく，それが一部の者を利するように議員がふるまうことにつながる。公園事業の場合，すべてのプログラムの補助金にマッチング要求が課されており，州政府にも補助金に対応する支出が求められる。これにより，連邦政府の補助金の分配が歪めば，州政府の支出の配分にも歪みが生じる。特定の利益とむすびついた者だけでなく，偏りなく広く選挙民を動員するにはどうすればよいかということについて考えなければならない。

3 知見やインプリケーションの一般化可能性

　本書における4つの実証研究は，米国の連邦政府が国立公園局をつうじて州政府や地方政府に支給している公園事業補助金の分配を対象としている。また，観察期間は2004年度から2010年度までの偶数年度に限られている。さらに，公園事業を管轄する委員会は選挙民志向の委員会に分類されるものである。このように，実証研究の対象は，ある国における，1つの機関が管轄する，限られた期間内の，特定のタイプの委員会が決定に関わる補助金の分配に限られている。このように限定された対象に関して得られた知見やそれらから引き出されたインプリケーションの一般化可能性は自ずと限られる。しかし，知見やインプリケーションの応用範囲は決して狭いわけではない。以下では，他国の議会の委員会制度の研究への応用と，他の委員会や小委員会の研究への応用に分けて，一般化可能性について検討する。

（1）他国の議会の委員会制度の研究への応用

　本書の実証研究には，二大政党制，単純小選挙区制，予備選挙制など米国固有の制度的前提が暗黙に置かれている。例えば，委員会のメンバーによる選挙区への利益誘導という問題は，単純小選挙区制と委員会制度の組み合わ

せによって生じているのではないかという疑問は当然わくだろう。もしそうであるならば，比例代表制を採用している国の議会の委員会制度の研究に，われわれが得た知見やインプリケーションを適用することは難しくなる。しかし，以下に述べる理由から，他国の議会の委員会制度の研究にもそれらを応用することは十分可能であると考える。

たしかに，選挙区への利益誘導と1つの選挙区から選出される議員の数に強い負の相関があることを示した研究結果がある（Lancaster, 1986）。それぞれの選挙区で1人しか議員が選出されない小選挙区制は，利益誘導を促進する効果があるのかもしれない。また，政党よりも議員個人が選挙過程の主役である米国と，選挙において議員個人よりも政党の看板の方が重要な国（例えば日本）とでは，利益誘導に関する議員のインセンティブの強さが異なるかもしれない。

しかし，小選挙区制が議員の地元への利益誘導が起こる直接的な原因であるとは言いがたい。例えば，部分的にしか小選挙区制を採用していないドイツ（Lancaster and Patterson, 1990）やオーストラリア（Studlar and McAllister, 1996 ; Denemark, 2000）において，政党による補助金の分配の政治的操作があるという分析結果を得た研究がある。比例代表制の下でも議員個人ではなく政党に，特に多数党に，特定の選挙区への利益誘導を行なうインセンティブがある。また，EU議会や国連のような国際機関の委員会のメンバーは直接選挙で選ばれるわけではないが，彼らが自国に有利な分配を実現しようとすることを示した研究もある（Kuziemko and Werker, 2006）。これらの先行研究の結果から，少なくとも選挙区制や政党制の違いのみが選挙区への利益誘導が起こる原因になっているわけではないと言える。

議員の選挙区への利益誘導を生じさせる根本的な原因は，再選という議員の個人的な目標や，多数党ステイタスの維持という政党の組織的な目標なのではないだろうか。もしそうであるならば，これらの個人的あるいは組織的な目標は，米国の議員や政党に固有のものではない。再選や多数党ステイタスの維持という動機があるのであれば，議題設定権をもつ委員会を利用した便益の分配の操作は，どのような国においても生じる可能性がある[2]。したがって，本書の実証研究で得られた知見やそれらから引き出されたインプリ

ケーションを応用できる範囲は決して狭くはなく，他国の議会や国際機関の委員会制度の研究にも十分応用できると考える。

(2) 他の委員会や小委員会の研究への応用

選挙民志向だとされるものの中でも，公園事業を管轄する小委員会はかなり特殊なのではないかという疑問はあろう。公園事業を管轄する小委員会は，国立公園をめぐる保全か利用かという紛争を長い間抱えている（久末，2011）。そして，それらの2つの利益は概ねそれぞれ民主党と共和党に代表され，内部に政党のラインに沿って分かれた派閥を生じさせている。このように，公園事業を管轄する小委員会の場合，再選のための非党派的な互助組織という選挙民志向の委員会のイメージとはかけ離れている。

もし委員会の内部における所属動機の多様性が，公園事業を管轄する小委員会に固有なものであるならば，本書の実証研究において得られた知見やそれらから引き出されたインプリケーションを，他の委員会や小委員会の研究に応用することはできない。しかし，現在の連邦議会で起こっている変化に鑑みると，そうだとは言い切れない。すべての委員会に共通して，内部に党派的な派閥を生じさせると考えられる政策過程の変質が起こっているからである。

経済の低成長と増税への反発は，連邦政府の支出の増加に対応した収入の増加を難しくしている。他方で，連邦政府が対応しなければならない政策問題は増え続け，多様化し，複雑化している。医療や社会保障への支出の増加は，他の政策カテゴリーへの支出の削減圧力となっており，財政赤字の恒常化と政府債務の累積は財政規律の回復を要求している[3]。このような状況において，連邦政府が伝統的な便益を供給することはますます難しくなっている。政府資源の希少化は，すべての委員会の管轄に影響を与える変化である。また，立法過程における政党の影響力の増大やイデオロギー的な分極化，そして党派的選別（partisan sorting）と呼ばれるイデオロギー嗜好による選挙民の支持政党の分化[4]も，程度に差はあれすべての委員会に影響を与える要因であると言える。

政策分類に関する提案をしたセオドア・ロウィは，分配政策においては1つの単位に関する決定が他の単位に関する決定に影響を与えないので，それを決定する分配政治の性質は協調的あるいは非党派的なものであると考えていた。また，資源の有限性についても短期的には考えなくてもよいとしていた（Lowi, 1964）。しかし，このような定義があてはまるような政策プログラムは，1960年代においては存在していたとしても，現在ではほとんど見られないと言える。かつてロウィが分配政策に分類したものの決定過程の性質は，いまや協調的でも非党派的でもなくなっている。ポジティブ・サムであったゲームもゼロ・サムのゲームに変わりつつある。このゼロ・サムのゲームは，政策間のみならず，政策内においても生じる。

　たしかに，内部における対立という点から言えば，公園事業を管轄する小委員会は平均的・代表的な委員会ではない。しかし，政策過程は時間を経て変質する。そして，全般的にその性格をより複雑かつ対立的なものに変えている。連邦議会における政策過程のこのような変質は，至る所で起こっている。したがって，本書の実証研究で得られた知見やそれらから引き出されたインプリケーションは，公園事業を管轄する小委員会のほかにも，広く他の委員会や小委員会にも適用が可能だと考える。たとえ現在は適合的でなくとも，政策決定過程の変質によって近い将来に適合するようになる可能性は十分ある。

4 ｜ 委員会研究の重要性と可能性

　最後に，委員会研究の重要性と可能性について述べ本書を締めくくる。近年の連邦議会において委員会が推奨した修正案が議場で否決されたり，推奨したものとは異なる修正が施されて法案が議院を通過したりすることはめずらしくなくなっている。また，委員会における審議に政党がかなり介入した事例や，多数党の好む法案を通過させるために審議において委員会を利用しなかった事例さえある。委員会は，かつてほどの自立性を維持できなくなっているのである。

しかし，そのことで法案審議における委員会の重要性が損なわれるわけではない。委員会は，多様な利益の調整過程において，いまでも重要な役割を果たしている。議会には多様な利益がインプットされる。そして，それらが法律というアウトプットになるまでに多段階の調整を経る。まず議員が彼らの選挙民と所属する政党の利益を調整する。議員で構成された委員会は，メンバーの利益を調整する。議院は，委員会と議場の利益を調整する。両院協議会は，2つの議院の利益を調整する。このような多段階の利害調整システムの中で，委員会は，最初にそこで集合的な意思決定が行なわれ，その意思決定が後の段階に大きな影響を与えるという点において，特殊な地位を占めている。

　連邦議会の研究者たちは，このような委員会の重要性に早くから気づき，様々なアプローチで研究を行なってきた。まず，連邦議会の法案審議過程がどのような制度的アレンジメントになっているかを記述し英国議会のそれと比較する法学的なアプローチから始まり，政治行動に着目した心理学的あるいは社会学的なアプローチを経て，現在では方法論的個人主義と合理的選択論を基礎とする経済学的アプローチが主流になっている。研究課題も，記述や解釈から説明や予測に変わり，関心の比重も規範的な問題から実証的な問題に移ってきた（Eulau and McCluggage, 1984）。

　並行するように，政治学の主要な関心は，制度から行動へ，そして制度と行動の相互作用へと移り変わってきたが（Easton, 1985 ; Almond, 1988），委員会研究は，このような政治学における変化をリードしてきた。行動に制約を課しインセンティブを与えるものとして制度を理解しようとする，あるいは制度の成立・発展・消滅を行動の帰結として理解しようとするという，政治学における制度研究のアプローチが確立される過程において[5]，委員会研究は重要な貢献をしてきたのである。

　議院や政党に対して相対的に影響力が衰えたとはいえ，時代を経ても委員会は議会政治の中心にあり続けている。議会における利害調整過程はますます複雑になり対立的になっているから，委員会の重要性はむしろ増しているとさえ評価できる。特に便益の分配については，政府資源の稀少化によって奪う者と奪われるものが明確に分かれて激しい紛争が頻繁に生じており，利

害の調整はより困難になっている。この調整過程において委員会が果たしている機能を理解することは，将来の研究で取り組まれるべき重要な課題である。

　しかし，そのような課題に取り組むには，経済学的アプローチだけでは不十分であるかもしれない。人体と臓器のように議会と委員会の関係を有機的なシステムにおける全体と部分だと考える社会学的なアプローチや，委員会を小さな「社会」とみなす心理学的なアプローチ，制度を記述あるいは比較し解釈を与える法学的アプローチ，これらの古めかしい忘れられた委員会研究のアプローチにもそれぞれ固有の有用性がある。委員会やそれらで構成される委員会制度が，社会科学の総合を媒介する可能性をもつ研究対象であるというのは言い過ぎだろうか。そうではないと私は考える。

註

[1] 連邦支出や補助金の配分方法が政策プログラムごとに異なっている政治的な理由は何だろうか。Arnold (1981) は，議会は政治的価値がほとんどないものについては配分公式によって分配を決定するが，利権としてもっとも評価されているものについては裁量権を保持する傾向があると主張した。Murphy (1974) は，非党派的な互助組織と考えられていた下院の公共事業委員会が配分公式を多用する理由について，対立党への不信がそうさせるのだと主張した。彼は，委員会レベルの意思決定と議場レベルの意思決定について比較し，前者が後者と同様に党派的なものであり，一般に考えられているような非党派的なものではないことを発見した。多数党が交代すれば，便益の分配に関して少数党のメンバーは劣位に置かれるリスクがある。委員会のメンバーたちはこのリスクを嫌い，事業ごとに採否を決定する方法ではなく，配分公式を用いて公共事業を分配するのを好むというのが彼の主張である。Lee and Oppenheimer (1999) は，上院は配分公式によって自動的に分配が決まるフォーミュラ補助金を好み，下院は事業ごとに採否が決定されるプロジェクト補助金を好むことを発見した。そして，このような差異は，選挙区の範囲の広狭と包含される利益の多様性あるいは画一性によるものだと解釈した。

[2] Blaydes (2013) は，ムバラク長期独裁政権の下における分配政治を扱った興味深い研究である。

[3] 議会予算局（Congressional Budget Office）の推計によれば，2014年度から2024年度まで一貫して連邦政府の支出は収入を上回り毎年度財政赤字を抱えることになる（CBO, 2014）。

[4] Levendusky (2009) を見よ。

[5] 政治学における制度研究のアプローチは他にもある。Rhodes, Binder and Rockman (2006) の第2章から第6章を見よ。

参考文献

Adler, E. S., 2000, "Constituency Characteristics and the "Guardian" Model of Appropriations Subcommittees, 1959-1998", *American Journal of Political Science* 44 : 104-114

Adler, E. S., 2002, *Why Congressional Reforms Fail : Reelection and the House Committee System (American Politics & Political Economy)*, University of Chicago Press

Adler, E. S., and J. S. Lapinski, 1997, "Demand-Side Theory and Congressional Committee Composition : A Constituency Characteristics Approach", *American Journal of Political Science*, 41 : 895-918

Albouy, D., 2013. "Partisan Representation in Congress and the Geographic Distribution of Federal Funds", *Review of Economics and Statistics*, 95 : 127-141.

Aldrich, J. H., 1995. *Why Parties ? The Origin and Transformation of Political Parties in America*, University of Chicago Press

Aldrich, J. H. and D. W. Rohde, 2001, "The Logic of Conditional Party Government", In *Congress Reconsidered*, 7th Edition, edited by. L. C. Dodd and B. I. Oppenheimer, Congressional Quarterly

Aldrich, J. H., and D. W. Rohde, 1995, "Conditional Party Government Revisited : The House GOP and the Committee System in the 104th Congress", *Extensions Of Remarks* (in *the A. P. S. A. Legislative Studies Section Newsletter*), 19, 5-7

Aldrich, J., and D. Rohde, 1998, "Theories of Party in the Legislature and the Transition to Republican Rule in the House," *Political Science Quarterly*, 112 : 112-135

Aldrich, J. H., and D. W. Rohde, 2000, "The Republican Revolution and the House Appropriations Committee" *The Journal of Politics*, 62 : 1-33

Aldrich, J. H., and D. W. Rohde, 2001, "The Logic of Conditional Party Government : Revisiting the Electoral Connection." In *Congress Reconsidered*, edited by L. Dodd and B. Oppenheimer, Washington : CQ Press

Alvarez, R. M. and J. L. Saving, 1997, "Congressional Committees and the Political Economy of Federal Outlays.", *Public Choice* 92 : 55-73

American Political Science Association, 1950, "Toward a More Responsible Two Party System," *American Political Science Review*, supplement volume 44

Angrist, J. D., and J. S. Pischke, 2009, *Mostly Harmless Econometrics : An Empiricist's Companion*, Princeton University Press, 大森義明・田中隆一 訳, 2013 年, 『「ほとんど無害」な計量経済学―応用経済学のための実証分析ガイド』, NTT 出版

Ansolabehere, S., and J. M. Snyder, 2006, "Party Control of State Government and the Distribution of Public Expenditures." *Scandinavian Journal of Economics* 108 : 547-569

Ansolabehere, S., J. M. Snyder, and C. Stewart, 2001, Candidate Positioning in U. S. House Elections, *American Journal of Political Science*, 45 : 136-159

Ansolabehere, S., J. M. Snyder, and M. M. Ting, 2003, "Bargaining in Bicameral Legislatures : When and Why Does Malapportionment Matter ?", *American Political Science Review*, 97 : 471-481

Arnold, R. D., 1979, *Congress and the Bureaucracy: a Theory of Influence*, Yale University Press

Arnold, R. D., 1981, "Legislators, Bureaucrats, and Locational decisions", *Public Choice*, 37: 107-132

Atlas, C. M., T. A. Gilligan, R. J. Hendershott and M. A. Zupan, 1995, " Slicing the Federal Government Net Spending Pie: Who Wins, Who Loses, and Why", *American Economic Review*, 85: 624-629

Balla, S. J, E. D. Lawrence, F. Maltzman, and L. Sigelman. 2002. "Partisanship, Blame Avoidance, and the Distribution of Legislative Pork", *American Journal of Political Science*, 46: 515-25

Baltagi, B. H., 2008, *Econometric Analysis of Panel Data*, Wiley and Sons, 4th Edition

Baron, D. P., and J. A. Ferejohn, 1989, "Bargaining in Legislatures", *American Political Science Review*, 83: 1181-1206.

Bennett, J. T. and E. R. Mayberry, 1979, "Federal Tax Burdens and Grant Benefits to States: The Impact of Imperfect Representation", *Public Choice*, 34: 255-269

Berry, C. R., and J. E. Gersen, 2010, "Agency Design and Distributive Politics", *Law and Economics Working Paper Series*, No. 539, Chicago University Law School http://www.law.uchicago.edu/files/file/539-326-jg-agency_0.pdf

Bickers, K. N., and R. M. Stein, 1991, *Federal Domestic Outlays 1983-1990*, M. E. Sharp

Bickers, K. N., and R. M. Stein. 2000. "The Congressional Pork Barrel in a Republican Era." *Journal of Politics*, 62: 1070-1086

Blaydes, L., 2013, *Elections and Distributive Politics in Mubarak's Egypt*, Cambridge University Press

Bovitz, G. L., 2002, "Electoral Consequences of Porkbusting in the U. S. House of Representatives," *Political Science Quarterly*, 117: 455-477

Bovitz, G. L., and J. L. Carson, 2006, Position-Taking and Electoral Accountability in the U. S. House of Representatives, *Political Research Quarterly*, 59: 297-312

Boyle, M. A., and V. A. Matheson, 2009, "Determinants of the Distribution of Congressional Earmarks Across States", *Economics Letters*, 104: 63-65

Brady, D. W., and C. S. Bullock, III, 1983, "Party and Factional Organization in Legislatures", *American Journal of Political Science*, 8: 599-654

Breen, R., 1996, *Regression Models: Censored, Sample Selected or Truncated Data*, SAGE Publications

Brookings Institution, N. D., *Vital Statistics on Congress*, http://www.brookings.edu/research/reports/2013/07/vital-statistics-congress-mann-ornstein#

Bullock, C. S., 1971, "The Influence of State Party Delegations on House Committee Assignments", *Midwest Journal of Political Science*, 15: 525-546

Bullock, C. S., 1973, "Committee Transfers in the United States House of Representatives", *Journal of Politics*, 35: 85-120

Bullock, C. S., 1985, "U. S. Senate Committee Assignments: Preferences, Motivations, and Success", *American Journal of Political Science*, 29: 789-808

CAGW (Citizen Against Government Waste), 2014, *Congressional Pig Book Summary*, http://cagw.org/content/Pig-Book-2014

Canes-Wrone, B., D. W. Brady and J. F. Cogan, 2002, Out of Step, Out of Office: Electoral

Accountability and House Members' Voting, *American Political Science Review*, 96 : 127-140

Cann, D. M., 2008, *Sharing the Wealth : Member Contributions and the Exchange Theory of Party Influence in the U. S. House of Representatives*, State University of New York Press

Cann D. M., and A. H. Sidman, 2011, "Exchange Theory, Political Parties, and the Allocation of Federal Distributive Benefits in the House of Representatives", *Journal of Politics*, 73 : 1128-1141

Carlton, R., and T. Russell, and R. Winter, 1980, "Distributive Benefits, Congressional Support and Agency Growth," in *Political Benefits*, edited by B. Rundquist, Lexington Books

Carsey, T. M. and B. Rundquist, 1999, "The Reciprocal Relationship between State Defense Interest and Committee Representation in Congress", *Public choice* 99 : 455-463

CBO (Congressional Budget Office), 2014, "Updated Budget Projections", http://cbo.gov/sites/default/files/cbofiles/attachments/45229-UpdatedBudgetProjections_2.pdf

Census Bureau, 2004〜2010, *Federal Aid to States* 各年版, http://www.census.gov/prod/www/governments.html

Ckarke, J. N., D. C. McCool, 1996, *Staking Out the Terrain- Power and Performance among Natural Resource Agencies*, State University of New York

Clapp, C., 1964, *The Congressman : His Work As He Sees It*, Anchor Books

Clem, A. L., 1977, "Do Representatives Increase in Conservatism as They Increase in Seniority ?", *Journal of Politics*, 39 : 193-200

Coker, D. C., and W. M. Crain, 1994, "Legislative Committees as Loyalty-Generating Institutions", *Public Choice* , 81 : 195-221,

Congressional Quarterly, 1980, *Our Economic, Cultural and Political Makeup*, 日本経済新聞社 訳, 1982 年, 『米国政経地図 多様性秘めた"九つの国家"』, 日本経済新聞社

Cook, T. E., 1983, "The Policy Impact of the Committee Assignment Process in the House", *Journal of Politics*, 45 : 1027-1036

Crook, S. B., and J. R. Hibbing, 1985, "Congressional Reform and Party Discipline : The Effects of Changes in the Seniority System on Party Loyalty in the US House of Representatives", *British Journal of Political Science*, 15 : 207-226

Cox, G. W., and M. D. McCubbins, 1993, *Legislative Leviathan : Party Government in the House* (*California Series on Social Choice and Political Economy*), University of California Press

Cox, G. W., and M. D. McCubbins, 2007, *Legislative Leviathan : Party Government in the House*, 2nd Edition, Cambridge University Press

Crain, W. M., and R. D. Tollison, 1977, "The Influence of Representation on Public Policy", *Journal of Legal Studies*, 355-361

Crain W. M., and R. D. Tollison, 1981, "Representation and Influence : A Reply", *Journal of Legal Studies*, 215-219

Crespin M. H., and C. J. Finocchiaro, 2008, "Distributive and Partisan Politics in the U. S. Senate : An Exploration of Earmarks." In *Why Not Parties ? Party Effects in the United States Senate*, eds. N. W. Monroe, J. M. Roberts, and David W. Rohde, University of Chicago Press, 229-251

Crombez, C., T. Groseclose, and K. Krehbiel, 2006, "Gatekeeping", *Journal of Politics*, 68, : 322-334
CRS (Congressional Research Service), 2000, "Senate Rules and Practices on Committee, Subcommittee, and Chairmanship Assignment Limitations as of November 4, 2000"
CRS (Congressional Research Service), 2001, "House Committee Organization and Process: A Brief Overview"
CRS (Congressional Research Service), 2006, "Committee Assignment Process in the U. S. Senate: Democratic and Republican Procedures"
CRS (Congressional Research Service), 2007a, "House Committees: Assignment Process"
CRS (Congressional Research Service), 2007b, "House Subcommittees: Assignment Process"
CRS (Congressional Research Service), 2007c, "The Committee System in the U. S. Congress"
CRS (Congressional Research Service), "Legislative Procedure in Congress: Basic Sources for Congressional Staff"
CRS (Congressional Research Service), 2010a, "Land and Water Conservation Fund: Overview, Funding History, and Current Issues"
CRS (Congressional Research Service), 2010b, "Overview of the Authorization-Appropriations Process"
CRS (Congressional Research Service), 2010c, "Senate Committee Party Ratios: 94th-111th Congresses"
CRS (Congressional Research Service), 2011a, "Authorization of Appropriations: Procedural and Legal Issues"
CRS (Congressional Research Service),, 2011b, "Committee Types and Roles"
CRS (Congressional Research Service), 2012a, "The Amending Process in the House of Representatives"
CRS (Congressional Research Service), 2012b, "Introduction to the Federal Budget Process"
CRS (Congressional Research Service), 2013a, "House Committee Party Ratios: 98th-113th Congresses"
CRS (Congressional Research Service), 2013b, "Trends in Discretionary Spending"
Davidson, R. H., W. J. Oleszek, and F. E. Lee, 2012, *Congress and Its Members, 13th Edition*, CQ Press
Deering, C. J., 1982, "Subcommittee Government in the U. S. House: An Analysis of Bill Management", *Legislative Studies Quarterly*, 7: 533-546
Deering, C. J., and S. S. Smith, 1997, *Committees in Congress*, CQ Press, 3rd Edition
Denemark, D., 2000, "Partisan Pork Barrel in Parliamentary Systems: Australian Constiuency-Level Grants", *Journal of Politics*, 62: 896-915
Denzau A. T., and R. J. Mackay, 1983, "Gatekeeping and Monopoly Power of Committees: An Analysis of Sincere and Sophisticated Behavior", *American Journal of Political Science*, 27: 740-761
Downs, A., 1957, *An Economic Theory of Democracy*, Harper Collins, 古田精司 訳, 1980年, 『民主主義の経済理論』, 成文堂
Elis, R., N. Malhotra and M. Meredith, 2009, "Apportionment Cycles as Natural

Experiments", *Political Analysis* 17 : 358-376

Engstrom, E. J., and G. Vanberg, 2010, "Assessing the Allocation of Pork : Evidence From Congressional Earmarks." *American Politics Research* 38 : 959-985.

Erikson R. S. and G. C. Wright, 2000, "Representation of Constituency Ideology in Congress" in, *Continuity and Change in House Elections*, edited by D. W. Brady, J. F. Cogan, and M. P. Fiorina, Stanford University Press

Evans, D., 2004, *Greasing the Wheels : Using Pork Barrel Projects to Build Majority Coalitions*, Cambridge University Press.

Feldman, P., and J. Jondrow, 1982, *Congressional Elections and Local Federal Spending*, Public Research Institute

Fenno, R. F., 1966, *The Power of the Purse : Appropriations Politics in Congress*, Little Brown & Company.

Fenno, R. F., 1973, *Congressmen in Committees*, Little, Brown and Company

Fenno, R. F., 1978, *Home Style : House Members in Their Districts*, Scott Foresman & Co.

Ferejohn, J. A., 1974, *Pork Barrel Politics : Rivers and Harbors Legislation, 1947-1968*, Stanford University Press

Fiorina, M. P., 1981a, *Retrospective Voting in American National Elections*, Yale University Press

Fiorina, M. P., 1981b, "Universalism, Reciprocity, and Distributive Policymaking in Majority Rule Institutions", J. Crecine, ed., *Research in Public Policy Analysis and Management*, Greenwich

Fiorina, M. P., 2002, "Parties and Partisanship : A 40-Year Retrospective", *Political Behavior*, 24,: 93-115

Frisch, S. A., 1999, *The Politics of Pork : A Study of Congressional Appropriations Earmarks (Financial Sector of the American Economy)*, Revised Version, Routledge

Frisch, S. A., and S. Q. Kelly, 2004, "Self-selection reconsidered : House committee assignment requests and constituency characteristics", *Political Research Quarterly*, 57 : 325-326

Frisch, A. F., and S. Q. Kelly, 2006, *Committee Assignment Politics in the U. S. House of Representatives*, University of Oklahoma Press

GAO (General Accounting Office), 1986a, "Emergency Jobs Act of 1983 : Funds Spent Slowly, Few Jobs Created", Report to the Chairman, Subcommittee on Employment and Productivity, Committee on Labor and Human Resources, U. S. Senate

GAO (General Accounting Office), 1986b, "Emergency Jobs Act of 1983 : Projects Funded in the Cleveland, Ohio, Metropolitan Area", Report to the Chairman, Subcommittee on Employment and Productivity, Committee on Labor and Human Resources, U. S. Senate

Garson, D., 2012, *Structural Equation Modeling*, Statistical Associates PublishingGimpel, J. G., Lee, F. E., and R. U. Thorpe, "Geographic Distribution of the Federal Stimulus of 2009", *Political Science Quarterly*, 127 : 567-595

Gertzog, I. N., 1976, "The Routinization of Committee Assignments in the U. S. House of Representatives", *American Journal of Political Science*, 20 : 693-712

Gilligan, T. W., and K. Krehbiel, 1989, "Asymmetric Information and Legislative Rules with a Heterogeneous Committee", *American Journal of Political Science*, 33 : pp. 459-490

Gilligan, T. W., and K. Krehbiel, "Organization of Informative Committees by a Rational Legislature", *American Journal of Political Science*, 34 : 531-564

Gimpel, J. G., F. E. Lee, and R. U. Thorpe, "Geographic Distribution of the Federal Stimulus of 2009", *Political Science Quarterly*, 127 : 567-595

Gist, J. R., 1981, "The Impact of Annual Authorizations on Military Appropriations in the U. S. Congress", *Legislative Studies Quarterly*, 6 : 439-454

Gist, J. R., and C. Hill, 1984, "Political and Economic Influences on Bureaucratic Allocation of Federal Grants : The Case of Urban Development Action Grants", *Journal of Urban Economics*, 16 : 158-172

Gleick, J., 1987, "Species Vanishing from Many Parks", New York Times, http://www. nytimes. com/ 1987/02/03/science/species-vanishing-from-many-parks. html? page-wanted = all&src = pm

Goodwin, G., 1970, *The Little Legislatures : Committees of Congress*, University of Massachusetts Press

Goss, C., 1972, "Military Committee Membership and Defense-Related Benefits in the House of Representatives", *Western Political Quartely*, 25 : 215-233

Green, K. V., and V. G. Munley, 1981, "The Productivity of Legislator's Tenure : A Case of Lacking Evidence", *Journal of Legal Studies*, 207-214

Groseclose, T., 1994a, "Testing Committee Composition Hypotheses for the U. S. Congress", *Journal of Politics*, 56 : 440-458

Groseclose, T., 1994b, "The Committee Outlier Debate : A Review and a Reexamination of Some of the Evidence", *Public Choice*, 80 : 265-273

Gryski, G. S., 1991, "The Influence of Committee Position on Federal Program Spending", *Polity*, 23 : 443-59

Hall, R. L., and B. Grofman, 1990, "The Committee Assignment Process and the Conditional Nature of Committee Bias", *American Political Science Review*, 84 : 1149-1166

Hamman, J. A. and J. E. Cohen, 1997, "Reelection and Congressional Support : Presidential Motives in Distributive Politics", *American Politics Quarterly*, 25:56-74.

Hauk, W. R. and R. Wacziarg, 2007, "Small States, Big Pork", *Quarterly Journal of Political Science*, 2 : 95-106

Heckman J. J., and E. J. Vytlacil, 2007, "Econometric Evaluation of Social Programs, Part I : Causal Models, Structural Models and Econometric Policy Evaluation", in *Handbook of Econometrics Volume 6A*, edited by J. J. Heckman and E. E. Leamer, Elsevier

Heitshusen, V., 2001, "The Allocation of Federal Money to House Committee Members : Distributive Theory and Policy Jurisdictions", *American Politics Research* 29 : 79-97.

Hinckley, B., 1969, "Seniority in the Committee Leadership Selection of Congress", *Midwest Journal of Political Science*, 13 : 613-630

Hird, J. A., 1991, "The Political Economy of Pork : Project Selection at the US Army Corps of Engineers", *American Political Science Review* 85 : 429-56.

Hauk, W. R. and R. Wacziarg, 2007, "Small States, Big Pork", *Quarterly Journal of Political Science*, 2 : 95-106

Hoover, G. A. and P. Pecorino, 2005, "The Political Determinants of Federal Expenditure at the State Level", *Public Choice*, 123 : 95-113

Jenkins, J. A., 1998, "Property Rights and the Emergence of Standing Committee

Dominance in the Nineteenth-century House", *Legislative Studies Quarterly*, 23 : 493-519

Julnes, G., and L. B. Mohr, 1989, "Analysis of No-Difference Findings in Evaluation Research", *Evaluation Review*, 13 : 628-655

Kanthak, K., 2004, "Exclusive Committee Assignments and Party Pressure in the U. S. House of Representatives", *Public Choice*, 121 : 391-412

Katz, J. N., and B. R. Sala, 1996, "Careerism, Committee Assignments, and the Electoral Connection", *American Political Science Review*, 90 : 21-33

Kiel, L. J. and R. B. McKenzie, 1983, "The Impact of Tenure on the Flow of Federal Benefits to SMSA's", *Public Choice*, 41 : 285-293

Kiewit, R., and M. McCubbins, 1991, *The Logic of Delegation. Congressional Parties and the Appropriations Process*, University of Chicago Press

Gregory, K., 2010, *Filibustering : A Political History of Obstruction in the House and Senate*, University of Chicago Press

Kousser, T., J. B. Lewis and S. E. Masket, 2007, "Ideological Adaptation ? : The Survival Instinct of Threatened Legislators", *Journal of Politics*, 69 : 828-843

Krehbiel, K., 1990, "Seniority, Commitment, and Self-Governing Groups", *Journal of Law, Economics, & Organization*, 6 : 73-77

Krehbiel, K., 1991, *Information and Legislative Organization*, University of Michigan Press

Krehbiel, K., 1993, "Constituency Characteristics and Legislative Preferences", *Public Choice*, 76 : 21-37

Krehbiel, K., 1998, *Pivotal Politics : A Theory of U. S. Lawmaking Little Legislature*, University of Chicago Press

Krehbiel, K., 2004, "Legislative Organization", *Journal of Economic Perspectives*, 18 : 113-128

Krehbiel, K., K. A. Shepsle, B. R. Weingast, 1987, "Why Are Congressional Committees Powerful ?", *American Political Science Review*, 81 : 929-945

Knight, B., 2005, "Estimating the Value of Proposal Power", *American Economic Review*, 95 : 1639-1652

Kuline, R. B., 2011, *Principles and Practice of Structural Equation Modeling, 3rd Edition*, The Guilford Press

Kuziemko, I., and E. Werker, 2006, "How Much Is a Seat on the Security Council Worth ? Foreign Aid and Bribery at the United Nations", *Journal of Political Economy*, 114 : 905-930

Lancaster, T. D., and W. D. Patterson, 1990, "Comparative Pork Barrel Politics : Perceptions from the West German Bundestag", *Comparative Political Studies*, 22 : 458-477

Larcinese, V., L. Rizzo and C. Testa, 2010, "Do Small States Get More Federal Monies ? Myth and Reality About the US Senate Malapportionment", http://eprints.lse.ac.uk/25493/1/Do_Small_States_Get_More_Federal_Monies_Myth_and_Reality_About_the_US_Senate_Malapportionment.pdf

Lauderdale, B. E., 2008, "Pass the Pork : Measuring Legislator Shares in Congress", *Political Analysis*, 16 : 235-249

Lazarus, J., and S. Reilly, 2010, "The Electoral Benefits of Distributive Spending", *Political Research Quarterly*, 63 : 343-355

Lazarus, J., and A. Steigerwalt, 2009, "Different Houses : the Distribution of Earmarks in the U. S. House and Senate", *Legislative Studies Quarterly*, 34 : 347-373.

Lee, F. E., 1998, "Representation and Public Policy : The Consequences of Senate Apportionment for the Geographic Distribution of Federal Funds", *Journal of Politics*, 60 : 34-62

Lee, F. E., 2000, "Senate Representation and Coalition Building in Distributive Politics", *American Political Science Review*, 94 : 59-72

Lee, F. E., 2003. "Geographic Politics in the US House of Representatives : Coalition Building and Distribution of Benefits." American Journal of Political Science 47 : 714-728

Lee, F. E. and B. I. Oppenheimer, 1999, *Sizing Up the Senate—The Unequal Consequences of Equal Presentation*, The University of Chicago Press

Levendusky, M., 2009, *The Partisan Sort : How Liberals Became Democrats and Conservatives Became Republicans*, University of Chicago Press

Levitt, S. D., and J. M. Snyder Jr, 1995, "Political Parties and the Distribution of Federal Outlays", *American Journal of Political Science* 39 : 958-980

Londregan, J., and J. M. Snyder, 1994, "Comparing Committee and Floor Preferences", *Legislative Studies Quarterly*, 19 : 233-266

Lowery, D., S. Bookheimer, and J. Malachowski, 1985, "Partisanship in the Appropriations Process : Fenno Revisited," *American Politics Quarterly*, 13 : 188-199.

Lowi, T. J., 1964, "American Business, Public Policy, Case-studies, and Political Theory", *World Politics*, 16 : 677-715

Lowi, T. J., B. Ginsberg, K. A. Shepsle, and S. Ansolabehere, 2013, *American Government : Power and Purpose : 2012 Election Update*, W. W. Norton & Co Inc

Maltzman, F., 1995, "Meeting Competing Demands : Committee Performance in the Post-Reform House", *American Journal of Political Science*, 39 : 653-682.

Maltzman, F., 1997, *Competing Principals : Committees, Parties, and the Organization of Congress*, University of Michigan Press

Maltzman, F., and S. S. Smith, 1994, "Principals, Goals, Dimensionality, and Congressional Committees", *Legislative Studies Quarterly*, 19 : 457-476.

Martin, P. S., 2003, "Voting's Rewards : Voter Turnout, Attentive Publics, and Congressional Allocation of Federal Money", *American Journal of Political Science*, 47 : 110-127.

Matthews M. B., T. P. Stevenson and W. F. Shughart, 2009, "Political Arithmetic : New Evidence on the 'Small State Bias' in Federal Spending", Hoover http://home.olemiss.edu/~shughart/Small%20State%20Bias.pdf

Mayhew, D. R., 1974, *Congress : the Electoral Connection*, Yale University Press, 岡山裕 訳, 2013年, 『アメリカ連邦議会：選挙とのつながりで（ポリティカル・サイエンス・クラッシックス）』, 勁草書房

Mayhew, D. R., 2001, "Observations on Congress : The Electoral Connection A Quarter-Century after Writing It", *PS : Political Science and Politics*, 34 : 251-252

McKelvey, R. D., and R. Riezman, 1992, "Seniority in Legislatures", *American Political Science Review*, 86 : 951-965

McKelvey, R. D., and R. Riezman, 1993, "Initial versus Continuing Proposal Power in

Legislative Seniority System", in *Political Economy : Institutions, Competition, and Representation*, edited by W. A. Barnett, M. J. Hinich, and N. J. Schofield, Cambridge University Press

McKenzie, R. B., and B. Yandle, 1982, "The Impact of Delegation Size on the Flow of Federal Funds", Clemon University

Miller, G. J., 1997, "The Impact of Economics on Contemporary Political Science", *Journal of Economic Literature*, 35 : 1173-1204

Mitchell, W. C., 1999, "Political Science and Public Choice : 1950-70", *Public Choice*, 98 : 237-249

Munson, R., 1993, *The Cardinals of Capitol Hill : The Men and Women Who Control Government Spending*, Grove Press

Murphy, J. T., 1974, "Political Parties and the Porkbarrel : Party Conflict and Cooperation in House Public Works Committee Decision Making", *The American Political Science Review*, 68 : 169-185

Masters, N. A., 1961, "Committee Assignments in the House of Representatives", *American Political Science Review*, 55 : 345-357

Muthen, B., 1983, Latent Variable Structural Equation Modeling with Categorical Data, *Journal of Econometrics*, 22 : 43-65

Newsweek, 1990, "Park Barrel Politics", http://www.thedailybeast.com/newsweek/1990/11/25/park-barrel-politics.html

NPS (National Park Service), 2008," Land and Water Conservation Fund State Assistance Program—Fedral Financial Assistance Manual Vol. 69", http://www.nps.gov/ncrc/programs/lwcf/manual/lwcf.pdf

NPS (National Park Service), 2010, *The Interior Budget in Brief Fiscal Year 2010*, http://www.doi.gov/budget/appropriations/2010/index.cfm

Outdoor Foundation, 2013, "Outdoor Recreation Participation", http://www.outdoorfoundation.org/pdf/ResearchParticipation2013.pdf

Paulson, A. C., 2000, *Realignment and Party Revival : Understanding American Electoral Politics at the Turn of the Twenty-First Century*, Praeger Publishing

Peterson, G., and J. M. Wrighton, 1998, "The Continuing Puzzle of Committee Outliers : A Methodological Reassessment", *Congress and the Presidency*, 25 : 67-78

Plott, C. R., 1968, Some Organizational Influences on Urban Renewal Decisions, *American Economic Review, Papers and Proceedings of the Eightieth Annual Meeting of the American Economic Association*, 58 : 306-321

Poole, K. T., and H. Rosenthal, 1985, "A Spatial Model for Legislative Roll Call Analysis", *American Journal of Political Science*, 357-384.

Poole, K. T., and H. Rosenthal, 1997, *Congress : A Political-Economic History of Roll Call Voting*, Oxford University Press

Poole, K. T., and H. Rosenthal, 2007, *Ideology and Congress*, Transaction Publishers.

Ray, B. A., 1980, "The Responsiveness of the U. S. Congressional Armed Services Committees to Their Parent Bodies", *Legislative Studies Quarterly*, 5 : 501-515

Reid, J. N., 1980, "Politics, Program Administration, and the Distribution of Grants-in-Aid : A Theoy and a Test", in *Political Benefits*, edited by B. S. Rundqusit, Lexington Books

Reid, T. R., 1980, *Congressional Odyssey-The Saga of Senate Bill*, W. H. Freeman and

Company, 草野厚 訳, 1987 年, 『誰も知らないアメリカ議会―大統領・議員・利益団体』, 東洋経済新報社
Rhodes, R. A. W., S. A. Binder and B. A. Rockman, 2006, *The Oxford Handbook of Political Institution*, Oxford University Press
Rich, M. J., 1989, "Distributive Politics and the Allocation of Federal Grants", *American Political Science Review*, 83 : 193-213
Rich M. J., 1991, "Targeting Federal Grants : The Community Development Experience", 1950-1986, *Publius*, 21 : 29-49
Rindenour, J. M., 1994, *The National Parks Compromised : Pork Barrel Politics and America's Treasures*, ICS Books
Ritt, L. G., 1976, "Committee Position, Seniority and the Distribution of Government Expenditures", *Public Policy*, 24 : 469-497
Rohde, D. W., 1991, *Parties and Leaders in the Postreform House*, University of Chicago Press
Rohde, D. W., 1994, "Parties and Committees in the House : Member Motivations, Issues, and Institutional Arrangements", *Legislative Studies Quarterly*, 19 : 341-360
Rohde, D. W. and K. A. Shepsle, 1973, "Democratic Committee Assignments in the House of Representatives : Strategic Aspects of a Social Process", *American Political Science Review*, 67 : 889-905
Romer, T., and H. Rosenthal, 1978, "Political Resource Allocation, Controlled Agendas, and the Status Quo", *Public Choice*, 33 : 27-43
Rosseel, Y., 2012, "lavaan : an R package for structural equation modeling and more Version 0.5-12 (BETA)", http://users.ugent.be/~yrosseel/lavaan/lavaanIntroduction.pdf
Rosenthal, H., 1990, "The Setter Model", in *Advances in the Spatial Theory of Voting*, edited by J. Enelow and M. Hinich, Cambridge University Press
Rundquist, B., 1983, "Political Benefits and Public Policy : Interpretation of Recent US Studies", *Environment and Planning C : Government and Policy*, 1 : 401-412
Rundquist, B., and T. M. Carsey, 2002, *Congress and Defense Spending : The Distributive Politics of Military Procurement*, University of Oklahoma Press
Rundquist, B., and J. Ferejohn, 1975, "Observations on a Distributive Theory of Policymaking : Two American Expenditure Programs Compared." In *Comparative public policy : Issues, theories and methods*, edited by C. Kiske, W. Loehr, and J. McCaman, John Wiley and Sons
Rundquist, B. S., and D. E. Griffith, 1976, "An Interrupted Time Series Test of the Distributive Theory of Military Policy Making", *Western Political Quarterly*, 29 : 620-626.
Rypkema. D., C. Cheong and R. Mason, 2011, "Measuring Economic Impacts of Historic Preservation―A Report to the Advisory Council on Historic Preservation", http://www.achp.gov/docs/economic-impacts-of-historic-preservation-study.pdf
Savage, J. D., 1999, *Funding Science in America : Congress, Universities, and the Politics of the Academic Pork Barrel*, Cambridge University Press
Schattschneider, E. E., 1942, Party Government (American Government in Action), Rinehart, 間登志夫 訳, 1962 年, 『政党政治論』, 法律文化社

Schick, A., 1980, *Congress and Money : Budgeting, Spending and Taxing*, Urban Institute Press

Schumacker, R. E. and R. G. Lomax, 2010, *A Beginner's Guide to Structural Equation Modeling, 3rd Edition*, Routledge

Sellers, P. J., 1997, "Fiscal Consistency and Federal District Spending in Congressional Elections", *American Journal of Political Science*, 41 : 1024–1041

Shaffer, W. R., 1982, "Party and Ideology in the U. S. House of Representatives", *The Western Political Quarterly*, 35 : 92–106

Shepsle, K. A., 1978, *The Giant Jigsaw Puzzle : Democratic Committee Assignments in the Modern House*, University of Chicago Press

Shepsle, K., 1989, "The Changing Textbook Congress" in *Can the Government Govern ?*, edited by J. E. Chubb and P. E. Peterson, Brookings Institution

Shepsle, K. A., R. P. Van Houweling, S J. Abrams, and P. C. Hanson, 2009, "The Senate Electoral Cycle and Bicameral Appropriations Politics", *American Journal of Political Science*, 53 : 343–359

Shepsle, K. A., and B. Nalebuff, 1990, "The Commitment to Seniority in Self-Governing Groups", *Journal of Law, Economics, and Organization*, 6 : 45–72

Shepsle, K. A., and B. R. Weingast, 1987, "The Institutional Foundations of Committee Power", *American Political Science Review*, 81 : 85–104

Smith, S. S., 1988, "An Essay : On Sequence, Position, Goals, and Committee Power", *Legislative Studies Quarterly*, 13 : 151–176

Smith, S. S., and B. A. Ray, 1983, "The Impact of Congressional Reform : House Democratic Committee Assignments", *Congress and the Presidency*, 10 : 219–240.

Smith, S. S., J. M. Roberts, and R. J. Vander Wielen, 2013, *The American Congress, 8th Edition*, Cambridge University Press

Southwick Assiciates, 2011, "The Economics Associated with Outdoor Recreation, Natural Resources Conservation and Historic Preservation in the United States", http://www.trcp.org/assets/pdf/The_Economic_Value_of_Outdoor_Recreation.pdf

Southwick Assiciates, 2013, "Combined Value of Outdoor Recreation, Natural Resource Conservation and Historic Preservation", http: //www. avcrp. org/wp-content/uploads/2013/ 05/The-Economic-Value-of-Conservation-Outdoor-Recreation-Historic-Preservation-2-page.pdf

Stein R. M., and K. N. Bickers 1997, *Perpetuating the Pork Barrel : Policy Subsystems and American Democracy*, Cambridge University Press

Studlar, D. T. and I. McAllister, 1996, "Constituency Activity and Representational Roles among Australian Legislators", *Journal of Politics*, 58 : 69–90

Svorny, S. V., 1996, "Congressional Allocation of Federal Funds : The Job Training Partnership Act of 1982", *Public Choice*, 87 : 229–42

Svorny, S., and L. Marcal, 2002, "The Allocation of Federal Funds to Promote Bureaucratic Objectives : An Empirical Test", *Contemporary Economic Policy*, 20 : 209–220

Thurber J. A., 1992, New Rules for Old Games : Zero-Sum Budgeting in the Postreform Congress, in *The Postreform Congress*, edited by R. H. Davidson, St. Martin's Press

Walls, M., 2009, "Federal Funding for Conservation and Recreation : The Land and Water Conservation Fund", Resources for the Future, http://www.rff.org/RFF/Documents/

RFF-BCK-ORRG_LWCF.pdf

Wawro, G. J., and E. Schickler, 2007, *Filibuster : Obstruction and Lawmaking in the U. S. Senate* (*Princeton Studies in American Politics*), Princeton University Press

Weingast, B. R., and W. J. Marshall, 1988, "The Industrial Organization of Congress ; or, Why Legislatures, Like Firms, Are Not Organized as Markets", *Journal of Political Economy*, 96 : 132-163

Wilson, W., 1885, *Congressional Government―A Study in American Politics*, Nabu Press

Wrighton, J. M., and Peterson, G. D., 2003, "A Test of Ideological Bias in House Subcommittees, 1979-2000", *Congress and the Presidency*, 30 : 139-152.

Young, G., and V. Heitshusen, 2003, "Party and the Dynamics of Congressional Committee Composition in the US House, 1947-1996." *British Journal of Political Science*, 33 : 659-679

浅井信雄, 1998 年,『アメリカ 50 州を読む（新潮文庫）』, 新潮社

朝野熙彦・鈴木督久・小島隆矢, 2005 年,『入門　共分散構造分析の実際』, 講談社サイエンティフィク

織完, 1982 年,「補章　日米議会の特徴比較」,『アメリカの議会　日本の議会　相互依存時代に役だつ日米議会の機能と実態』収録, 日本国際交流センター編, サイマル出版会

軽部謙介, 2009 年,『ドキュメント　アメリカの金権政治（岩波新書）』, 岩波書店

河音琢郎, 2006 年,「第 1 章　1974 年議会予算法の制定と予算過程の変容」,『アメリカの財政再建と予算過程』収録, 日本経済評論社

小島隆矢・山本将史, 2013 年,『Excel で学ぶ共分散構造分析とグラフィカルモデリング』, オーム社

小杉考司・清水裕士, 2014 年,『M-plus と R による構造方程式モデリング入門』, 北大路書房

豊田秀樹, 2014 年,『共分散構造分析［R 編］』, 東京図書

中村泰男, 1992 年,「第 2 章 予算審議の手続」,『アメリカ連邦議会論』収録, 勁草書房

藤本一美, 1988 年,『アメリカの政治と政党再編成「サンベルト」の変容』, 勁草書房

増山幹高, 1995 年,「研究ノート　議会，合理的選択，制度論」,『公共選択の研究』, 第 26 号 : 79-92

松尾弌之, 1988 年,『不思議の国アメリカ　別世界としての 50 州（講談社現代新書）』, 講談社

あとがき

　本書は，私が京都大学大学院経済学研究科に博士学位申請論文として提出した「パーク・バーレル・ポリティクス－分配政治の経済分析」の構成を見直し，必要な加筆と修正を施したものである。もとになった論文を完成させるのに，私は6年半もかかってしまった。このような長い年月を要したのは，度重なる主題の変遷があったからである。

　実は，博士課程に進んだ直後は，いわゆる環境連邦主義について研究しており，主要な関心は米国の連邦政府と州政府の行政上の関係にあった。その後，数量化が容易な費用の分担に関心が移り，補助金が研究対象になった。しかし，最初は補助金の配分を説明するのに，政治や制度をまったく意識していなかった。ミクロ経済学を応用したオーツの連邦機構研究やマスグレイブの伝統的な財政理論を基礎にして，効率性や衡平性の観点からそれを説明しようとしていたのである。

　しかし，実態を知るにつれて，米国の連邦政府が支給している補助金の配分を説明するのに，そのようなアプローチは適切ではないと考えるようになった。連邦政府の中で大きな影響力をもっている議会は，慈悲深い一枚岩の意思決定主体ではなく，多様な利害をもつ様々な選挙区を代表する議員によって構成されている集団である。したがって，補助金の配分を単一の主体の意思決定としてではなく，複数の主体で構成される集団の意思決定として扱うのがより適切である。また，議会における意思決定は複数の段階を経るが，制度はそれぞれの段階で誰が意思決定に参加でき，どのような代替案から選択できるのかを規定している。したがって，集合的意思決定への制度の影響についても考えなければならない。

　研究のアプローチを変えるか否かについてはかなり悩んだ。考慮していなかった政治や制度の影響を導入することは，新たに分析に必要な知識を得なければならないことを意味していたからである。それには多くの時間と労力を要する。しかし，結局はアプローチを変えることを選んだ。より適切なアプローチがあるのに気付いていながらそれを採用しないことや，明らかに影

響を及ぼしそうな要因を無視することは，どうしてもできなかったのである。

　米国の連邦議会は法案審議において委員会中心主義を採用しているので，補助金の分配への委員会メンバーシップの影響（より抽象的には固定的な議題設定権の影響）について分析することになったのは自然なことであった。米国において委員会研究は長い歴史をもっており，アプローチも様々であるので，経済学や財政学だけでなく，政治学，法学，社会学，心理学などの先行研究にも目を通さなければならなかった。大変な時間と労力を要したが，そのおかげで，委員会メンバーシップを内生化するのに，社会学や心理学の研究において広く用いられている構造方程式モデリングを使うというアイディアが生まれた。

　公園事業を研究対象にしようと考えたのは，雑誌記事で見つけた，利権を表すポーク・バーレルをもじったパー・バーレルという言葉がおもしろいと思ったからである。しかし，詳しく調べてみると，典型的な利権である公園事業補助金は，研究目的にとって格好のものであることが分かった。また，公園事業を管轄している小委員会は，その内部に代表する利益が異なる派閥を抱えていることに気付いた。公園事業を研究対象に選んだのは，ふとした思い付きからであったが，幸運にもそれが良い結果を生んだ。

　本書における4つの実証研究は，本来はそれぞれ独立した研究であった。それらを博士論文にまとめるうちに，単なるオムニバスであったものが，徐々に一貫性あるいは体系性を備えていった。それは，私にとって大きな驚きであった。

　本書の執筆において，意識していたのは，対象，理論，方法のリバイバルであった。近年，米国の連邦議会では，政党のラインに沿って意見が分かれ紛争が生じることが多くなった。また，議場において委員会が推奨した法案が大きく修正されることも珍しいことではなくなった。このような変化を受けて，多くの研究者の関心は委員会から政党や議場に移っていった。しかし，議会にインプットされた多様な利益の調整において委員会が中心的な役割を果たしているのは今も変わらない。研究対象として委員会はいまだに重要なのである。

　連邦議会において委員会が影響力を減退させる過程で，分配理論は存在感

を失った．情報理論や政党理論のような新しい議会組織の理論が登場した後で，分配理論は時代遅れだとみなされるようになった．しかし，他の2つの理論では説明できないが，分配理論では説明できる現象があるのも確かである．特に便益の分配について説明するときは，分配理論はいまだに有効である．最終章において述べたように，連邦支出の配分方法の複雑化，政党の影響力の増大，連邦政府の資源の稀少化，イデオロギー的な分極化，経済的利益の多様化のような要因を反映した拡張によって，分配理論の説明力や予測力は増すだろう．

　対象や理論だけでなく，方法についてもリバイバルを意識していた．経済学では，演繹的なアプローチの方が帰納的なアプローチよりも高尚なものだと考えられている．学術誌に発表される論文は，フォーマルな数理モデルによる分析とそれから導出された仮説を検証する計量分析を両方含むものが大勢になっている．しかし，既存の理論を修正することを目的とし，帰納的なアプローチを採用した研究がもっと評価されても良いと考えた．本書の4つの実証研究では，帰納的なアプローチが採用されている．

　執筆過程では，筆が進まず気分が塞ぐ時もあった．しかし，多くの方々の支えと励ましによって，なんとか本書を完成させることができた．京都大学大学院経済学研究科の植田和弘教授には，元になった博士論文の主指導教員と審査員を務めていただいた．また，植田先生には，様々な研究助成を受けるための推薦もいただいた．さらに，ティーチング・アシスタントやリサーチ・アシスタントとして，収入を得るための機会も与えてくださった．植田先生にご指導いただいたことは誠に幸運であった．遅筆ゆえに設定された締め切りをたびたび守らなかったが，忍耐強く指導していただいた．「あまり明るくない分野だが，私が考えるに……」という接頭辞を置いて述べられたコメントや与えられた課題は，いつも私がそのとき抱えていた問題を解決するのに的確なものだった．心より御礼申し上げたい．

　京都大学大学院経済学研究科の諸富徹教授は，私の博士論文の副指導教員と審査員であった．諸富先生には，委員会の内部で何が起こっているのかを考えるよう助言していただいた．そのおかげで，変数間に観察される経験的な規則性の有無を検証するだけでなく，それを生じさせているメカニズムを

特定しなければならないことに気がついた。

京都大学地球環境学堂の森晶寿准教授は，補助金の分配への政治の影響を探求するきっかけをくださった。森先生の助言は具体的であったが，干渉的ではなかった。私も学生を指導する身になったら，森先生のような指導を心がけたい。

学会の大会において論文にコメントをいただいた以下の方々にも感謝する。関西学院大学総合政策学部の長峯純一先生は，公共選択学会の大会におけるポスター報告の際にコメントをくださった。そのおかげで，委員会メンバーシップ変数を内生化するのが適切であることを確信することができた。追手門学院大学経済学部の衣笠達夫先生は，国際公共経済学会の大会における口頭報告の討論者になっていただき，モデルの説明をより分かりやすいものにするように助言をいただいた。チャールストン大学政治学部のジョーダン・ラグサ助教授には，パブリック・チョイス・ソサエティの大会で口頭報告の討論者を務めていただいた。ラグサ先生は，私が政党の影響だと考えていたものは代表の影響であることを指摘してくれた。

これらの学会の大会に参加し，報告論文の作成に必要な資料を購入するのに際して，京都大学大学院経済学研究科の「卓越した大学院拠点形成事業」の助成を受けている。また，本書は同研究科の「平成26年度若手研究者出版助成事業」を受けて出版されたものである。研究科長の岩本武和教授および運営を担当された北田雅講師に感謝したい。

京都大学大学院経済学研究科の石原章史講師は，公共選択学会の大会で一度お話した機会があっただけにもかかわらず，本書の元になった博士論文の審査員を務めてくださった。また，同研究科のジュニア・リサーチャーである三宅裕樹氏には，彼の論文が前年度の「若手研究者出版助成事業」を受けた経験から，本書の出版に際して様々な助言をいただいた。学術誌『財政と公共政策』に投稿した2つの論文（本書の第5章と第6章の土台になっている）の匿名の査読者にも感謝する。彼らのコメントは，これらの論文の質を高める上で大変有益であったし，本書の出版に向けた加筆と修正においても役に立った。

このほかにも，学会や研究会の活動をとおして，お力添えいただいた方々

が多数おられる。すべての方のお名前をここに挙げられないことをお許しいただきたい。

　本書は，出版助成事業の制約によって，5ヶ月弱という短い期間で出版までこぎつけなければならなかった。編集を担当された京都大学学術出版会の高垣重和氏のご苦労は大変なものであったと推察する。厳しいスケジュールの中，人生初の出版に望む未熟者を先導していただいた。また，出版までの間，編集長の鈴木哲也氏にも，行き届いたご配慮をいただいた。2人にお礼を申し上げたい。

　父の豊和と母の悦子は，30歳を過ぎた息子が勤めていた会社を辞め，大学院に進学するのを認めてくれた。まさか大学院を修了するのに8年半もかかるとは思っていなかっただろうが，家族に問題が生じているときも，それらから私を遠ざけ，研究に専念できる環境を整えてくれた。両親の支援と励ましがなければ，本書を出版することはできなかったと思う。彼らに感謝し本書を捧げる。

2015年1月5日

大久保　和宣

索引

[人名索引]

あ行
アーノルド, ダグラス 57, 58, 149, 150
アルドリッチ, ジョン 160
アルブイ, デイビッド 172-174, 199, 202
ウィッテン, ジェームズ 200
ウィルソン, ウッドロー 3, 4, 25, 41, 155
オニール, トマス 222
オバマ, バラク 216

か行
カーシー, トマス 60, 98, 169, 242, 243, 247, 268
カノン, ジョセフ 200
ギリガン, トマス 217, 222
ギングリッチ, ニュート 68, 100
クレーブル, キース 110, 217, 222, 267
コックス, ゲイリー 153, 161, 162, 222, 223, 267

さ行
シェプスル, ケネス 49, 50, 108, 109, 121
ジョンソン, リンドン 157

な行
ニクソン, リチャード 157

は行
バード, ロバート 33

フィオリナ, モーリス 48
プール, キース 91, 100, 222
フェアジョン, ジョン 46, 56
フェノー, リチャード 18, 105
ブッシュ, ジョージ 79, 215, 216
ベイナー, ジョン 265
ホリング, アーネスト 33
マケイン, ジョン 268
マッキャビン, マシュー 153, 161, 162, 222, 223, 267
マックダード, ジョセフ 33
マルツマン, フォレスト 223, 268
メイヒュー, デイビッド 6, 45, 46, 62, 68, 153, 207

ら行
ランドクイスト, バリー 46, 56, 60, 98, 169, 242, 243, 247, 268
リンカーン, エイブラハム 157
リンデノウ, ジェームズ 32
レーガン, ロナルド 32
レグラ, ラルフ 33
ロウィ, セオドア 44, 45, 68, 284
ローゼンタール, ハワード 91, 100, 222
ロード, デイビッド 160, 222

わ行
ワインガスト, バリー 48, 49, 50, 108, 109, 121

[事項索引]

Breusch-Pagan 検定 140
Breusch-Godfrey 検定 202
CFI (Comparative Fit Index) 269
Durbin-Watson 検定 151
F 検定 140
Goldfeld-Quandt 検定 116, 140, 202
lavaan 247, 268
LISREL 247
NOMINATE／DW-NOMINATE 91-93, 97, 100, 222, 238, 267, 268

あ行
アウトドア・レクリエーション補助金 24, 25, 69, 70, 72, 77, 81, 125, 128, 133, 135-139, 142, 145, 146, 213, 214, 273
アノマリー 251, 258
アメリカ再生・再投資法 77, 97, 104
アルブイ・モデル 176, 177
委員会／常任委員会 3, 10-12, 155,
——制度 3, 5-10, 21, 23, 43, 45, 46, 48, 50, 63, 273, 281-283
——中心主義 9, 21, 35, 102
——に対する議院の服従 4, 48
——による統治 3, 155
——の構成 210, 216, 218, 219, 225, 226,

305

229
──のための委員会　90, 155, 156, 220-222, 266
──の長／委員長　6, 14, 15, 17, 18, 86, 99, 156-158, 163, 174, 192, 195, 200
──リーダー　85, 86, 114, 145, 178, 192, 195, 255
委員会メンバーシップ　5, 7, 20, 21, 23, 24, 29, 43, 54, 55, 58, 62, 63, 74-79, 81, 83, 84, 93, 94, 101, 102, 105, 107, 108, 112, 114, 116, 120, 121, 125, 139, 147-149, 153, 154, 166, 168, 170, 175, 181-183, 190, 192, 198, 202, 205, 208-210, 225, 228, 230, 231, 233, 241, 243, 247, 250, 252, 258, 262, 263, 268, 270, 273, 274, 276-280
──変数　69, 74, 75, 84, 128, 142, 176, 178, 179, 181, 190, 193, 205, 209, 232, 241, 244, 252, 263, 264
委員指名過程　63, 180, 181, 197, 209, 210, 219, 220, 222, 223, 227, 229, 250, 258, 262, 274
1票の重み／1票の較差　85, 97, 99, 114, 141, 143, 146, 157, 178, 191, 194, 255, 269
イデオロギー　20, 62, 85, 92, 93, 157, 158, 166, 202, 207, 219, 227, 228, 238, 240, 247, 266
──的な分極化　283
──変数　92, 232, 233, 247, 250, 252-254
イデオロギー指標　90-93, 97, 202, 221, 222, 238-240, 254, 267, 268
──の中位値　94
──の平均値　93
異動要求　226-229
イヤーマーク　36, 42, 59, 86, 97, 167, 168, 173, 265
インセンティブ　20, 54, 87, 98, 103, 155, 161, 201, 217, 230, 254, 268, 282, 285
エンタイトルメント　38, 51, 52, 59, 166

か行

会期（session）　82, 107, 112
外部効果　218
画一影響委員会　222
過剰代表仮説　47, 205, 209, 218, 221, 229, 265
間接効果　247, 262-264, 269
議院規則　12, 14, 15, 27, 53, 181
議院シニオリティ　88-90, 94, 100
議員総会　90, 156, 160
──規則　27, 200
議会組織の理論　6, 200
議会予算および執行留統制法　26, 37
議会予算局　37, 286
規則委員会　17, 27, 93, 156, 225, 267
議題設定権　5, 8, 49, 50, 63, 65, 66, 67, 162, 163, 165, 174, 229, 275, 282
議題理論　154, 163, 164, 200

既得権益　77, 83, 230, 259, 260, 277
協議員　18, 49, 109, 110
行政管理予算局　37, 42
共分散構造分析　22, 54, 84, 93, 241, 244, 246-248, 264
拒否権／否定的議題設定権　163, 164
　事後の──　50, 108, 110
　事前の──　49, 108, 109
空間理論　67, 108
偶発債務　59, 166
ゲート・キーピング　68, 109
ゲーム（ゲーム理論）　50, 67, 99, 108, 109, 202
結託　18, 45, 63, 64, 66, 67, 174
──形成費用　174
権威志向　18, 105
現状　107
──点　63, 65, 66, 110, 111, 112, 121
公園事業補助金　11, 19, 21, 22, 24, 29, 34, 38, 41, 69, 70, 78-81, 113, 114, 125, 126, 138, 176, 178, 205, 209, 211, 243, 260, 276, 277, 281
公共財　161, 162
功績の主張　6, 25, 62, 207, 208, 229, 230, 259, 260, 261, 276
構造方程式　244
──モデリング　244, 246, 262, 263, 269
公聴会　4, 14, 16, 27, 35, 37
合理的選択論　5-7, 46, 201, 285
国立公園局　19, 29-32, 35, 36, 40, 41, 125, 127, 131, 136, 148, 150, 176, 211, 213, 266, 281
──組織法　30, 41
国立公園システム　31, 32, 150
古戦場保護法　133
国家歴史保存法　30, 31, 33, 40, 130
コミットメント　48

さ行

歳出　51, 53
──委員会　11, 26, 51, 52, 76, 90, 93, 97, 200, 222, 225, 267
──過程　39
──小委員会　35, 36, 39, 41, 75, 76, 99, 102, 116, 118-120, 145, 147, 195-197, 199, 251, 258, 261-263, 267, 275, 277, 278
──法　35, 40, 51, 52, 68, 75, 98, 102
再選戦略　8, 25, 62, 208, 229, 260, 261, 273, 276, 278
裁量的経費　11, 20, 26, 35, 37-39, 51, 52, 79, 80, 98
サブサンプル　154, 176, 179, 186, 198, 202, 274
──・アプローチ　175
参照集団　218, 267
3段階最小2乗法　244, 246, 248
　重みつき──　268

サンプル・セレクション・バイアス　241, 246
自己選出　47, 180, 205, 218, 220, 223, 265, 267
史跡登録簿　31, 132, 151
レント　202, 217
時点効果　114
シニオリティ　14, 46, 83, 85, 88, 89, 98-100, 155-157, 159, 200, 226, 228, 232, 238, 240, 242, 247, 253, 254
　　――変数　89, 90, 232, 233, 240, 242, 247, 250, 252, 253
指名要求　210, 216, 219, 225-229
重回帰分析　22, 54, 93, 102, 113, 128, 140, 154, 176, 186, 188
修正案　4, 10, 18, 26, 27, 108, 284
授権　51, 53
　　――委員会　11, 26, 39, 51, 76, 260, 269
　　――小委員会　35, 36, 41, 75, 76, 116, 118-120, 145, 146, 195-197, 251, 258, 275, 277, 278
　　――法　35, 38, 51-53, 75
　　――枠　11, 35, 36, 38, 39, 52, 53, 75, 80, 211, 212
準備金　70, 126, 131, 134, 136, 137, 150, 213, 214
小委員会　12-16, 19, 21, 24, 25, 27, 29, 35, 39, 41, 73-76, 83, 99, 100, 113, 114, 138, 155, 178, 181, 205, 267
条件依存政党政府理論　154, 160, 161, 164, 165, 200, 222
少数党筆頭　14, 17, 18, 86, 99, 143, 192, 195
情報非対称性　217
情報理論　216-218, 222-225
勝利結託　67, 202
所属動機　25, 62, 208, 209, 216, 229, 230, 260-262, 278
審議ルール　17, 27, 156, 162
政策過程　44, 283, 284
政策決定過程　3, 63, 181, 197, 209, 210, 229, 250, 252, 258, 262, 275, 284
政策志向　18, 19, 105
政党　43, 56, 58, 59, 153-155, 226-229, 260, 274, 280
　　――一体投票スコア　158, 159, 200
　　――規則　14
　　――再編成　156, 157, 201
　　――の影響　59, 60, 61, 165, 167, 172, 175, 178, 180, 181, 185, 197-201, 222, 267, 276
　　――の評判　161, 162, 163, 180, 201
政党理論　154, 164, 201, 216, 218, 222-225
制度的アレンジメント　5, 8, 9, 21, 48, 49, 50, 63, 110, 112, 121, 285
制度的制約　43, 56, 105, 106, 129, 149
政府の無駄遣いに反対する市民　33, 168
セッター・モデル　202

選挙サイクル　86, 94, 114, 141, 143, 146, 178, 192, 195, 255
選挙民志向　18, 62, 76, 105, 162, 198, 208, 218, 221-225, 229, 230, 258, 276, 281, 283
潜在変数　243-246, 268
全救主義　48
宣伝　62, 207, 208, 259, 261
総括的公有地管理法　132
総合効果　265

た行
大統領令　132, 150
代表　43, 56, 61, 276, 278, 280
多重共線性　54, 84, 107, 113, 115, 116, 141, 186, 246, 247, 248
多数党・少数党ステイタス　59, 60, 166-168, 170, 172-175, 179, 183, 198, 200
多数党のアイデンティティ　25, 273
立場の表明　62, 207, 208, 259, 261, 265
逐条審査／最終折衝　4, 14, 16, 17, 35, 201
中位投票者　107,
　　――理論　267
　　委員会の――　111, 112
　　議院の――　110-112
　　政党の――　223, 267
直接効果　247, 263-265, 269
直接支出／義務の経費　26, 38, 51, 59, 92, 98, 166
提案権／肯定的議題設定権　163, 164
ティー・パーティー運動　62, 207, 265
適合度指標　269
手続カルテル理論　154, 161, 162, 164, 165, 200, 222, 223
点呼投票　100, 158, 221, 232
統一議会　167
統一政府　201
党執行部　156, 158, 160, 162, 163, 219, 220
党派的選別　283
党派による選好の異質性　60, 166, 170, 172, 173, 179, 182, 184, 185, 198-200, 202
特定化された便益　6, 46, 50, 62, 198
都市の公園とレクリエーション　133
　　――の再建法　135
　　――の再建補助金　135
　　――のための基金　125, 126
土地と水域の保全のための基金　40, 41, 134, 209, 211, 213-216, 261, 265, 266
土地と水域の保全のための基金法　30
土地や施設の取得・開発・計画補助金　125, 133, 136, 137
トレード・オフ　161, 162, 261

な行
内務委員会　269

内務省　19, 30, 211, 213
南北戦争古戦場土地獲得補助金　125, 133
南北戦争古戦場保護　129, 137, 148
南北戦争史跡諮問委員会　133, 151
南北戦争の古戦場に関する報告書　133

は行
パーク・バレル　19
媒介変数　263
配分過程　8, 58, 125, 127-129, 139, 147, 150, 274, 279
　　──の競争性　8, 58, 125-129, 138, 139, 147, 149, 274
　　──の透明性　8, 58, 125-129, 138, 139, 147, 149, 274
　　──の特性　24, 125, 127, 147, 149, 150, 273
配分公式　57, 58, 150, 286
パス分析　246, 262
外れ値選好　206, 218, 267
ビークル　16, 86
標的影響委員会　222
フィリバスター　99
ブートストラップ法　264
フォーミュラ補助金　286
不確実性　48, 217
付託　3, 14-16, 26, 49, 108, 109
フリーライド　161
プリンシパル-エージェント　217, 224
プロジェクト補助金　125, 286
プロビット・モデル　235, 236
分割議会　167
分割政府　167, 201
分配政策　44, 45, 284
分配政治　44, 61, 201, 269, 279, 284
分配理論　6, 7, 23, 24, 43, 44, 46, 50, 55, 58, 61, 62, 83, 106, 120, 125, 128, 129, 138, 149, 153, 161, 164, 183, 197, 199, 205, 206, 208, 209, 216, 218, 220, 221, 223, 225, 229, 241, 251, 258, 261, 275-277, 279
米国の宝を守れ　129, 137, 148
　　──補助金　125, 132

ヘックマンの二段階推定法　245
便益仮説　7, 43, 47, 55, 62, 69, 101, 103, 206, 209, 229
報告書　17, 36, 38, 39, 49
方法論的個人主義　5-7, 46, 153, 154, 201, 285
ポーク・バスター　259, 268
ポーク・バレル　19
保守結託　201

ま行
マッチング要求　131-134, 136, 281
マルツマンの状況依存理論　224
メキシコ湾エネルギー安定法　211, 266
モラトリアム（一時停止）　173, 265
モンテカルロ・シミュレーション　93, 221, 223, 267

や行
予算委員会　11, 26, 37, 39
予算過程　37
予算決議　11, 37, 38, 39, 42
予算権限　11, 37, 52
予備選挙制　6, 155, 281

ら行
利益団体スコア　91, 221, 222, 267
リクルートメント仮説　47, 205, 206, 209, 265
理想点　63, 64, 66, 67, 110-112, 121
立法府改革法　10
立法組織法　155
両院協議会　18, 38, 39, 49, 99, 108-111
歴史地区保存法　30
歴史保存基金　214
歴史保存諮問委員会　149, 151
歴史保存補助金　26, 33, 41, 69-71, 77, 125, 128, 129, 132, 136, 138, 139, 142, 146, 148, 213, 214, 273
　　狭義の──　125, 129-132, 136, 148
連邦議会期／議会期（congress）　3, 81, 82, 84, 98, 107, 112, 267
ログローリング　20, 45, 48

大久保和宣（おおくぼ　かずのぶ）
1974年　埼玉県浦和市（現さいたま市）生まれ
1997年　早稲田大学法学部　卒業
化学メーカー勤務を経て
2006年　京都大学大学院　入学
2015年　京都大学　博士（経済学）取得
現在　京都大学大学院経済学研究科プロジェクト研究員

（プリミエ・コレクション62）
パーク・バレル・ポリティクス──委員会制度の政治経済学

2015年3月31日　初版第一刷発行

著　者　　大　久　保　和　宣
発行者　　檜　山　爲　次　郎
発行所　　京都大学学術出版会
　　　　　京都市左京区吉田近衛町69
　　　　　京都大学吉田南構内（606-8315）
　　　　　電　話　075-761-6182
　　　　　ＦＡＸ　075-761-6190
　　　　　振　替　01000-8-64677
　　　　　http://www.kyoto-up.or.jp/
印刷・製本　　株式会社　太洋社

ISBN978-4-87698-148-9　　定価はカバーに表示してあります
Printed in Japan　　　　　　　　©K. Okubo 2015

本書のコピー，スキャン，デジタル化等の無断複製は著作権法上での例外を除き禁じられています。本書を代行業者等の第三者に依頼してスキャンやデジタル化することは，たとえ個人や家庭内での利用でも著作権法違反です。